LULA NA LAVA JATO

JOSÉ AUGUSTO RIBEIRO

LULA NA LAVA JATO

E OUTRAS HISTÓRIAS MAL CONTADAS

KOTTER
EDITORIAL

editor
Sálvio Nienkötter

editoração
Bárbara Tanaka

capa
Marcelo de Angelis

produção
Cristiane Nienkötter, Raul K. Souza e Valsui Júnior

Dados Internacionais de Catalogação na Publicação (CIP)
Andreia de Almeida CRB-8/7889

Ribeiro, José Augusto
Lula na Lava Jato: e outras histórias ainda mal contadas / José Augusto Ribeiro. -- Curitiba : Kotter Editorial, 2018.
296 p.

ISBN 978-85-68462-74-4

1. Brasil - Política e governo - História 2. Silva, Luiz Inácio Lula da, 1945- 3. Vargas, Getúlio, 1882-1954 4. Corrupção política - Brasil 5. Investigação criminal I. Título

Para Suzie e Vicente

Obrigado a Rafael Borges pela revisão, do ponto de vista jurídico, de quase todo o livro (não houve tempo para submeter a ele muita coisa que entrou no texto na fase final de sua elaboração ou revisão).

Obrigado igualmente a Rafael e a Nilo Batista pelas esclarecedoras conversas que tivemos quando comecei a tomar notas e escrever os primeiros rascunhos.

Obrigado, ainda, a todas as pessoas com quem conversei nestes dois anos sobre os episódios aqui narrados.

Escrever um livro passa por ser uma atividade solitária. Na verdade, tudo o que ouvimos, contra ou a favor, no tempo desse trabalho, contribui muito para que ele se realize e muitas vezes possa ser corrigido.

SUMÁRIO

PREFÁCIO

por Sálvio Nienkötter

Ao chegarem à editora, os originais deste livro se encontravam inconclusos — o último ou os últimos capítulos dependeriam dos fatos até o fechamento dos trabalhos preparatórios para a edição. Impactado com a qualidade do material, sugeri ao autor a gentileza de não deixar de relatar o episódio S. Bernardo, que eu mesmo presenciara, como também presenciara os atos em Porto Alegre no dia da condenação e em Curitiba nos dois depoimentos ao *vidigal* da Lava Jato na primeira instância. Mandei a ele um texto que eu havia produzido, para que, em querendo, colhesse alguma sugestão.

Desde então uma candonga se estabeleceu entre nós, ele a exigir que eu publicasse o dito texto, e eu, naturalmente, me negando, pelo inabitual da coisa. Perdi feio. Agora, do prefácio que havia escrito restou o título e, a pedido do autor, em seu lugar publico esse quase depoimento.

O Épico ao Vivo

Apesar da controvérsia sobre o assunto, o que há de brando e de consenso quanto ao que é épico reclama um herói lutando pelo e ao lado do seu povo. Entendo que essa condição foi preenchida assim que na quinta-feira, dia 5 de abril de 2018, após receber ordem de se apresentar à Polícia Federal até as 17 horas do dia seguinte, Lula entrou no Sindicato dos Metalúrgicos de São Bernardo. O clima de tensão só fez crescer a partir daí e a temperatura e pressão alcançaram picos que mostravam que uma explosão de grande monta não estava descartada, ao contrário, teria de se empregar muita força e tino para contê-la.

Toda a mídia nacional, todos os cidadãos, miravam perplexos pelas teletelas o prédio de cuja janela assomava sorridente e acenando, de quando em quando, a figura do maior líder que a nação conhecera desde os tempos de Getúlio Vargas. Surpreendendo quem o esperasse constrangido ou macambúzio, sorria e acenava com uma serenidade inquietante.

A mídia internacional não menos. A expectativa quanto ao desenlace daquele episódio avolumava-se. Lula já havia sido preso pela ditadura em sua juventude, e o uso do retrato tirado dele para o registro daquela prisão o colocara numa condição icônica, algo similar à de Che Guevara ou de Tiradentes, quiçá de Cristo, no imaginário popular.

O povo se dirigia ao sindicato. O clima era de resistência. O sangue na calçada não estava descartado.

A sexta-feira se consumiu na expectativa da resposta de Lula: se entregaria ou reagiria? A contagem regressiva do prazo para se entregar até às 17 horas alimentava sobremaneira a ansiedade de uma nação estatelada em frente às TVS e monitores plugados na internet.

Os advogados de Lula negociavam e o assessoravam, o impeliam ao acordo, ao cumprimento do que fora determinado pelo poder judiciário. Os líderes sindicais, os líderes políticos presentes e distantes e principalmente o povo que enchia o sindicato reclamavam a resistência. O rumor de que a embaixada da Rússia poderia ser uma alternativa amiúde ecoava. Cada qual buscava uma saída. Todos pressionavam.

A fama de que Lula sempre ouve a todos, presta atenção a tudo, mas uma vez tendo ouvido a todos e a tudo atendado, decide seguindo sua própria inclinação se fez valer. E assim, por fim, veio o comunicado irrevogável de Lula: se entregaria, mas no sábado, depois de realizada uma missa em homenagem à falecida companheira, vitimada por um AVC que teria tido como causa justamente a pressão que a caçada judicial e a mídia impunham a sua família. Mormente afligia a matriarca a pressão voltada a seus filhos.

Caiu a noite, mesmo assim o povo não arredava do sindicato. Na madrugada do sábado, as pessoas se revezavam em curtos cochilos no chão, ao lado das rodas de conversas que invariavelmente planejavam e prometiam luta. O sangue que fosse requerido estaria disponível. Era gente dos mais variados cantos do país, com destaque para a sageza de alguns senhores locais: funcionários de chão de fábrica que ao acompanharem a luta sindical desde seu início, em 1978, municiaram-se de uma rara argúcia política.

Com os primeiros raios do sol de sábado o sindicato foi rapidamente se inundando de mais pessoas que, por não caberem no prédio e no estacionamento, começaram a ocupar as ruas. O céu barulhava infernalmente, coalhado de helicópteros, algo que aumentava a dramaticidade daquele martírio. Autoridades iam chegando, a imprensa cobria à distância. Como que cônscia de sua parte no golpe, temia aproximar-se do povo. Numa atitude temerária, um jovem repórter da CBN adentrou ao prédio, chegou a trabalhar pouco mais que uma dezena de minutos, mas acabou fortemente rechaçado pelo povo revoltado mais que tudo contra a TV do mesmo grupo, a TV Globo, que, ato contínuo, mereceu um coro em uníssono.

A agitação era geral, as bravatas pessoais e coletivas se cumulavam, mas da parte de Lula chegavam palavras de conciliação: se entregaria logo depois da missa-comício que realizou em frente ao sindicato, já que dentro não havia espaço.

A missa foi transmitida ao vivo e o país parou de vez ante a imagem do metalúrgico que virou líder popular e destacado Chefe de Estado sendo imolado por um processo de fritura política.

Terminada a missa veio o discurso de várias autoridades presentes e por fim o de Lula. A cada frase o povo reagia com gritos, palavras de ordem e muitas lágrimas. “Eles podem derrubar uma flor, outra flor, e mais uma flor, mas não serão capazes de conter a primavera" consolava do palanque Lula, que terminou por minorar o fato da prisão de seu corpo dizendo-se uma ideia.

Desceu do palanque e foi levado de volta para o sindicato literalmente nos braços do povo, ocasião em que o fotógrafo Francisco Proner clicou a foto que iria estampar a maioria das publicações nacionais e internacionais.

Por mais que se pedisse, o povo não arredava. Ao meio da tarde Lula tenta sair para se entregar, mas ao passar pelo portão do sindicato o povo avançou e impediu que saísse, que se entregasse. O portão foi quebrado, Lula retrocedeu ao prédio do sindicato e aí a incerteza alcançava seu ápice. Foi só numa segunda tentativa, já acompanhado dos agentes da Polícia Federal, que conseguiu sair incógnito em direção ao aeroporto de onde o nordestino partiria para a fria bastilha de Curitiba.

A história virava mais uma página. Inaugurava outra, que registrava o encarceramento de um ex-presidente, justo o de um presidente eleito duas vezes consecutivas pelo voto popular e que deixou o poder com 87% de aprovação de bom e ótimo (sem contar o regular). Sua prisão era a única garantia a seus algozes de que não voltaria ao poder. Os movimentos organizados e o povo, contudo, não desistiram. Montaram um acampamento e passaram a fazer atos de apoio a Lula todos os dias nas imediações do cárcere.

Houve de tudo, inclusive tiros contra o acampamento, que atingiram dois militantes, um dos quais, Jefferson de Menezes, atingido no pescoço, ficou hospitalizado em UTI por várias semanas. Houve também muita luta dos poderes municipal e estadual contra os manifestantes, que continuam a resistir aos ataques até o fechamento deste livro, que se dá há poucos dias da ordem de soltura exarada do tribunal que o condenara, mas que foi descumprida, inaugurando um capítulo novo e, independentemente das alegações, perigoso: em que ordens judiciais se discute.

1. O FIO DA HISTÓRIA: DE LULA A GETÚLIO

No anoitecer de 7 de abril de 2018, quando cumpriu a ordem de prisão assinada pelo juiz Sérgio Moro e se entregou à Polícia Federal diante do Sindicato dos Metalúrgicos em São Bernardo do Campo, abrindo caminho à força no meio da multidão de partidários que o queria desobedecendo, o ex-presidente Lula estava com 72 anos, a mesma idade de Getúlio Vargas quando se suicidou, na manhã de 24 de agosto de 1954.

Sessenta e quatro anos depois, Lula enfrentava a prisão pelas mesmas razões que levaram Getúlio a enfrentar a morte.

Getúlio, Presidente da República eleito pelo voto direto em outubro de 1950, depois de ter sido presidente vinte anos antes, como líder civil da Revolução de 30, recorreu ao suicídio com dois propósitos bem amadurecidos: um voltado para o futuro, outro de caráter imediato.

O propósito futuro era preservar os maiores avanços de seus dois governos, entre os quais a criação da Petrobrás e a pioneira legislação trabalhista que vinha de 1930.

Foi um propósito muito bem concebido, tanto que nos sessenta anos seguintes ninguém conseguiu ameaçar seriamente esse legado. Só aproveitando a histeria coletiva desencadeada pela Operação Lava Jato e sua parcialíssima cobertura na TV e no resto da grande mídia é que o governo de Michel Temer conseguiu fazer avançar, com método implacável e sem qualquer debate, o desmonte da Petrobrás, e impor uma "reforma" trabalhista que nos empurrou de volta ao Brasil anterior à Revolução de 30.

Mais urgente na morte de Getúlio era o outro propósito — e talvez fosse questão de horas. Só o gesto extremo do suicídio evitou uma guerra civil em que morreriam milhares de brasileiros, sobretudo jovens, e seriam inevitáveis o fechamento do Congresso, o colapso das liberdades públicas e o cancelamento das eleições parlamentares daquele ano e da eleição presidencial de 1955 — a eleição do presidente Juscelino Kubitschek. A médio prazo, o suicídio de Getúlio adiou por dez anos o golpe de 1964.

Em 1954, parte do Exército e a quase totalidade da Aeronáutica e da Marinha estavam rebeladas, exigindo a renúncia ou a deposição de Getúlio, e eram instigadas pelos jornais, pelo rádio e pela televisão, especialmente por esta, então, um monopólio privado, de propriedade do "Rei da Mídia" da época, Assis Chateaubriand.

Um dos pretextos da campanha não podia deixar de ser, como sempre, a corrupção; e hoje ninguém ousaria duvidar da honradez de Getúlio — nem os árdegos acusadores da Lava Jato. O outro pretexto era a suposta cumplicidade de Getúlio num atentado contra o jornalista Carlos Lacerda, no qual morrera o major da Aeronáutica Rubens Vaz. Carlos Lacerda falava toda noite, pelo tempo que queria, nas duas únicas TVs em funcionamento no Brasil: uma no Rio e outra em São Paulo, ambas de Chateaubriand.

A verdadeira razão para derrubar o governo era outra, como confessou sem a menor cerimônia o Rei da Mídia Assis Chateaubriand, ao ser procurado pelo General Mozart Dornelles, subchefe do Gabinete Militar da Presidência e seu amigo desde a Revolução de 30, da qual Mozart participara como combatente e Chateaubriand como jornalista.

O General perguntou por que tanto ódio contra Getúlio nos pronunciamentos diários de Lacerda e nas rádios de grande alcance e nos jornais de grande circulação de Chateaubriand em todos os estados. Chateaubriand respondeu:

— Mozart, eu adoro o presidente, sou o maior admirador dele. Quando ele quiser, eu tiro o Lacerda da televisão e entrego para quem ele indicar, para a defesa dele e do governo. É só ele desistir da Petrobrás...

Esse episódio me foi contado mais de uma vez, em entrevistas para um filme e para um documentário de TV sobre o presidente Tancredo Neves, pelo filho do General Mozart, o ex-senador e ex-ministro Francisco Dornelles, que também o contou em depoimento para a TV Senado.

Getúlio tinha criado a Petrobrás em 1953 e ela cresceu. Em seguida à crise mundial do petróleo de 1973, a Petrobrás chegou, no governo Geisel, às descobertas da Bacia de Campos, que viabilizariam a autossuficiência do Brasil em petróleo e abririam caminho, do ponto de vista da tecnologia, para o Pré-Sal.

O governo Lula, finalmente, levou a Petrobrás ao Pré-Sal em 2006 e o protegeu, substituindo o regime de concessões petrolíferas adotado pelo governo Fernando Henrique Cardoso pelo regime do compartilhamento. Pela lei de Lula, era permitida a participação de empresas estrangeiras no Pré-Sal, mas sempre em associação com a Petrobrás, para impedir a exploração predatória desse petróleo e manter seus lucros no Brasil, num fundo que destinaria 75% de seus recursos à educação e à saúde.

Com o *impeachment* de Dilma Rousseff, o governo Temer mudou a lei de Lula, e deu facilidades milionárias às empresas estrangeiras no Pré-Sal, descoberto sem qualquer colaboração dessas empresas, graças à coragem e à competência do geólogo Guilherme Estrela, diretor de Exploração e Produção da Petrobrás.

Com o apoio de Lula e Dilma, Estrela ousou, investiu tudo que podia de seu orçamento e produziu um milagre. De 13 furos que a

Petrobrás fez no Pré-Sal, tão profundos que a tecnologia disponível se esgotava e era preciso aguardar o completo desenvolvimento de uma nova tecnologia, bastaria que dois ou três furos apresentassem evidências de petróleo para os 13 serem um sucesso. Pois a Petrobrás teve sucesso nos 13, o que não foi obra do acaso ou de Deus: foi obra de sua competência e de sua capacitação científica e tecnológica.

Na entrevista, Estrela acrescentou um dado que, em sua fúria privatista, o governo Temer teve de esconder quando restabeleceu os privilégios das multinacionais: só uma empresa estatal como a Petrobrás poderia dar certo no Pré-Sal; uma empresa privada seria obrigada a pensar primeiro nos dividendos dos acionistas e não poderia fazer os investimentos e correr os riscos que a Petrobrás assumiu.

A Petrobrás era um denominador comum entre a história de Getúlio e a história de Lula — e não era o único. Também o eram a luta de Getúlio pelos direitos trabalhistas e a luta de Lula pelo avanço social e o esforço de ambos pelo desenvolvimento da economia brasileira e pela melhor distribuição de renda no país. Nada mais natural, portanto, que a Petrobrás seja uma das razões para a derrubada de Getúlio em 1954 e para impedir a volta de Lula ao governo em 2018.

A derrubada de Dilma Rousseff pelo *impeachment*, em 2016, já tivera esse objetivo. O que se esperava do *impeachment* era que derrubasse a popularidade de Lula e esvaziasse sua candidatura em 2018. Hoje podemos ver com clareza que a popularidade de Lula se manteve e até aumentou — e seus índices nas pesquisas eleitorais cresceram depois do *impeachment* e do início de sua perseguição judicial, em março de 2016, quando o submeteram a uma condução coercitiva sem intimação prévia, essa forma de prisão que tem vergonha, tal como praticada sistematicamente na Lava Jato, de confessar seu verdadeiro nome.

Assim como acontecera com Getúlio Vargas ao voltar ao governo pelo voto popular em 1950, Lula tinha criado raízes muito fundas na alma popular. O *impeachment* de Dilma em nada o afetaria, ainda mais que o governo Temer se entregou à recessão, ao desemprego e a uma política autodestrutiva de exclusão social, de não-retomada do desenvolvimento e de submissão a interesses estrangeiros e dos setores não-produtivos da economia. Meses antes do *impeachment* de Dilma, o comando da Operação Lava Jato, que ainda conseguia ocultar os abusos de autoridade praticados em seu nome, ordenou a condução coercitiva de Lula. Essa violência naturalmente provocou protestos, mas um dos procuradores, já no caminho da celebridade, não se importou e alegou:

— Já houve 119 conduções coercitivas e até agora ninguém reclamou...

Da condução coercitiva à prisão de Lula foram dois anos de uma campanha cotidiana pela grande mídia, a pretexto do combate à corrupção. Lula, em compensação, quanto mais apanhava mais crescia e seus índices de apoio nas pesquisas eleitorais aumentavam sempre. Ele já estava com 30% em maio de 2017 quando foi a Curitiba para ser interrogado pelo juiz Sérgio Moro.

Em junho, Moro o condenou a nove anos de prisão. O que se esperava em seguida, pela demora média desse tipo de caso na segunda instância, era que o recurso ao Tribunal Regional Federal de Porto Alegre (TRF-4) fosse julgado dali a um ano ou pouco mais, como ouvimos de gente do próprio tribunal.

Isso daria tempo para a candidatura de Lula à presidência ser registrada pela Justiça Eleitoral. Mas em seis meses apenas o Tribunal aprontou o processo e o julgou, confirmando a condenação e aumentando a pena de 9 para 12 anos. E fez isso numa unanimidade milimétrica que o jurista britânico Geoffrey Robertson considerou premeditada, para evitar a interposição do recurso de embargos infringentes, que teriam efeito suspensivo.

E, em apenas dois meses, marcou para 26 de março o julgamento dos inócuos embargos de declaração, os únicos recursos imediatos à disposição de Lula na segunda instância. Rejeitados esses embargos, Lula seria imediatamente preso, por ordem do tribunal. Ele, porém, não se assustou e isso assustou seus perseguidores.

A serenidade e o bom humor de Lula impressionaram todos os que estiveram com ele depois da decisão do Tribunal de Porto Alegre. Como poderia estar tranquilo um homem de 72 anos que amanhã pode ser preso e começar a cumprir, em regime fechado, uma sentença de 12 anos de reclusão? Será que ele também terá de descer algemado e acorrentado da traseira de um camburão da Polícia Federal na entrada do Instituto Médico Legal de Curitiba?

(Acorrentado e enjaulado no alto de um caminhão era, aliás, como Hitler faria desfilar Churchill pelas ruas de Berlim, se um comando nazista conseguisse sequestrá-lo num fim de semana que passaria na Escócia. Depois, com grande público, Hitler enforcaria Churchill, ainda acorrentado, diante do Portão de Brandemburgo. Mas Hitler era um monstro psicopata...)

Getúlio entendeu que só o sacrifício de sua vida evitaria a guerra civil que estava para começar e sacrificaria a vida de muitos brasileiros, sobretudo jovens. Aviões da Força Aérea Brasileira, a FAB, criada por Getúlio em seu primeiro governo para lutar na Segunda Guerra Mundial contra Hitler e o nazismo, já faziam voos rasantes sobre o Palácio do Catete, no Rio, sede do governo, pilotados por oficiais rebeldes. Trincheiras já eram cavadas nos jardins do palácio e ninhos de metralhadoras podiam ser vistos sobre os telhados.

Ao mesmo tempo, sua inteligência política, sua lucidez mesmo naqueles momentos finais, que em outros seriam de desânimo e derrota, antecipavam o que aconteceria em seguida: além de evitar a guerra civil, o suicídio de Getúlio retardou por dez anos o golpe de 64, garantiu a realização das eleições presidenciais de 1955, a vitória e o governo do Presidente JK e sobretudo a preservação das muitas conquistas da Era Vargas que os adversários queriam destruir, sabendo ou não que serviam a grandes interesses estrangeiros.

Na entrevista a Mônica Bergamo, Lula afirmou que não se suicidaria. Se o dever de Getúlio tinha sido morrer para evitar a guerra civil, o dever de Lula, tal como ele o via, era viver, em primeiro lugar porque sua morte produziria efeito contrário ao do suicídio de Getúlio e precipitaria a guerra civil.

Falando à multidão que aguardava sua palavra diante e em torno do Sindicato dos Metalúrgicos do ABC, em São Bernardo do Campo, horas antes de se entregar, Lula disse que, por ele, resistiria e não se entregaria. Mas os advogados ponderavam que a desobediência, mesmo a uma ordem injusta e precipitada e a uma condenação sem provas, resultaria em sua prisão preventiva e inviabilizaria por muitos meses qualquer tentativa de libertá-lo e de lutar por sua candidatura.

Aceitando o parecer dos advogados, Lula deve ter considerado que tomava uma decisão ainda mais importante que a de preservar suas possibilidades nos tribunais e o andamento de sua candidatura. Se ele não se entregasse, o que teria acontecido com a multidão que o cercava em volta do Sindicato dos Metalúrgicos? E o que teria acontecido no Brasil inteiro depois do que acontecesse no confronto entre a multidão desarmada e a força policial armada?

A julgar pelo tom da grande mídia no dia seguinte, com exceção de um editorial sereno e sóbrio do ressuscitado *Jornal do Brasil*, mostrava-se viva e disposta a tudo a obsessão de fazer de Lula um caso exemplar.

Foi a mesma coisa que os tribunais do *apartheid* fizeram com Nelson Mandela na África do Sul por 27 anos, ao fim dos quais a minoria branca, 10% da população, teve de contar com ele, para evitar a revanche dos 90% da maioria negra. Foi o que fizeram os ingleses estúpidos que prendiam Gandhi e depois morriam de medo de suas greves de fome.

Em agosto de 1954, Getúlio entendeu que seu dever era impedir uma guerra civil. Mas aproveitou para fazer dessa tragédia seu maior triunfo. Nem no aumento de 100% que ele concedera em maio ao salário mínimo, e começara a ser pago em agosto, o novo governo teve coragem de mexer. Muito menos na Petrobrás, em Volta Redonda, na Hidrelétrica de Paulo Afonso, no projeto da Eletrobrás e num modelo cambial que libertara o Brasil da servidão ao dólar norte-americano.

Quem percebeu de imediato o alcance do gesto de Getúlio foi um de seus maiores opositores, o jornalista Prudente de Morais, neto do presidente homônimo, então diretor do *Diário Carioca*. Prudente, depois, apoiou o golpe de 64, mas logo estava dando emprego a jornalistas perseguidos e tirando-os da cadeia, e acabou rompendo com o regime instalado pelo golpe. Foi do próprio Prudente que ouvi sobre sua reação na manhã de 24 de agosto de 1954 — e ressalvo antecipadamente que nele um palavrão não era uma ofensa, era mais um gracejo, um expletivo plebeu.

Na noite de 23 de agosto, ninguém fora para casa na redação do *Diário Carioca*. Por volta das 8 e meia da manhã, no dia 24, Prudente escrevia em seu gabinete, separado da redação por uma porta de vidro e pela pequena área da secretaria e do *copy desk* do jornal. Quando ouviu um barulho que poderia ser um tiro mas era apenas o espocar de uma rolha de champanhe — como viu pelo vidro de sua porta —, Prudente foi até o grupo de colegas que comemorava.

— O que foi? — perguntou — O Getúlio renunciou?

— Não — respondeu um dos jornalistas. — Ele se matou...

Prudente sentiu um calor subindo por seu peito, perdeu o controle e deu um murro na mesa:

— Vocês não entenderam...

Para Prudente, se estavam comemorando, era porque não tinham entendido. Se ninguém ali entendera o suicídio, ninguém entendeu a reação de Prudente até que ele explicou:

— Vocês não entenderam. Filho da p...! Ele ganhou de novo!

Sua privilegiada inteligência política permitira a Prudente, mesmo na perturbação daquele momento, perceber que o suicídio já se tornava o maior triunfo de Getúlio. Hoje, um opositor tão lúcido em relação a Lula quanto Prudente o foi em relação a Getúlio não precisaria esperar pelo espocar de uma rolha de champanhe para perguntar, filosófica e melancolicamente, se Lula, mesmo preso, não estaria ganhando do novo.

No momento da prisão de Lula, não sabíamos o que aconteceria com ele e com o país.

Mas pouco antes Lula conseguira realizar até o fim uma caravana pelos estados do Rio Grande do Sul, de Santa Catarina e do Paraná — uma caravana que movimentos de extrema-direita fizeram tudo para inviabilizar, até com tiros contra um dos ônibus que conduziam jornalistas e foi confundido com o que conduzia Lula. Tiros que coincidiram com o assassinato da vereadora carioca Marielle Franco.

Esses tiros, os da caravana e os de Marielle, acordaram o país, que antes hibernara, anestesiado por dois anos de uma campanha judiciária da Lava Jato e de uma campanha midiática da TV e da grande imprensa, envenenando toda a vida brasileira — atingindo também as próprias instituições políticas do país, caso do Congresso Nacional e dos partidos.

A Lava Jato transbordou depois das fronteiras do universo político e chegou às universidades públicas, com a invasão de duas delas, a condução coercitiva do reitor e professores da Universidade Federal de Minas Gerais e a prisão, e em seguida o suicídio, do reitor Luiz Carlos Cancellier, da Universidade Federal de Santa Catarina, tão vítima de seus perseguidores quanto Marielle Franco o foi de seus assassinos e, no passado, o jornalista Vladimir Herzog e o operário Manoel Fiel Filho o foram de seus torturadores e do sistema que os empoderou.

Este livro não é apenas a crônica da cruzada da Lava Jato em busca da cabeça de Lula. É uma tentativa de discutir abusos de autoridade praticados em nome da Lava Jato contra inocentes e também contra culpados, porque mesmo os maiores culpados têm tanto direito às garantias do devido processo legal quanto os mais inocentes.

Se a Constituição e o aparelho judiciário não conseguirem garantir o devido processo legal a todos os acusados, indistintamente, que certeza teremos de que os condenados são mesmo culpados e os absolvidos são mesmo inocentes? Daí o grande perigo do erro judiciário, quando se aceita como prova a narrativa de um delator que, como Joaquim Silvério dos Reis, quer salvar o próprio pescoço à custa do pescoço de Tiradentes.

Pouco depois da prisão de Lula, em abril de 2018, o ex-ministro José Dirceu, também condenado e à espera de nova ordem de prisão, contou em entrevista a Mônica Bergamo, da *Folha de S. Paulo*, ter ouvido de Antonio Palocci, na prisão em Curitiba, a seguinte frase:

— O Léo Pinheiro vai salgar o Lula.

Palocci chegou a essa conclusão depois de uma conversa com Léo Pinheiro, presidente da construtora OAS, que também estava preso e já tinha prestado um depoimento no qual não acusava Lula. Um segundo depoimento de Léo Pinheiro, seguido de substancial redução de sua pena, foi a única "prova" apresentada contra Lula no processo que o levou à prisão, o do tríplex de Guarujá.

Tratando de abusos de autoridade que corrompem e negam o devido processo legal, este livro, portanto, não pode limitar-se ao caso de Lula e tem de tratar de outros casos, como os do blogueiro Eduardo Guimarães, do empresário Eike Batista, do ex-presidente José Sarney, do reitor Cancellier, que se matou, da exibição pública de Sérgio Cabral acorrentado e da utilização de delatores premiados, como Joesley Batista, para gravar conversas com Temer e com Aécio Neves e sua irmã Andrea Neves.

Esse transbordamento dos abusos de autoridade foi apresentado como demonstração de que a Lava Jato não era seletiva contra Lula, era contra todos, era *erga omnes*, como foi pernosticamente batizada uma de suas estrepitosas operações. Mas ela só se tornou *erga omnes* para chegar mais rapidamente ao objetivo de prender Lula e tentar eliminá-lo da eleição presidencial de 2018 e do futuro político do Brasil. E para avisar a quem viesse a ser eleito em vez dele que não tentasse repetir o que ele e Getúlio Vargas tinham feito.

Quanto a Temer e sua sobrevida no governo que lhe fora entregue pelo *impeachment* de Dilma com esse fim, ele já assumira com a predisposição de revogar as decisões de Lula e Dilma em defesa do Pré-Sal e de entregá-lo às multinacionais que nada tinham feito para descobri-lo. Temer aproveitou que a Lava Jato já tinha possibilitado à mídia desmoralizar toda a Petrobrás, escondendo ou minimizando a saga do Pré-Sal e o papel nele desempenhado por diretores como Guilherme Estrela, para dar a impressão de que toda a diretoria da empresa era cúmplice de um clima geral de corrupção.

Assim, a Lava Jato serviu objetivamente à onda levantada contra a Petrobrás, serviu à promoção de seu desmonte e, paralelamente, ao desmonte da legislação trabalhista e de uma estrutura econômica que tinha feito do Brasil uma das maiores economias do mundo, avanços devidos inicialmente a Getúlio Vargas e depois a Lula, que lhes acrescentou o Pré-Sal e o mais ousado projeto, desde Getúlio, de resgate de nossa dependência econômica e de nossa vergonhosa dívida social.

Nessa empreitada de demolição e destruição — e Deus queira que não também de implosão —, Temer e a Lava Jato foram parceiros e cúmplices, em alguns casos com as melhores, as mais santas intenções, abrigadas na inocência de almas simplórias e facilmente manobráveis.

2. A CONDUÇÃO COERCITIVA NA ERA DA LAVA JATO

Foi no dia da condução coercitiva de Lula, em março de 2016, que comecei, com os condicionamentos de velho jornalista, a implicar com a Operação Lava Jato, ou melhor, com os excessos e abusos de autoridade praticados em seu nome.

Não sei se foi mesmo implicância — o que senti com certeza foi indignação diante de certos procedimentos que me pareciam desnecessários, ilegais, violentos e cruéis.

Procedimentos em alguns casos degradantes, como a tal vistoria ou busca nas "partes íntimas" do reitor Luiz Carlos Cancellier, que se suicidou pouco depois. E perfeitamente prescindíveis do ponto de vista das investigações, salvo se o objetivo destas não fosse descobrir fatos criminosos, mas alcançar premeditadamente esta ou aquela pessoa.

Dois anos depois de ela ter acontecido, creio que devemos perguntar, com a perspectiva do tempo, se a condução coercitiva de Lula em março de 2016 resultou em alguma informação que não pudesse ser conseguida pelos procedimentos que a lei autoriza — a intimação para o investigado comparecer à Polícia Federal e prestar depoimento.

Sei perfeitamente, e logo vou contá-las, das razões de minha primeira reação ao ser surpreendido pelo boletim de notícias que interrompeu a programação da TV Globo com imagens e informações sobre a condução coercitiva de Lula.

Procurando não me deixar dominar por essa reação, escrevi nessa tarde ou nos dias seguintes um artigo que encaminhei para

O Globo, suficientemente cauteloso para que pudesse ser publicado. Relendo-o agora, vejo que tive de cortar, para não exceder o número de linhas permitido, um parágrafo no qual lembraria que a maior ajuda da Inglaterra à independência da Índia, na primeira metade do século 20, fora sua polícia e sua magistratura coloniais prenderem Gandhi tantas vezes. Cada vez que Gandhi era preso, cada greve de fome com que protestava mobilizavam multidões contra o domínio colonial britânico. Era uma alusão clara ao que acontecia no Brasil. Mas o que sobreviveu do artigo passava sofrivelmente a ideia.

Para o conduzido — dizia o artigo —, *a condução coercitiva é, na verdade, uma prisão por algumas horas. Ele não pode recusar o convite dos condutores, não pode pedir que o carro destes o deixe na próxima esquina; não pode, na polícia, desculpar-se com o delegado e dizer que volta mais tarde porque agora tem hora marcada com o dentista. Como, oficialmente, não é uma prisão, o conduzido tem a expectativa de que será liberado no mesmo dia, depois do tempo, em geral demorado, para ouvir todas as perguntas e responder.*

Dependendo da idade e dos antecedentes do conduzido, ele pode achar a condução coercitiva parecida com o que acontecia nos anos mais duros do regime militar, quando a tigrada do Doi-Codi (como a chamava um dos ministros não beligerantes de três dos cinco presidentes militares, o professor Delfim Netto) a praticava sem mandado judicial e sem a menor garantia de liberação. Nem sempre usavam algemas (proibidas no recente e rumoroso caso [o caso de Lula]*), mas quase sempre enfiavam um capuz de pano preto na cabeça do conduzido e o orientavam, com a pedagogia da época, a viajar deitado no banco de trás do Fusca habitual (Puma foi só mais tarde, no Riocentro), para não ser visto por algum transeunte abelhudo. "É para sua segurança", diziam.*

Para segurança dele próprio, Lula, que já provara as prisões da ditadura, provou agora a condução coercitiva da democracia e da legalidade constitucional. Se fosse intimado e caminhasse com as próprias pernas até a delegacia, correria o risco de ser envolvido em tumultos e pancadaria. Não se cogitou de qualquer alternativa, como ouvi-lo em casa. E a ordem para que fosse conduzido, em vez de intimado, teve de adotar a cautela de proibir o uso de algemas, quando a suposição do comum dos mortais seria que, em casos assim, as algemas só fossem usadas quando expressamente autorizadas. [Mas seu uso nesses casos — coisa que eu não sabia na época desse artigo — já estava proibido pela Súmula Vinculante nº 11, do Supremo.]

O resultado, para quem esperava do depoimento o desmascaramento de Lula, foi o oposto. Ele saiu do interrogatório mais ou menos como Nelson Mandela deixou a prisão na África do Sul. E, além de recuperar a popularidade que possa ter perdido, deve ter ganho alguns pontos a mais. A condução coercitiva reconduziu Lula ao papel de candidato forte à Presidência.

Mesmo nas pequenas decisões (caso desta, aparentemente), o juiz deve decidir de acordo com a lei e a própria consciência. Para não discutir os mistérios da consciência e o que Freud descobriu sobre os poderes do inconsciente, a lei comporta em geral mais de uma leitura, conforme a época, as circunstâncias e outras variáveis. O mesmo texto da bicentenária Constituição dos Estados Unidos — que diz serem todos iguais perante a lei — levou a Corte Suprema, no século XIX, a legalizar a segregação racial, adotando a doutrina do "iguais, mas separados"; e no século XX, em 1954, a revogar a decisão anterior, ao declarar inconstitucional a segregação.

No mesmo dia — concluía meu artigo —, *o ministro Marco Aurélio Mello considerou um erro a condução coercitiva de Lula: em sua leitura da lei, essa prerrogativa da Justiça só deve ser usada se e quando a pessoa intimada não comparecer ou recusar-se a comparecer, o que não era o caso.*

Lula, salvo engano, não foi intimado, foi surpreendido. E o país está surpreendido e apreensivo pelo que aconteceu horas depois, continua a acontecer e pode continuar acontecendo.

Não resisti à tentação de incluir neste livro a transcrição integral do tal artigo. Naquele momento, ele não pareceu um ato de obstrução da Justiça, tanto que *O Globo* o publicou e nem ele nem eu fomos objeto de qualquer acusação ou interpelação. Uma vez que já me permiti essa overdose de autorreferência, vou contar qual foi a razão preponderante de minha reação — ou minha associação de ideias — ao saber da condução coercitiva de Lula.

3. A CONDUÇÃO COERCITIVA, MODELO DOI-CODI

No início de 1973 vivíamos um dos momentos mais sinistros do governo do presidente Médici, que logo depois teria de conduzir a própria sucessão e não queria em seu lugar o General Ernesto Geisel, nem queria a abertura política que já se sabia estar nos planos deste. Eu era editor-chefe do *Globo* e sabia dos avisos que vinham de alguns generais da linha dura: este ano vai ser muito difícil, vai ser preciso muito cuidado. Nem era preciso traduzir: ano difícil, muito cuidado só podiam significar mais repressão, mais censura, mais prisões.

Não seriam nem 7 da manhã quando eles chegaram. Morávamos minha então mulher, nossos dois filhos pequenos e eu numa velha casa de dois andares em Santa Teresa, bairro meio boêmio, meio poético, nas encostas e montanhas cariocas que culminam no Corcovado. Acordei com um ruído de conversa, era a senhora nordestina que trabalhava conosco abrindo a porta para eles. Em seguida, o de seus passos subindo a escada. Ela avisa que uns senhores querem falar comigo, de parte do Dr. Flávio. Era o DOI-CODI, Destacamento de Operações de Informação-Centro de Operações de Defesa Interna, o mais atuante e temido conjunto de forças-tarefa da polícia política da ditadura (naquela altura era ditadura mesmo, depois, com o governo Geisel, é que começou a abertura).

Àquela hora, naqueles dias, se batem de manhã cedo em sua porta, não pode ser o leiteiro, só pode ser o DOI-CODI, como se dizia da Gestapo na Alemanha de Hitler. Ainda mais de parte do Dr. Flávio. Só podia ser Flávio Tavares, o jornalista e escritor, meu amigo e ex-colega, a quem em 1969 eu oferecera abrigo em nosso apartamento quando ele era procurado pelo DOI-CODI. Eu procurava retribuir a ajuda que pedira a ele para meu irmão sair clandestinamente do Brasil rumo ao exílio no Chile (não era ainda o Chile de Salvador Allende, era o de Eduardo Frei).

Mudei de roupa rapidamente, desci e dois homens sem metralhadora, protegidos por dois de metralhadora, já estavam na sala, derrubando os livros da estante e examinando-os como se houvesse alguma coisa escondida dentro deles.

Felizmente perdi o controle e, em vez de me mostrar intimidado, explodi:

— Que é isso? Os senhores invadem a casa, armados desse jeito... Estão procurando o quê?

— Foi uma denúncia de maconha, o coronel precisa falar com o senhor — responde com surpreendentes bons modos o chefe deles, que naturalmente não estava acreditando na história dessa denúncia.

— Maconha coisa nenhuma! — uma descarga de adrenalina suprimia minhas possibilidades de controle. Eu não levava em conta que o habitual nesses casos era os captores darem início a seus procedimentos imobilizando e espancando o capturado. — Há três meses deixei de fumar Hollywood com filtro porque me fazia mal à garganta e vocês vêm com essa história de maconha. Não é nada disso! É por causa do *Globo*, eu sou editor-chefe do *Globo*, que é um grande jornal, o maior do Brasil... É por causa do *Globo*, tenho certeza...

Todos os jornais eram patrulhados com todos os recursos do aparelho de segurança do governo militar — e os jornalistas ainda mais. Eu estivera metido com Flávio Tavares, em 1969 um dos presos políticos trocados no sequestro do Embaixador Elbrick, dos Estados Unidos. Eu prestara depoimento, numa primeira condução coercitiva, no DOI-CODI do quartel da rua Barão de Mesquita, fora réu, de 1964 a 1968, do IPM da *Última Hora*, em Curitiba, contra todos os jornalistas e ex-jornalistas (eu era ex) da sucursal paranaense desse jornal, trabalhara como assessor do Ministro do Trabalho Amaury Silva no governo João Goulart até sua derrubada — estava longe de ser ficha limpa nos arquivos, então mais antissubversão do que anticorrupção, da polícia e dos órgãos militares de segurança interna.

Em 1973, porém, eu estava limpo, não tinha nem a mais remota ligação com qualquer grupo de luta armada (ou desarmada mas clandestina, caso do Partidão, o Partido Comunista da linha de Moscou, como se dizia). Nem com o MDB, precursor do PMDB, eu tinha qualquer convivência. Não poderia ser acusado sequer de alguma desobediência às ordens da censura: quando isso acontecia, era em obediência a ordens do próprio Dr. Roberto Marinho. Ser jornalista, naqueles dias, era tão perigoso quanto ser advogado de presos políticos, professor, estudante ou simplesmente jovem.

Quando eu disse que era editor-chefe do *Globo* e eles estavam ali por causa do *Globo*, o tratamento mudou. O chefe da força-tarefa tentou ser até cordial, mas, infelizmente — explicou — eu teria de ir com eles (não esclareceu para onde).

Pedi licença para terminar de me vestir, o chefe aproveitou para avisar que minha mulher e meus filhos não deveriam descer do andar de cima, o que significava que ficariam prisioneiros em casa e um dos homens da força-tarefa ficaria lá, de sentinela (e armado de metralhadora?). Vesti terno e gravata — traje que usávamos no trabalho. Mas era obrigatório, dizíamos nas redações, para tratar com o gerente do banco da rolagem de algum empréstimo e igualmente para ser preso.

Saímos, três dos quatro deles e eu, e embarcamos num Fusca, o pequeno carro de duas portas da Volkswagen. Apontaram-me o banco de trás — era natural, dele seria impossível tentar uma fuga. O chefe, no banco do carona, na frente, estendeu-me um capuz preto.

— É para sua segurança. Ponha na cabeça e deite de lado.

O capuz, naturalmente, não tinha aberturas para os olhos, destinava-se a impedir que o conduzido pudesse ver para onde ia, nem quem o interrogava e, em muitos casos, quem o torturava. Também descia até a altura do queixo e não tinha abertura para o encapuzado respirar.

Sentado comigo no banco de trás estava um dos integrantes do grupo, que só então reparei ser a cara, o corpo e o olhar de Peter Lorre, famoso ator de filmes de terror dos anos 20 e 30, que metia medo também pela voz de falsete de seus personagens, untuosa e cheia, em cada sílaba, de insinuações de maldade. O Peter Lorre do DOI-CODI pareceu embaraçado e tentou facilitar as coisas:

— Pode deitar na minha perna. É perna de macho.

Não foi difícil ajustar o capuz, talvez nunca lavado, nem me encolher deitado, com a cabeça sobre aquela perna de macho. Só quando me acomodei melhor, o carro descendo as ladeiras de Santa Teresa, comecei a cogitar do que aconteceria nas horas seguintes. Podia não voltar vivo, o que volta e meia acontecia — não era paranoia pensar nisso. Se não voltasse, podia ter certeza de que Dr. Roberto cuidaria do futuro de meus filhos, um de 9, outro de 6 anos. Nem imaginei como seria morto ou se isso viria a acontecer.

Não demorei nessa reflexão, o capuz começava a incomodar, seu tecido áspero aderia às narinas, ficava cada vez mais úmido, tornava necessário respirar pela boca. Era preciso, dei-me conta, não entrar em pânico. Eu já tinha saído vivo e inteiro do DOI-CODI uma vez, talvez conseguisse de novo. A conversa do chefe com o motorista restabeleceu minha conexão com a realidade dentro e em torno daquele carro. Eles comentavam o trânsito, as dificuldades no rumo da Baixada, a grande periferia do Rio, plana e ao nível do mar, em alguns pontos talvez abaixo, e no entanto eu sentia o Fusca subindo.

Devia ser para me despistar quanto a nosso destino, mas era um esforço ingênuo porque, de olhos vendados, a audição, o olfato e o tato funcionavam muito melhor. Mesmo os ouvidos cobertos pelo capuz, as narinas obstruídas por ele e a pele isolada pela roupa captavam claramente os passarinhos tagarelando e os cheiros e o ar puro e fresco da floresta em que penetrávamos.

Atento a tais sensações e à conversa dos condutores, em busca de alguma alusão quanto a meu destino pessoal de conduzido, se e como sairia daquela, e quanto ao ponto final de nosso trajeto, chegamos afinal a um lugar que tinha toda a movimentação e todos os barulhos metálicos de uma instalação militar. De capuz eu nada podia ver, mas tinha certeza de estarmos no Alto da Boa Vista, num aparelho clandestino do DOI-CODI do qual se falava, sempre com histórias medonhas de violência, tortura e morte.

Pediram que eu saísse do carro, dois homens seguraram meus braços, um de cada lado, conduziram-me no que, andando às cegas, tive a impressão de ser um labirinto de corredores, mas talvez não passasse de duas ou três viradas de esquina, e afinal um deles disse:

— Agora pode tirar o capuz.

Estávamos numa sala de tamanho médio, quadrada, uns quatro por quatro metros, o piso e talvez as paredes (quanto a estas já não tenho certeza) acarpetados de feltro cinza — uma proteção acústica, sem dúvida; a porta de tamanho normal, mas da espessura dupla ou tripla das portas enormes dos estúdios de TV, que nenhum som devia atravessar.

Fizeram-me entregar os óculos, o relógio, um pequeno vidro de remédio para o ouvido que trazia no bolsinho de cima do paletó, o cadarço dos sapatos e a gravata — naturalmente para não me ser possível cortar o pulso com cacos de vidro das lentes, do visor do relógio ou do remédio, nem me enforcar com a gravata e os cadarços. Ah! E a carteira.

Ao lado da porta, existia um banco de madeira em toda a extensão da parede. Sentado nele, vejo meu carcereiro sair com minhas coisas, deixar uma advertência que esqueci, não sei se para não tentar sair ou para não me afastar do banco, e depois empurrar a porta pelo lado de fora, até desaparecer. Também não sei se já tinha percebido, mas na parede oposta à do banco existia um janelão de vidro cinzento que não me deixava ver nada do outro lado, e diante da janela opaca um pequeno púlpito, bem baixo, em posição enviesada.

Era o que na gíria da reportagem policial se chamava uma sala de manjamento. Do outro lado do janelão, testemunhas que não devem ser reconhecidas veem sem ser vistas o prisioneiro, para poder identificá-lo. Mas não é só uma sala de manjamento, é também de interrogatório.

Atrás do púlpito deve estar a maquininha de choque elétrico, que o operador pode manipular de surpresa, sem que o prisioneiro veja seus movimentos sobre o interruptor e a manivela de controle. As estatísticas devem mostrar que o choque de surpresa é mais eficaz.

Encarar o púlpito é muito desagradável, é ameaçador, embora eu não veja os fios que devem conectar a maquininha à parede, talvez a maquininha não esteja ali, assim como não está na sala qualquer interrogador ou operador para conectar seus terminais a meu corpo. Volto a atenção para a porta, embora nada se possa ouvir do lado de fora, e para a eventual aproximação de passos pelo corredor, mas ela não acontece.

Não vou aceitar nada desses filhos da puta, nem pedir nada — eu tinha dito a mim mesmo ao ser deixado sozinho. Esperava não sentir sede nem precisar urinar. Da outra vez, no DOI-CODI da Barão de Mesquita, fora uma decisão acertada, impusera respeito, eu recusar o almoço, o café e até a água. Não sei quanto tempo fiquei ali, com aquelas expectativas e uma atenção anormal, uma descarga ininterrupta e interminável de adrenalina no corpo inteiro, pronto à reação que se imporia conforme o que viesse a acontecer.

Depois de muito tempo — uma hora, três? — a porta foi aberta e entrou na sala o chefe da força-tarefa que me trouxera:

— O senhor desculpe, foi um equívoco, o senhor está liberado, vamos devolver suas coisas e levamos o senhor embora.

Recebi de volta o que tinha sido confiscado, o chefe perguntou se não faltava nada e insistiu que eu contasse o dinheiro na carteira, embora eu também insistisse, com o surrealista cavalheirismo possível nas circunstâncias, que não havia necessidade disso, tinha certeza de que o dinheiro estava certo. Quando me recompus, gravata e o resto nos devidos lugares, o chefe me reapresentou o capuz e de novo assegurou:

— É para sua segurança.

Claro, eu nada deveria ver nem do labirinto interno, nem da parte externa daquele estabelecimento, nem mesmo do lugar onde ficava, da rua ou estrada que lhe dava acesso e das árvores e passarinhos cuja presença eu percebia por ouvir seu canto e o farfalhar de suas folhas. Também não devia confirmar pelo ar que respirava e pela brisa que sentiria no rosto que tinha sido sequestrado para um aparelho secreto do DOI-CODI na Floresta da Tijuca.

De novo encapuzado e conduzido por dois homens, um de cada lado, percorri o labirinto de corredores, entrei no carro e tive de me encolher deitado no banco de trás. Peter Lorre não estava mais lá. Para minha segurança eu não devia ver mais nada daquele lugar, nem o lado de fora, nem as outras pessoas e suas atividades, nem de onde vinham aqueles barulhos metálicos, nem mesmo a paisagem em volta. Só sei que descemos a montanha e a certa altura o chefe me disse para tirar o capuz e depois sentar normalmente.

Pouco depois o carro parou numa rua sem movimento:

— O senhor pode desembarcar aqui.

Nem raciocinei, recusei. Eles não discordaram:

— Os senhores foram me buscar em casa, vou pedir que me levem de volta até lá.

Devíamos estar, pelo pouco tempo que o carro andara no plano depois de descer a montanha, no bairro da Usina, que fica entre o Alto da Boa Vista e a Tijuca. Tive medo de desembarcar, um medo meio despropositado, pois afinal saíra vivo e inteiro do aparelho clandestino do DOI-CODI. Mas tive medo de um acidente premeditado, de me atropelarem ao atravessar a rua deserta.

No trajeto até Santa Teresa, o chefe informou que minha casa já tinha sido "liberada" e o telefone religado. Aí tive noção de que minha mulher e meus filhos passaram aquelas horas todas em cárcere privado, com sentinela à vista, tão sequestrados quanto os embaixadores que o pessoal da luta armada capturava para exigir em troca a libertação de presos políticos. Achei melhor não discutir: para minha segurança, não era ocasião de criar caso.

Só desembarquei, agradecendo pela carona, diante do portão de casa. E só esperei que o carro deles virasse a esquina para pedir que minha mulher, Raquel, me levasse em nosso carro até o *Globo*. Eu explicaria tudo no caminho, não era seguro sair de casa desacompanhado, nem usar o telefone, religado mas claro que grampeado.

No jornal fui direto à sala de Evandro Carlos de Andrade, diretor de redação e meu superior imediato. Ele mal ouviu o começo de minha história e correu para a sala de Dr. Roberto, que estava com visitas e mandou me avisar que daria um ou dois telefonemas e em seguida falaria comigo na sala vizinha, de seu irmão Ricardo, vazia naquela manhã.

Não demorou nada e Dr. Roberto foi falar comigo. Entre a poltrona dele e a minha, sobre uma pequena mesa de canto, estava a fotografia de seu filho mais velho, Paulo Roberto, que morrera anos antes em um acidente de carro.

— Eu te juro pela memória de meu filho morto — disse Dr. Roberto, transtornado — que isso que fizeram com você nunca mais vai acontecer, garanto. Foi por minha causa que te prenderam.

Dr. Roberto estava indignado, talvez meio assustado. Creio que nunca antes haviam chegado tão perto dele, mas acima disso estava o cuidado extremo que ele tinha com todos os jornalistas do *Globo* e da TV Globo e, aliás, com todos os funcionários de suas empresas. Em pouco mais de um ano desde minha chegada ao jornal e da mesma forma nos mais de dez que trabalharia lá, quase oito como chefe de redação e editor-chefe, ouvia a toda hora interpelações dele sobre a segurança de nossos repórteres em qualquer missão que pudesse oferecer o menor perigo. Era comum jornalistas do *Globo* serem intimados para prestar depoimento no DOPS, a polícia política. Sempre que isso acontecia o outro irmão dele, Rogério, também diretor do jornal, ia junto porque, embora não praticasse a advocacia, mantinha sua inscrição na Ordem dos Advogados.

Foi nas conversas com Evandro e Dr. Roberto que fiquei sabendo da verdadeira razão de minha condução coercitiva.

Uma tarde, dias antes, Dr. Roberto me avisou, não me lembro se em sua sala ou pelo telefone, que até segunda ordem *O Globo* não deveria publicar qualquer notícia ou nota em coluna social sobre D. Elisinha Moreira Salles, mulher do embaixador Walter Moreira Salles, seu grande amigo. Dr. Roberto sempre explicava as razões de suas ordens, porque assim, dizia, era menor o perigo de elas não serem entendidas e por isso não cumpridas:

— Foi o Walter que pediu. Ela está com problemas, muito perturbada.

Não era exagero. Algum tempo depois, D. Elisinha se matou, atirando-se da varanda do apartamento da família, uma cobertura na Avenida Atlântica, em Copacabana. O pedido do embaixador era mais que razoável. As colunas sociais, salvo as de colunistas muito bem informados, como Ibrahim Sued, Zózimo Barrozo do Amaral e Hildegard Angel (aqui mencionados por ordem decrescente de idade), eram muito vulneráveis às intrigas do *society*, não tinham como perceber o veneno escondido em certas informações. Na notícia mais inocente sobre um jantar ou um desfile de moda, um inimigo íntimo podia infiltrar uma perfídia venenosa.

Transmiti a ordem de Dr. Roberto. A proibição devia ser obedecida. Ele admitia e encorajava a discussão de suas decisões, e frequentemente se dispunha a reconsiderá-las, mas não admitia a desobediência. Todo mundo sabia disso no *Globo*. Uma jornalista, encarregada interinamente de uma coluna no suplemento "Ela", desobedeceu, publicou no fim de semana uma nota sobre D. Elisinha, não sei se inofensiva ou não.

Na segunda-feira, Dr. Roberto demitiu a jornalista. Mas ela era filha de um general poderoso na tropa e sobrinha de outro, ainda mais poderoso na chamada comunidade de informações e segurança, como diretor da Polícia Federal. Na manhã seguinte, fui preso ou, se preferirem, conduzido coercitivamente. Era Dr. Roberto que gostariam de prender ou conduzir, mas não tinham coragem. Eu, então, é que fui preso, para a afronta daquela demissão não ficar impune.

Mesmo emocionado e indignado, Dr. Roberto sentiu necessidade de aliviar minha tensão, que eu nem tentava dissimular:

—Agora conta, como é que aguentaste?

Ele conversava sempre nessa segunda pessoa, o interlocutor era sempre "tu", a não ser que fosse "o senhor".

Comecei a contar e quando cheguei ao momento do capuz ele não aguentou.

— Não podias respirar pelo nariz? Eu morreria do coração, na hora!

Não foi só Dr. Roberto Marinho que se assustou com minha condução coercitiva. A jornalista demitida por ele teve medo por muito tempo de que as coisas mudassem e eu pudesse me vingar em seus filhos. Soube disso anos depois, quando as coisas tinham de fato mudado, por uma amiga e ex-colega minha que era amiga dela. Fiz o possível para tranquilizá-la e pedi a essa amiga comum para avisá-la de que nada tinha a temer de minha parte. Ambos fôramos vítimas da reação de seu pai ou de seu tio: eu pelas horas que passei em poder do DOI-CODI e pelos meses seguintes de depressão e medo. Ela, pelos mais de dez anos à espera do revide que jamais esteve em minhas cogitações.

— Muito bem — protestará o leitor mais tolerante para os rumos que vai tomando este livro. — Muito bem, senhor escrevinhador, já fez seu show de autopiedade, está mais aliviado? O que isso tem a ver com o caso do Lula?

4. NEM ALGEMAS, NEM FILMAGEM

A condução coercitiva de Lula foi determinada pelo juiz Sérgio Moro, em decisão de 29 de fevereiro de 2016, a pedido do Ministério Público, para o qual a medida era necessária, "pois, em depoimentos anteriormente designados para sua oitiva, teria havido tumulto provocado por militantes políticos, como o ocorrido no dia 17 de fevereiro... no Fórum Criminal da Barra Funda, em São Paulo".

No confronto entre polícia e manifestantes contrários ou favoráveis ao ex-presidente — dizia o despacho, citando o pedido do Ministério Público — *pessoas ficaram feridas. Receia* [o Ministério Público] *que tumultos equivalentes se repitam, com o que a oitiva... Na mesma data das buscas e apreensões, reduziriam, pela surpresa, as chances de ocorrência de eventos equivalentes.*

Se esse receio era a razão, não poderiam ter intimado Lula para outro lugar? Ou fazer o que fizeram mais de um ano depois, quando Lula foi interrogado em Curitiba pelo juiz Sérgio Moro e as torcidas pró e contra ficaram longe do interrogatório e separadas uma da outra?

A decisão prosseguia dizendo que a condução coercitiva "não implica cerceamento real da liberdade de locomoção, visto que dirigida apenas a tomada de depoimento". Esse é um argumento com o qual não creio que concordem os conduzidos e a maioria dos profissionais do Direito, assim como os textos legais, que a tratam como exceção e não como regra, só a permitindo em caso de desobediência a uma intimação devidamente emitida e recebida.

O argumento seguinte na fundamentação do despacho era o de que "mesmo... Com a condução coercitiva, mantém-se o direito ao silêncio dos investigados". Na vida real, como se sabe, o silêncio dos investigados nem sempre consegue prevalecer, tanto na condução coercitiva quanto na prisão preventiva.

Depois o despacho volta ao "motivo circunstancial relevante para justificar a diligência, qual seja evitar possíveis tumultos como o havido recentemente perante o Fórum Criminal de Barra Funda, em São Paulo, quando houve confronto entre manifestantes políticos favoráveis e desfavoráveis ao ex-presidente e que reclamou a intervenção da Polícia Militar":

— Colhendo o depoimento mediante condução coercitiva, são menores as probabilidades de que algo semelhante ocorra, já que essas manifestações não aparentam ser totalmente espontâneas. Com a medida, sem embargo do direito de manifestação política, previnem-se incidentes que podem envolver lesão a inocentes.

Era um pretexto que invocava uma preocupação legítima, sobretudo o receio de lesão a inocentes (um transeunte, talvez, ser agredido ou derrubado por um manifestante, ou, na confusão, ser imobilizado e preso pela polícia). Mas a suspeita de que as manifestações não fossem inteiramente espontâneas denunciava o caráter político do caso. Para quase todos os adeptos de Lula, o objetivo principal da Lava Jato era destrui-lo politicamente, impedir sua volta à Presidência da República em 2018 e até impedir sua candidatura, tornando-o inelegível em decorrência de alguma condenação.

Lula deveria prestar depoimento sobre fatos relativos ao empresário José Carlos Bumlai e às acusações contra ele, em processo ou processos que poderiam envolver o próprio Lula. Desde a prisão de Bumlai, o que se dizia era que a Lava Jato chegava, afinal, a Lula. Os mais inteligentes adversários e até inimigos de Lula, que conseguiam manter a cabeça fria naquela fornalha de cabeças quentes, torciam para que as possíveis iniciativas judiciais contra Lula não chegassem à prisão dele, que seria festejada por boa parte da classe média e até por pequenas parcelas do povão, mas reconduziria Lula à condição de candidato muito forte, em 2018, à sucessão da ainda presidente Dilma.

No momento de sua condução coercitiva, Lula voltava a ser o candidato favorito nas pesquisas, sobrevivendo ao *impeachment* de Dilma e aos estragos da Lava Jato. Se a Lava Jato chegava finalmente a ele, as opiniões contra Lula dividiam-se em duas correntes. Uma era a que temia sua prisão, que faria com ele o que os ingleses tinham feito com Gandhi na luta pela independência da Índia na primeira metade do século 20: cada vez que o prendiam ou ele entrava em greve de fome, mais se encurtavam os dias do domínio britânico. A outra entendia ser preciso liquidar Lula logo, pegá-lo na Lava Jato, condená-lo, metê-lo em definitivo na cadeia, impedir a qualquer preço sua candidatura em 2018. Fosse qual fosse a opinião preferida, o caso Lula era um caso político e não podia ser conduzido com critério exclusivamente jurídico.

A decisão que autorizou a condução coercitiva de Lula não ignorou isso e foi redigida com cuidados extremos, inclusive de linguagem. Todas as vezes que seu nome tinha de ser mencionado, foi precedido do título de ex-presidente. E o despacho fazia questão de sustentar que "a tomada do depoimento, mesmo sob condução coercitiva, não envolve qualquer juízo de antecipação de responsabilidade criminal, nem tem por objetivo cercear direitos do ex-presidente ou colocá-lo em situação vexatória".

Um direito seu, pelo menos, Lula podia considerar cerceado, o direito de ser intimado com antecedência para prestar depoimento e de ir à delegacia com as próprias pernas. É verdade que, se ele fosse a pé, de carro ou de metrô, inevitavelmente arrastaria atrás de si muito mais manifestantes que diante do fórum criminal da Barra Funda.

Uma alternativa sensata não foi considerada, interrogarem Lula em sua própria casa, alternativa que sessenta anos antes foi adotada quando os inquisidores do famoso IPM do Galeão concordaram, e por isso se acharam perfeitos cavalheiros, em interrogar na casa de uma amiga a viúva de Getúlio, D. Darcy Vargas, logo depois do suicídio do marido na manhã trágica de 24 de agosto de 1954.

Outra afirmação do despacho que a defesa de Lula poderia contestar era a de que a condução coercitiva não o colocaria em situação vexatória. Como negar que seria uma situação vexatória se pretendiam invadir o apartamento dele às 6 horas da manhã com uma força-tarefa armada e conduzi-lo sob escolta igualmente armada, para prestar um depoimento ao qual não fora intimado antes? Tanto a situação era vexatória que o próprio despacho descrevia minuciosamente como os federais deviam comportar-se no apartamento de Lula. Aqui, para melhor entendimento das recomendações e ordens do despacho, vou antecipar a primeira cena do enredo previsto e depois transcrever seu texto.

Os policiais deveriam primeiro convidar Lula a acompanhá-los para ser interrogado. Era estranho um convite apresentado verbalmente, de manhã cedo, por um grupo armado que chegava à casa desse convidado. Não sei se alguma lei fala em convite para alguém prestar depoimento, nem sei se, tratando-se dos direitos e garantias individuais da Constituição, os procedimentos judiciais e policiais podem inventar métodos novos de investigação. Só se Lula recusasse o convite — dizia o despacho — é que os policiais executariam o mandado de condução coercitiva. Isso era determinado com a maior ênfase:

Evidentemente [palavra digitada em negrito no despacho] *a utilização do mandado só será necessária caso o ex-presidente, convidado a acompanhar a autoridade policial para prestar depoimento na data das buscas e apreensões, não aceite o convite.*

Consigne-se no mandado — prosseguia o despacho — *que NÃO* [em letra maiúscula] *deve ser utilizada algema e NÃO* [maiúscula de novo] *deve, em hipótese alguma, ser filmado ou, tanto quanto possível, permitida a filmagem do deslocamento do ex-presidente para a colheita do depoimento.*

A proibição das algemas, reforçada pelo "não" em maiúsculas, deixava inevitavelmente a impressão de que, se ela não fosse feita nesses termos, curta e grossa, os condutores desceriam à rua com Lula algemado, para que as câmeras de TV o exibissem assim, ao vivo e depois em todos os telejornais. Impressão que só seria procedente se as algemas não tivessem sido proibidas por uma súmula do Supremo em casos como o de Lula.

(Quase dois anos depois, na transferência de Sérgio Cabral do Rio para Curitiba, não houve a mesma proibição e ele foi algemado pelos pulsos e acorrentado pelos tornozelos e também, pelos pulsos já algemados, a um cinturão.)

A proibição da filmagem, duplamente reforçada, pelo "não" em maiúsculas e pelo "em hipótese alguma", não foi obedecida. A Polícia Federal não poderia, em hipótese alguma, filmar Lula. Na rua, ela não deveria permitir, tanto quanto possível, filmagens em seu deslocamento — ou seja, deveria, tanto quanto possível, impedir a aproximação das câmeras das emissoras de TV. Lula, porém, foi filmado também dentro de casa, o que a Polícia Federal só confessou um ano depois, quando surgiram denúncias de que essas imagens teriam vazado para a mídia, como tanta coisa depois.

Em seguida, o despacho reiterava, com maiúsculas:

— *O mandado SÓ DEVE SER UTILIZADO E CUMPRIDO, caso o ex-presidente, convidado a acompanhar a autoridade policial para depoimento, recuse-se a fazê-lo.*

O despacho não dizia para onde Lula devia ser conduzido. O próprio juiz Moro talvez nem tenha pensado nisso, mas Lula não foi conduzido a qualquer dependência policial em São Bernardo do Campo, onde mora. Foi levado a São Paulo e, a pretexto de sua própria segurança, interrogado em algum lugar nas entranhas de Aeroporto de Congonhas. Como a notícia de sua condução, na verdade de sua prisão, tornou-se imediatamente de conhecimento público, com reportagens ao vivo pela TV e difusão ilimitada pelas redes sociais, é claro que Lula não foi levado para a superintendência da Polícia Federal em São Paulo porque isso atrairia para lá uma verdadeira multidão de gente favorável a ele e ele sairia de lá em triunfo depois de prestar depoimento.

No momento de sua condução coercitiva, Lula estava protegido por um *habeas corpus* preventivo do Tribunal de Justiça de São Paulo, porque o Ministério Público paulista disputava ao Ministério Público Federal, em ação ainda a ser decidida pelo Supremo, qual dos dois tinha a prerrogativa de investigar Lula no caso de apartamento na praia do Guarujá e do sítio em Atibaia cuja propriedade atribuíam a ele.

Se o Supremo decidisse a favor dos paulistas, caberia à Justiça de São Paulo permitir ou não a condução coercitiva de Lula. Enquanto o caso não era decidido no Supremo, o depoimento de Lula aos federais e a própria condução coercitiva poderiam ser contestados.

Os advogados de Lula tinham pedido *habeas corpus* idêntico ao Tribunal Regional Federal de Porto Alegre, que poderia sustar a decisão, pois sua jurisdição alcançava o Paraná. O Tribunal de Porto Alegre, porém, não se manifestou e o *habeas corpus* concedido pelo Tribunal de Justiça de São Paulo não valeu.

Assim que aconteceu a condução coercitiva de Lula, seus advogados pediram ao Supremo que determinasse a suspensão dos procedimentos e diligências envolvendo-o e ao Instituto Lula na Lava Jato. O pedido foi feito nos autos da ação sobre o conflito de competência entre o Ministério Público Federal e o Ministério Público de São Paulo. Os advogados argumentavam que a condução coercitiva de Lula era desnecessária, pois ele já tinha prestado depoimento à Polícia Federal quando intimado em outro inquérito, em andamento em Brasília.

— Portanto — acrescentavam —, não há nenhuma base para presumir que, regularmente notificado, não iria repetir um ato de cuja realização não relutara.

De certo modo era uma situação parecida com a da pessoa que toma a iniciativa de apresentar-se quando sua prisão é decretada, situação na qual, segundo decisões do Supremo e do STJ, a própria prisão preventiva deve ser dispensada, caso que, em situação normal, seria o de Eike Batista, preso no início de 2017.

Outra reclamação dos advogados era que a força-tarefa do Ministério Público Federal na Lava Jato não podia ignorar a disputa no Supremo entre esse Ministério Público e o de São Paulo pela prerrogativa de investigar Lula:

— O desafio à autoridade da corte suprema é tão evidente que dispensa qualquer consideração — acrescentavam.

Além disso, os advogados consideravam inadmissível a convivência de duas investigações sobre os mesmos fatos, uma instaurada pelo Ministério Público de São Paulo, e outra por membros do Ministério Público Federal, a força-tarefa da Lava Jato. Por todas essas razões, pediam a suspensão de todos os atos "da fase denominada Operação Aletheia até a manifestação do Supremo Tribunal Federal sobre a Ação Cível Ordinária 2.833, que está sob a relatoria da ministra Rosa Weber".

5. O CASO DO BLOGUEIRO

A condução coercitiva de Lula não foi a única dos processos da Lava Jato contra ele. Muito cedo, na manhã de 21 de março de 2016, os homens chegaram à casa do blogueiro Eduardo Guimarães, do *Blog da Cidadania*, em São Paulo. Não eram, como na parábola de Bertolt Brecht sobre o nazismo, nem o padeiro nem o leiteiro, até porque essas profissões não existem mais.

Era uma força-tarefa da Polícia Federal, encarregada de levar o blogueiro para prestar depoimento, por ordem do juiz Sérgio Moro. As primeiras informações sobre o caso foram publicadas, creio, no blog do próprio blogueiro, evidentemente por outra pessoa, e eram muito confusas, mas depois o caso ficou claro, com novas informações:

Atualizado às 10h15: "*O caso é gravíssimo. O blogueiro Eduardo Guimarães, do* Blog da Cidadania, *foi retirado da casa dele, que fica no Paraíso, na zona Sul de São Paulo, às 6h. A* PF *chegou ao apartamento às cinco da madrugada. Não permitiu que o porteiro interfonasse e esmurrou a porta da casa. O agentes reviraram todo o apartamento e aprenderam os celulares da família e o computador pessoal do Eduardo. Ele foi conduzido no carro da* PF *para a superintendência da Lapa. Não o deixaram ligar para advogado, o que caracteriza obstrução do direito de defesa. Seus advogados ainda não conseguiram contato com ele.*

Eduardo Guimarães teria sido preso por ter denunciado que a PF *estava avisando/vazando para jornalistas da mídia golpista a iminente condução coercitiva do Lula. Aguardamos mais informações dos advogados de Eduardo Guimarães e estamos tentando contato com a Polícia Federal. Em breve, atualizações.*"

Em seguida, um novo boletim:

"No momento, Eduardo está sendo mantido incomunicável nas dependências da Polícia Federal, na Lapa, São Paulo. Eduardo Guimarães tem uma filha pequena com gravíssimos problemas de saúde, que precisa de atenção constante da família. A razão de toda essa violência? Querem saber quem vazou informações para Eduardo Guimarães, sobre a condução coercitiva de Lula.

A imprensa vaza informações, delações, dados, todos os dias, há dois anos, desde o início da Operação Lava Jato, mas quando aparece o primeiro vazamento que mostra o jogo armado entre Polícia Federal, MP [Ministério Público] *e mídia, os meganhas correm para censurar, intimidar e, agora, violentar a liberdade de um cidadão brasileiro, jornalista e blogueiro. Na verdade, Eduardo Guimarães foi preso (condução coercitiva é sequestro judicial e prisão) por crime de opinião."*

Mais tarde, a *Rede Brasil Atual*, ligada à CUT e sua televisão TVT, publicou:

"O blogueiro Eduardo Guimarães, do Blog da Cidadania, *foi levado, em condução coercitiva, para depor na sede da Superintendência da Polícia Federal, em São Paulo, na manhã de hoje (21), em mais uma ação da Operação Lava Jato. Ele foi liberado no final da manhã, quando afirmou não ter entendido a condução coercitiva, porque não se recusou a ir à* PF, *e criticou a apreensão de seus equipamentos, o que segundo Guimarães "viola a minha atividade jornalística".*

Liberado por volta das 11h30, ele falou aos Jornalistas Livres sobre o caso, referente à divulgação de uma nota, em seu blog, sobre a iminente condução coercitiva do ex-presidente Luiz Inácio Lula da Silva, que efetivamente ocorreu em 4 de março de 2016. "Recebi de uma fonte as informações antes, e eles queriam saber se tenho alguma ligação com a pessoa que vazou. Não conheço essa pessoa. Divulguei porque é o meu trabalho jornalístico. Sou blogueiro e o meu trabalho é divulgar", afirmou Guimarães, que também questionou a motivação da condução, já que não teria se recusado a prestar depoimento. Ele também re-

clamou da apreensão de seus equipamentos. "Sou agora um blogueiro sem equipamento nenhum."

Naquele mesmo dia — acrescentou a *Rede Brasil Atual* — *o deputado federal Paulo Teixeira, do* PT *de São Paulo, contou que, horas depois, em audiência por videoconferência como testemunha de defesa em um dos processos da Lava Jato, arguiu diretamente o juiz Moro sobre o caso de Eduardo Guimarães. Moro, segundo Paulo Teixeira, confirmou ter determinado a condução coercitiva, mas alegou que Eduardo Guimarães não era jornalista."*

Dois meses depois, em 23 de maio, Moro rediscutiu essa questão — se blogueiro é ou não é jornalista, o que me conduz a algumas ideias ou associações delas. Em mais de sessenta anos de exercício profissional como jornalista, testemunhei a evolução do jornalismo de jornal, no qual comecei em 1956, para a ampliação e o amadurecimento do jornalismo de rádio, o aparecimento e crescimento, no Brasil, do jornalismo de televisão até sua integração com a internet, e afinal o avanço do instrumental da internet para o jornalismo autônomo que é o blog.

Para vosso velho passeador pela história, ela é sempre a história da luta pela liberdade, segundo o maior de todos nós, Barbosa Lima Sobrinho, que viveu 104 anos, atravessou o século 20 de ponta a ponta e, no ano 2000, acabava de escrever seu artigo semanal no dia em que foi pela última vez ao hospital, de onde não voltaria.

No Brasil colonial, sobretudo depois do retrocesso que se seguiu aos anos esclarecidos de Marquês de Pombal, as tipografias e os prelos eram totalmente proibidos e sua eventual existência prontamente suprimida e exemplarmente punida, porque eram perigosos espalhadores de ideias, verdadeiros *protoblogs*, como poderíamos dizer hoje.

Em 1808, D. João VI trouxe com ele, junto a suas alfaias, os equipamentos de impressão com os quais fundou, no Rio, um jornal destinado a publicar as notícias da Corte, que iam dos atos oficiais ao registro de aniversários, batizados, funerais, casamentos e outros fatos do cotidiano da gente que importava na nova capital do Reino.

Essa tipografia multiplicou-se com a rapidez de coelhos fugitivos e logo cada nova tipografia era um novo jornal. Nossa independência foi feita pelos jornais — e até D. Pedro I foi jornalista.

Nos Estados Unidos, os anos da expansão para o oeste, no século 19, foram marcados, a cada avanço, pela multiplicação de povoados nos quais logo surgiam armazéns, boticas, *saloons*, a igreja, a escola, a cadeia do xerife — e a pequena tipografia, para a impressão de convites, participações, avisos de "procura-se" sobre criminosos e suspeitos, boletins da igreja e de sua escola dominical, impressos para preenchimento de recibos e notas promissórias.

Em pouco tempo o tipógrafo criava seu jornalzinho semanal e virava o jornalista — ou blogueiro — da cidade. Aliás, já no século 18 o maior dos pais fundadores da independência, Benjamin Franklin, aprendiz de tipógrafo aos 12 anos de idade, criou sua revista semanal, o *Saturday Evening Post*, que existe até hoje, se bem que reduzida a edições bimensais. No momento em que confirmo esta última informação, a internet mostra a capa do *Post* de maio e junho de 2017, a bela foto de uma casa projetada pelo maior dos arquitetos americanos, Frank Lloyd Wright. Construtores todos, não demolidores, de Franklin e os outros tipógrafos ao arquiteto.

A tradição do jornalista-tipógrafo solitário nos Estados Unidos chegou ao século 20 com jornalistas servidos por máquinas de escrever e boas tipografias e gráficas, sobretudo I.F. Stone, um jornalista político posto na lista negra da perseguição macartista nos anos da Guerra Fria.

Stone lançou em 1953 um boletim semanal, o *I.F. Stone Weekly*, que escrevia sozinho e naturalmente mandava imprimir e distribuía pelo correio a seus assinantes, com uma circulação que alcançou todo o país e chegou a 70 mil exemplares. Depois de *Stone* e outros pioneiros, as *newsletters* entraram em moda, mas não sobreviveram, nem poderiam sobreviver, à era digital. Não sobreviveram mas não morreram, transformaram-se em blogs. Nunca imaginei que alguém pudesse negar a condição de jornalistas a blogueiros pré-digitais como I.F. Stone e aos muitos jornalistas, inclusive no Brasil, que trabalharam em *newsletters* ou tiveram suas próprias *newsletters* antes da era do computador e da internet. Nem que se duvidasse da condição profissional de jornalistas conhecidos que migraram do jornal e da TV para seus blogs ou combinam a mídia impressa e eletrônica com a mídia digital, caso, para citar de memória apenas alguns exemplos, de Mauro Santayana, Ricardo Noblat, Jorge Bastos Moreno, Reinaldo Azevedo e da tão jovem e ativa Andréia Sadi.

A condução coercitiva do blogueiro Eduardo Guimarães, a pretexto de que não era jornalista, para revelar a fonte de uma informação, provocou protestos até fora do Brasil, da organização internacional Repórteres Sem Fronteiras, mas poucos no Brasil. Ou talvez tenham sido muitos, mas sem maior repercussão na grande mídia.

De qualquer maneira, o juiz Moro decidiu, depois, retirar do processo qualquer identificação da fonte que avisara o blogueiro sobre a iminente condução coercitiva de Lula em 2016, embora, segundo o despacho respectivo, "ele não tenha sido forçado a ela, da identidade de sua fonte".

Não sei, deve ser coisa da velhice, se eu não me sentiria forçado em igual circunstância. Uma coisa, parece-me, é estar numa audiência judicial pública, acompanhado de advogado e, orientado por ele, recusar-se à identificação de uma fonte. Outra coisa é ser levado de surpresa, preso, incomunicável, por uma força-tarefa armada, para responder a interrogatório numa delegacia de polícia sem ao menos a presença de um advogado.

Justificando a retirada do processo da identificação da fonte do blogueiro, o juiz escreveu:

"Considerando o valor da imprensa livre em uma democracia e não sendo a intenção deste julgador [...] *colocar em risco essa liberdade e o sigilo de fonte, é o caso de rever o posicionamento anterior e melhor delimitar o objeto do processo..."*

Mas a investigação prosseguiria e Moro acrescentou, numa nota escrita, que a conduta do blogueiro "não está, em princípio, protegida juridicamente pela liberdade de imprensa". E, mais, que o fato de o blogueiro ter respondido às questões durante depoimento indica que ele desconhecia seus direitos como jornalista, não podendo, portanto, ser identificado como um deles.

Não sei, confesso, se cabe a um jornalista não formado em Direito conhecer mais os direitos de um jornalista que autoridades públicas diplomadas, concursadas, doutoradas, especializadas e atualizadas em questões jurídicas. Eu, por exemplo, completei o curso de Direito no remoto ano de 1960. Já era jornalista, não advoguei mais que uns dez tostões, um mandado de segurança e um retórico julgamento no júri, e não estou a par do *state of the art* em matéria de doutrina, legislação penal e processual e jurisprudência. Se submetido a uma condução coercitiva, eu não saberia esgrimir meus direitos ou defendê-los contra um tacape. Nem por isso deixaria de ser jornalista e bacharel em Direito.

"Um verdadeiro jornalista não revelaria jamais sua fonte", disse ainda o juiz em sua nota. Tenho minhas dúvidas. Posso provar documentadamente que sou jornalista há 60 anos, admitido, conforme a carteira profissional, em junho de 1957, na Editora O Estado do Paraná S.A., de Curitiba. Talvez eu não seja um "verdadeiro" jornalista, porque, dependendo da condução coercitiva e do local e adereços do interrogatório, não sei quais seriam os limites de minha resistência e/ou pressão arterial.

No mesmo dia do recuo de Moro, 23 de maio, o blogueiro escreveu uma nova reconstituição de sua condução coercitiva, em março, para contestar afirmações do juiz em seu novo despacho. Aqui reproduzo apenas os trechos com informações novas:

"O juiz Sergio Moro, nesta quinta-feira 23, recuou de sua decisão para reconhecer que sou jornalista e, como consequência, mandar excluir as provas obtidas mediante violação do sigilo de fonte. Todavia, em sua decisão, ele faz afirmações sobre como se deu meu depoimento as quais não correspondem aos fatos e devem ser esclarecidas.

Às 6 horas do dia 21 de março deste ano, eu e minha esposa dormíamos quando escutamos um barulho semelhante a arrombamento da porta da frente do nosso apartamento. Achei que era algum vizinho começando alguma obra antes da hora e, como fora dormir poucas horas antes, virei-me para o lado e voltei a dormir. Segundos depois, ouço minha esposa dizer, desesperada, que tinham vindo me prender.

Minha filha Victoria, 18 anos, 26 quilos, portadora de paralisia cerebral, que dormia no quarto ao lado, assustou-se com os golpes desferidos pelos policiais na porta e começou a reclamar, como faz quando está nervosa. Levanto-me assustado, corro para a sala e encontro minha mulher à porta, entreaberta. Termino de abrir a porta, vejo quatro policiais federais. E o porteiro do prédio com expressão assustada no rosto.

Detalhe: minha mulher vestia roupas sumárias de dormir. Pediu para se trocar. Não obteve permissão dos policiais. Enquanto isso, Victoria assistia a tudo com olhos arregalados. Os policiais comunicaram que tinham uma ordem de busca e apreensão e começaram a vasculhar o apartamento. Obrigaram o porteiro a entrar no meu quarto de dormir, que começaram a vasculhar, abrindo gavetas, portas de armário e qualquer outro lugar possível.

Acharam meu computador (notebook), exigiram a senha para ligá-lo e, assim, poderem mudar essa senha para terem acesso quando quisessem. Pedi para copiar alguns dados pessoais, mas não me foi permitido. Pediram para desbloquear meu celular com a mesma finalidade.

Após a busca, nada tendo sido encontrado, os policiais anunciaram minha condução coercitiva. Tentei ligar para meu advogado, doutor Fernando Hideo, mas não consegui. Passava um pouco das 6 horas. Minha esposa pediu para esperarem que eu conseguisse falar com o advogado, mas não permitiram. Exigiram que eu me vestisse e os acompanhasse.

Eu e minha esposa entramos no quarto de Victoria, onde respeitaram mais, para nos abraçarmos. Ela chorava, minha filha fazia seus sons característicos, pois não fala. Imaginei se voltaria a vê-las. Tentei, porém, aparentar calma... No meio do caminho, fui informado pelos policiais de que estava sendo detido por conta do post que publiquei em 26 de fevereiro do ano passado divulgando a quebra de sigilo de Lula. Como não estava ainda raciocinando direito, pois fora dormir tarde e depois fui acordado daquele jeito poucas horas depois, comecei a debater a operação Lava Jato com os policiais. Enquanto eu dizia que era uma operação de caráter partidário contra o PT*, eles defendiam as investigações com as argumentações que todos conhecem.*

Chegamos à sala do delegado que me interrogou. Eu já não tinha mais telefone, já não tinha mais como me comunicar. O delegado iniciou o interrogatório sem a presença de qualquer advogado...

Enquanto isso, minha esposa tentava falar com o doutor Fernando, mas não conseguia. Então, no desespero, recorreu a uma parente que é advogada da área de Direito da Família e não tem maiores conhecimentos sobre a área criminal. A nossa familiar chegou à sede da PF *em São Paulo, à sala em que eu era interrogado, lá pela metade do depoimento. Porém, não teve condição técnica de me passar qualquer orientação enquanto eu respondia. Apenas assistiu à oitiva...*

O juiz Sergio Moro divulgou nesta data ... que não fui pressionado, eu digo o contrário ... Fui ouvido sem um advogado com condições de me orientar sobre o que eu precisava ou não responder. Tudo isso após o trauma pelo qual eu, minha esposa e minha filha doente passamos ao raiar do dia. Avisei ao delegado que me interrogou que a familiar de minha esposa não tinha conhecimentos da área criminal e que estava lá mais para eu não ficar sozinho em um depoimento...

Fui informado de que, se não provasse que não tinha relações com as pessoas de Curitiba que conseguiram os dados que recebi, eu seria considerado parte de um grupo, ou uma quadrilha. Meu advogado que atua nessa área, doutor Fernando Hideo Lacerda, chegou bem depois do fim do depoimento, no exato momento em que eu iria firmá-lo. Doutor Fernando descobriu vários pontos que haviam sido inseridos indevidamente no depoimento e pediu retificação, após eu informar que não havia dito certas coisas que lá constavam. O delegado aceitou os pedidos de retificação e reconheceu que eram justificados. Se meu advogado não tivesse chegado a tempo, meus direitos civis teriam sido violados de forma ainda mais séria."

É claro que o juiz Sérgio Moro não teve conhecimento imediato dessas circunstâncias detalhadas pelo blogueiro. Assim como, em outro caso e ocasião, revogou a ordem de prisão contra o ex-ministro Guido Mantega ao saber que ele fora encontrado no hospital onde sua mulher, doente de câncer, seria submetida a um delicado procedimento cirúrgico ou pré-cirúrgico, Moro com certeza daria ordem aos policiais de São Paulo para se comportarem com bons modos, se soubesse da situação da filha do blogueiro — 18 anos de idade e 26 quilos de peso, portadora de paralisia cerebral — e da vexatória condição da mulher dele, vestida com sumárias roupas de dormir. Não sei se eles pelo menos foram aconselhados a evitar a repetição, em casos futuros, de procedimentos como esse, comprometedores da imagem da Lava Jato.

O caso do blogueiro não terminou aí. Ele ainda teria de livrar-se da acusação de ter ameaçado a vida de Moro num Twitter — episódio assim resumido no site (ou blog?) *Consultor Jurídico*, Conjur, pelo jornalista (ou blogueiro, não sei) Pedro Canário:

"*A cobertura que o* Blog da Cidadania *faz da Lava Jato não agrada a Moro. Em fevereiro deste ano, o juiz fez uma representação contra Guimarães na Polícia Federal pelo crime de ameaça. Num twitter ainda em 2015, o blogueiro disse que os "delírios de um psicopata investido de um poder discricionário como Sergio Moro vão custar seu cargo, sua vida".*

Guimarães também é autor de uma representação contra Moro, na Corregedoria Nacional de Justiça. "Isso torna o magistrado suspeito de julgar qualquer coisa e praticar qualquer ato contra o meu cliente", afirma o advogado de Eduardo Guimarães, Fernando Hideo Lacerda. "Foi claramente para que o Eduardo revelasse as fontes dele", resume Lacerda. "É um completo absurdo. Apreenderam celular e computador do Eduardo, instrumentos de trabalho. Foram à casa dele às 6h e o prenderam, sem qualquer intimação prévia, não me esperaram para começar a audiência e ele foi ouvido lá como testemunha. Busca e apreensão de documentos de testemunha?!""

Hideo relata que, na audiência, Moro explicou que Guimarães não tem direito ao sigilo da fonte por não ser jornalista, ser blogueiro. Por causa das postagens, Guimarães foi indiciado por injúria e ameaça contra Moro. "Se a gente lê a mensagem, fica muito claro. O Twitter tem uma certa limitação de caracteres. Então, às vezes, você tem um texto mais longo e tem que fracionar", disse o advogado. "É muito óbvio que ele está falando com o leitor. Cada brasileiro que se entusiasma com isso sabe que essa politicagem vai lhe custar caro. O que que é custar caro? Vai custar o seu emprego, vai custar a sua vida. É um texto muito claro. Acontece que, se você pinça uma mensagem e descontextualiza um tuíte da sequência, pode soar, eventualmente, com um teor teor agressivo, ameaçador. Mas, se você lê a sequência, é muito óbvio."

Guimarães, o blogueiro, comparou os tuítes com outra frase. "É como se eu dissesse: 'Eu vou matar você de tanto rir'. Aí você corta o 'de rir', entendeu?" Muito depois desses casos todos, o Supremo, em medida liminar do ministro Gilmar Mendes, estabeleceu que a condução coercitiva não pode ser usada contra investigados e para a realização de interrogatórios. Ou seja, reforçou o que já estava na lei e não era obedecido. A ala mais radical da Lava Jatou passou então a usar a prisão provisória nos casos em que antes recorria à condução.

6. SARNEY E O ARAPONGA SÉRGIO MACHADO

Ainda em março de 2016, outro ex-Presidente da República entrou na montanha-russa da Lava Jato, acusado de obstruí-la, não de corrupção. Foi Sarney, com base na gravação ilegal de uma conversa com um investigado, o ex-senador Sérgio Machado, que pleiteava não só uma delação premiada, mas uma delação premiadíssima — o maior grande prêmio até o surgimento de Joesley Batista em maio de 2017.

O futuro delator, a fim de conseguir material para a delação, aparelhou-se (ou foi aparelhado) com o equipamento mais moderno e sofisticado para registrar eletronicamente e transmitir a seus investigadores o que ouvisse de interlocutores por ele escolhidos ou a ele sugeridos.

Sérgio Machado, ex-senador pelo PSDB, ex-presidente da Transpetro, subsidiária da Petrobrás, indicado pelo PMDB, improvisou-se assim no papel de araponga, como eram conhecidos na época do governo militar os profissionais ou amadores que se dedicavam a interceptar e gravar, com a tecnologia da época, comunicações telefônicas de interesse dos órgãos de segurança do regime.

Com a previsível exceção de seus usuários, a arapongagem era universalmente vista como uma coisa desprezível. Ainda estávamos longe da invenção do celular e ela só era possível a quem dispusesse de muita expertise e tivesse acesso físico aos cabos e fios condutores da comunicação telefônica de então, aos terminais das empresas operadoras da telefonia fixa ou aos telefones instalados nos gabinetes, escritórios, empresas e residência dos grampeados. Uma coisa pré-histórica.

Era comum os órgãos de segurança da ditadura atraírem para esse serviço, pagando propinas por fora, funcionários das equipes de manutenção e reparos das telefônicas. Os arapongas operavam instalando grampos nos cabos condutores, na rua, ou na fiação interna dos prédios e, a pretexto de realizar consertos, nos próprios telefones.

Num dos momentos de maior tensão no governo Figueiredo, em que os órgãos de segurança tentavam fazer retroceder o projeto da abertura política iniciado pelo presidente Geisel e abortar as investigações sobre o atentado de 1981 no Riocentro, os serviços de segurança interna do Palácio do Planalto, controlados pelo Gabinete Militar da Presidência, descobriram um equipamento de escuta e transmissão atrás dos lambris de madeira na parede da sala de trabalho do próprio Figueiredo.

Para a escuta das conversas de Figueiredo, o equipamento usava um microfone de alta sensibilidade. Para a transmissão, usava uma linha telefônica. O equipamento todo, num estojo de madeira, era mais ou menos do comprimento e da largura de uma caixa de sapatos, mas de menos da metade de sua espessura. Nada se divulgou, na época, sobre a origem desse grampo, mas o que se soube, reservadamente, é que ele fora instalado por ordem do General Otávio Medeiros, do SNI, contrário à abertura, para desmoralizar o General Rubem Ludwig, Chefe do Gabinete Militar, favorável à abertura e responsável pela segurança, pela privacidade e pelo segredo das conversas mais reservadas de Figueiredo — uma questão, dependendo do caso, de legítima segurança nacional.

Anos antes, na época do governo Médici, o mais repressivo do período militar, houve um caso que naturalmente não podia ser objeto de curiosidade jornalística, nem investigado a fundo, no qual se poderia ver o lado perigoso e mortal da arapongagem. Um transeunte levou um encontrão de outro transeunte na Avenida Rio Branco, no centro mais movimentado do Rio, e morreu em seguida. No encontrão, ele não levou nem facada nem tiro, mas parece que levou uma espetada de seringa hipodérmica com veneno. A única coisa que se soube dele é que trabalhava nos serviços de manutenção da Telerj, a telefônica do Rio.

Hoje a arapongagem não oferece perigos como esse. No caso de Sérgio Machado, ofereceu até a redução de uma pena de mais de vinte anos a pouco mais de dois anos de prisão domiciliar numa aprazível mansão de Fortaleza, com tornozeleira eletrônica, mas sem proibição de internet e celular e de outros confortos e prazeres. Sérgio Machado conseguiu também que os filhos não fossem sequer denunciados.

Sérgio Machado foi senador pelo PSDB do Ceará, mas no começo do governo Lula não ficou na oposição, passou-se para o PMDB e foi indicado por esse partido para a presidência da Transpetro, a subsidiária de transportes da Petrobrás, responsável por mais de 14 mil quilômetros de oleodutos e gasodutos, 49 terminais (21 terrestres e 28 aquaviários) e 53 navios. Ficou na empresa até 2014 e no início de 2016, investigado pela Lava Jato, entrou em negociações para uma delação premiada que evitasse sua prisão por ordem do juiz Sérgio Moro.

Era preciso que a delação, àquela altura, oferecesse alguma boa novidade, algum fato novo de importância suficiente para abrir novos horizontes à investigação, lançar em cena novos acusados ou oferecer provas, indícios ou ilações de impacto a respeito de acusados já conhecidos.

Machado foi à caça e escolheu ou foi induzido a escolher os senadores Romero Jucá e Renan Calheiros, este presidente do Senado na época, mas precisava de caça maior para incluir em seu safári. Com Lula, ex-Presidente da República, e Dilma, ainda presidente, ambos sob fogo cerrado naquele momento, não teria como iniciar a conversa de que precisava. Mas havia outro ex-presidente a quem Machado teria acesso: Sarney. Fora amigo de seu pai, Expedito Machado, ministro do presidente João Goulart antes dos governos militares, e deputado dos mais importantes na Constituinte de 1987-88, a quem Sérgio achava que Sarney devia algumas vitórias. Além disso, Sarney pertencia ao PMDB, como Jucá e Renan, e a hora era boa para envolver gente do PMDB, de modo a não parecer que só o PT era alvo das investigações.

Nos dias 10 e 11 de março, Sérgio Machado visitou os três, Sarney convalescendo em casa de uma cirurgia complicada no ombro esquerdo, depois de um tombo quando tentava soltar com o pé a pequena cunha de madeira que travava uma porta de banheiro. A missão de Machado era gravar, sem ser percebido, conversas em que induziria os três a fazer declarações comprometedoras, manifestar opiniões críticas à Lava Jato e concordar com a necessidade de algum projeto no Senado capaz de conter os excessos dessa operação. Para cumprir a missão, Machado armou-se (ou foi armado) de um celular *high tech* com o melhor gravador de sua geração e caprichou no trabalho. A pelo menos um de seus interlocutores — soube-se na época — ele abordou com um teatrinho canastrão, dizendo estar preocupadíssimo, porque a Federal (a Polícia) já conseguia grampear até celulares desligados. Era melhor, então, frustrar o grampo colocando o celular, aparentemente desligado, em baixo das almofadas do sofá, de onde ele não poderia transmitir a conversa. No fim da visita, Machado "esqueceu" o celular, que estava ligado e gravando, foi embora e em seguida encenou o último ato de sua farsa: voltou para buscá-lo e foi embora com a conversa claramente gravada — uma prova inaceitável porque obtida por meio absolutamente ilegal, mas aceita e usada.

Dois meses depois, a *Folha de S.Paulo* conseguiu e publicou (em 23 de maio) a transcrição da conversa de Sérgio Machado com Jucá.

Dez dias antes a Câmara votara o *impeachment*, Dilma fora afastada da presidência, Temer assumira como vice em exercício e Jucá tornou-se Ministro do Planejamento. Na conversa gravada, Jucá, entre outras coisas, sugeriu que uma "mudança" no governo federal resultaria em um pacto para "estancar a sangria" representada pela Lava Jato, na qual ele e Sérgio Machado eram investigados. Com a divulgação da conversa, Jucá teve de deixar o Ministério e voltar ao Senado.

Mais duas semanas e em 7 de junho o Procurador-Geral da República, Rodrigo Janot, pediu a prisão preventiva de Jucá, de Renan Calheiros e de Sarney, por tentarem, segundo o pedido, mudar uma decisão do Supremo, interrompida por um pedido de vista do ministro Dias Toffoli. A decisão permitiria a prisão de condenados a partir do julgamento na segunda instância. Foram também acusados de planejar a apresentação de um projeto de lei no Senado que só permitiria a delação premiada de pessoas em liberdade, proibindo-a a réus presos.

Quanto a Sarney, talvez em consideração a seus 86 anos de idade, o pedido contentava-se com a prisão domiciliar, com tornozeleira eletrônica. Fazia três meses da condução coercitiva, por ordem judicial, de outro ex-Presidente da República, Lula. No caso de Lula, ele não tinha recebido a intimação prévia, exigida em lei, nem a tinha descumprido a exigência legal de comparecer a um interrogatório previamente marcado — e não tinha como descumpri-la, simplesmente porque não havia interrogatório marcado. No caso de Sarney, havia necessidade ou mesmo razão para prendê-lo preventivamente, ainda que em casa e com tornozeleira?

Sarney era acusado de tentar mudar uma decisão ainda não concluída do Supremo. Talvez supusessem que ele dispunha do poder de mandar e desmandar no voto de ministros do tribunal. Está certo que ele nomeara um deles, Celso de Mello, antes seu auxiliar no governo.

Está certo que, como senador de 1991 a 2015, ele participara da confirmação pelo Senado de todos os outros ministros, menos o mais recente, Luiz Edson Fachin, nomeado no segundo governo Dilma, quando Sarney já não era senador. Mas algum dos ministros do Supremo seria suspeito de votar ou mudar seu voto por gratidão a Sarney ou atendendo a seu desejo?

O caso ainda não concluído dizia respeito ao princípio da dupla jurisdição, segundo o qual todo condenado tem direito ao reexame de seu processo por uma segunda instância judicial, superior à que o sentenciara. Esse princípio asseguraria depois a libertação do goleiro Bruno, porque a segunda instância que deveria reexaminar sua condenação a 22 anos, o Tribunal de Justiça de Minas, ainda não decidira, quatro anos depois, sobre seu caso. Bruno estava preso já por sete anos.

A decisão interrompida do Supremo permitiria que os condenados fossem presos assim que julgado seu caso em segunda instância. Os recursos seguintes eles os apresentariam presos e presos aguardariam seu julgamento. Assim acabaria a impunidade de muitos corruptos que permaneciam soltos por terem sempre à disposição um recurso a mais. É difícil imaginar que poderes teria Sarney para dobrar o Supremo nesse ou em qualquer outro caso. Mas ele era acusado também de articular, com Jucá e Renan, a apresentação, no Senado, de um projeto para proibir a delação premiada de réus presos. Dizia-se até que Sarney conspirava para esse projeto ser aprovado. Seria crime a apresentação, a discussão e a aprovação de qualquer projeto na Câmara e no Senado? A Constituição proibia, em suas cláusulas pétreas, a aprovação de projetos, por exemplo, que revogassem os direitos e garantias individuais, mas não proibia a apresentação de qualquer projeto, nem impunha qualquer sanção a quem apresentasse o que quer que fosse em matéria de proposta.

O Ministério Público tinha realizado uma grande mobilização para arrecadar a assinatura de quase dois milhões de eleitores para a apresentação de um projeto de iniciativa popular com as dez medidas por ele propostas de combate à corrupção, inclusive restrições à concessão do *habeas corpus*. O Ministério Público teria conspirado ao conseguir as assinaturas e a apresentação desse projeto?

Talvez se tenha falado em conspiração pelo fato de Jucá e Renan estarem envolvidos na Lava Jato. Mas Sarney não estava. Então o problema não era o projeto, era a autoria dele. Caso fosse isso, deixaria de haver conspiração se, por exemplo, a Ordem dos Advogados assumisse a ideia e promovesse a coleta de assinaturas para o projeto ser apresentado como de iniciativa popular? Ou a Justiça seria chamada a decidir se a Ordem dos Advogados conspirava ou não para obstruir a Lava Jato?

Na conversa com Sarney que Sérgio Machado gravou, fazendo a Sarney uma irrecusável visita de doente a um antigo amigo de seu pai, as conversas sobre a Lava Jato ou "contra a Lava Jato", como entenderam no processo contra Sarney, foram provocadas e induzidas por Sérgio, assim como foi dele a iniciativa de todos os comentários e de todas as perguntas sobre a Lava Jato.

Quanto às iniciativas de Sarney sobre a Lava Jato, elas simplesmente não existiram. A participação dele nos diálogos foi, quando muito, de assentimento. Quanto aos projetos, seriam de iniciativa parlamentar. Se as opiniões manifestadas ou aceitas por Sarney constituem crime, creio que as que manifesto neste livro mereceriam uns duzentos anos de prisão, dos quais, em minha idade, infelizmente só vou poder pagar uma fração mínima.

Em retribuição às gravações que lhe foram encomendadas, Sérgio Machado conseguiu reduzir uma condenação de mais de vinte anos de prisão a dois anos de prisão domiciliar em sua bela mansão de Fortaleza e que seus filhos e parceiros de negócios não fossem sequer denunciados. Ele hoje deve estar arrependido de não ter pedido mais. Mas não podia adivinhar que pouco mais de um ano depois Joesley Batista seria levado para Nova York, solto e livre a bordo de seu jatinho milionário e ainda mandaria buscar num estaleiro de Itajaí, Santa Catarina, seu iate de dez milhões de dólares.

Um consolo, porém, Sérgio Machado pode curtir. A encomenda que recebeu foi de um ex-Presidente da República, que deixara o cargo 26 anos antes. A encomenda a Joesley foi de um presidente no pleno exercício do cargo.

7. COMO UM TRÍPLEX NO GUARUJÁ FOI PARAR EM CURITIBA

A condução coercitiva de Lula, em março de 2016, só foi possível porque ele era investigado na 13ª Vara Federal Criminal de Curitiba, sujeito a medidas que o juiz Sérgio Moro viesse a considerar convenientes em benefício dessa investigação. O mesmo aconteceu logo depois com a divulgação ilegal da gravação também ilegal da conversa telefônica da ainda presidente Dilma com Lula sobre a posse deste no cargo de Chefe do Gabinete Civil.

Para que isso acontecesse, houve necessidade, antes, de que um apartamento tríplex na praia do Guarujá, no litoral de São Paulo, e um sítio em Atibaia, no interior desse estado, fossem parar em Curitiba, no Paraná, a mais de 400 quilômetros de distância.

O juiz Moro mandara grampear o telefone de Lula, mas depois de suspensa a gravação, por ordem sua, verificou que tinham gravado uma conversa de Lula com Dilma. O que ele devia fazer de imediato era mandar a gravação sigilosamente para o Supremo, sem esperar sequer para ouvi-la inteira.

As comunicações telefônicas de qualquer Presidente da República não são protegidas apenas pelo foro privilegiado. São matéria de segurança nacional, porque podem envolver assuntos que devam permanecer sigilosos, embora em alguns casos não passem de banalidades inofensivas. Na impossibilidade de separar as inofensivas das de caráter sensível, a regra é proteger todas.

Um caso das mais sensíveis, por exemplo, é o das relativas a decisões de política cambial do governo. Nos primeiros dias de segundo governo do presidente Fernando Henrique Cardoso, em janeiro de 1999, ele teve de mudar, com uma guinada, a cotação do dólar em relação ao real, antes enquadrada num sistema chamado de bandas endógenas, que fazia um dólar valer entre R$ 1,12 e R$ 1,22. Para os especialistas era previsível que o real fosse desvalorizado, e o dólar subiu para R$ 1,98.

Ninguém poderia grampear o telefone de Fernando Henrique e ouvi-lo dizer ao Ministro da Fazenda Pedro Malan:

— Olha, vamos fazer na sexta-feira.

Se alguém conseguisse, poderia ganhar muito dinheiro, comprando o dólar a R$ 1,22 na terça e vendendo-o a R$ 1,98 depois da sexta.

Quase meio século antes, em 1961, no governo Jânio Quadros, o então Ministro da Fazenda Clemente Mariani, dono do Banco da Bahia, foi acusado disso quando aprovou uma desvalorização que dobrou o preço do dólar.

No caso do grampo Lula-Dilma, não havia dólares envolvidos nem qualquer questão estratégica, mas havia, de um lado, a garantia de a presidente só poder ser investigada pelo Supremo, e de outro o sigilo inviolável do telefone presidencial. Se grampearam um telefonema da presidente, quem poderia ter certeza de que não grampearam outros?

E o privilégio de foro da presidente não era tão privilegiado assim: quando Lula resolveu processar o juiz Sérgio Moro por causa desse episódio, o juiz também teve — com todo o direito — foro privilegiado, o Tribunal Federal Regional de Porto Alegre, que mandou arquivar o caso. Nem teria cabimento um juiz ficar desprotegido diante de uma pessoa denunciada e sujeita a ser condenada por ele. O debate parlamentar, popular e principalmente midiático sobre o fim do foro privilegiado deu a maior importância a uma espécie de igualitarismo pop que juntava tudo no mesmo balaio, esquecendo a velha lição ensinada por Ruy Barbosa — a verdadeira regra da igualdade é tratar igualmente os iguais e desigualmente os desiguais. Da mesma forma que um juiz só deve ser julgado por magistrados de instância superior à dele, um ministro do Supremo não pode ser investigado por um juiz de instância inferior.

Os processos contra Lula por causa de um apartamento no Guarujá e de um sítio em Atibaia começaram em São Paulo, o estado em cujo território ficam esses imóveis, a partir da acusação de que ele os teria comprado ou recebido de presente em virtude de atos de corrupção. Na fase paulista dos processos, o advogado Nilo Batista participou da defesa de Lula, mas teve de afastar-se quando o caso do apartamento e do sítio passaram para Curitiba, sob a alegação de que o juiz Sérgio Moro teria de cuidar deles por tratarem de dinheiro criminosamente desviado da Petrobrás em operações investigáveis pela Lava Jato.

Como o escritório de Nilo tem a Petrobrás entre seus clientes desde o governo Fernando Henrique, nem Nilo nem qualquer de seus companheiros de escritório poderia permanecer na defesa de Lula a partir da anexação desses processos à Lava Jato. Proibição legal que Nilo respeitou escrupulosamente.

Em artigo para o livro *O Caso Lula*, organizado pelos advogados Cristiano e Valeska Zanin Martins e Rafael Valim, Nilo escreveu sobre seu afastamento e também sobre sua visão do caso do apartamento e do sítio que foram parar em Curitiba.

As hipóteses acusatórias investigadas em São Paulo — diz Nilo em seu artigo — *tinham a característica comum de atribuir a Lula a propriedade de dois imóveis que não lhe pertencem.*

No caso do apartamento, o que aconteceu foi que, em 2005, a mulher de Lula, Marisa Letícia, comprou a prazo uma quota de um edifício em construção pela Bancoop, uma cooperativa de bancários, pagando ao longo de quatro anos a média de 2.500 reais por mês, ao todo uns 300 mil em moeda corrigida pelo valor atual. A Bancoop, em dificuldade, vendeu o prédio para a empreiteira OAS, que tentou passar adiante os apartamentos e ofereceu a Lula um tríplex no prédio em troca, como entrada, desse crédito de 300 mil.

Lula esteve uma única vez no apartamento e Marisa uma vez mais, em companhia de um dos filhos, e não concluíram o negócio. Em consequência, a propriedade do tríplex continuou a ser da OAS, que chegou a incluí-lo entre as garantias imobiliárias oferecidas numa operação de crédito. Mas a OAS, insistindo em vender o apartamento, até para não ter de devolver os 300 mil de Marisa, realizou uma porção de benfeitorias nele, inclusive um elevador interno.

Para os investigadores da Lava Jato, o apartamento é de Lula e ele e a OAS fingem que Lula não o comprou nem ganhou. Como a OAS está envolvida na Lava Jato por suas operações com a Petrobrás, o apartamento no Guarujá acabou em Curitiba, sob a responsabilidade do juiz Sérgio Moro.

Mas — escreve Nilo Batista — *a lei brasileira, o Código Civil, determina claramente que a transferência da propriedade imóvel entre vivos se realiza "mediante o registro do título translativo no Registro de Imóveis", acrescentando que, enquanto o Judiciário não invalidar o registro, "o adquirente continua a ser havido como dono do imóvel".*

Portanto — conclui Nilo —, *um acusador menos leviano poderia cogitar de que o uso ou a posse de tal imóvel foi cedido(s) a terceiro; mas a propriedade, como qualquer aluno do 5º período que não seja excepcionalmente retardado sabe, só é transferida entre vivos pela averbação do título translativo no Registro de Imóveis.*

As acusações a Lula insistiam muito nas melhorias no apartamento com as quais a OAS teria presenteado Lula, principalmente a cozinha *high tech* e o luxo do elevador interno. Só que, sendo a OAS a verdadeira proprietária do apartamento, Lula nunca foi dono nem da cozinha, nem do elevador:

"Sempre que eu via na televisão um âncora em campanha dizer que aquelas obras beneficiavam Lula — escreveu Nilo — *eu me recordava de que "aquele (...) que edifica em terreno alheio perde, em proveito do proprietário (...) as construções" (Código Civil, artigo 1255)."*

Como a proprietária do apartamento era a OAS, a cozinha, e elevador e outras benfeitorias foram presenteados a ela própria. A OAS só perderia a propriedade dessas obras — e assim beneficiaria Lula — se o apartamento fosse de Lula.

A mesma coisa acontecia com o sítio de Atibaia, outra hipótese acusatória discutida por Nilo:

Ao aproximar-se o fim do segundo mandato [de Lula], *um problema aproximou-se igualmente de D. Marisa Letícia: onde depositar, manter e conservar a mudança presidencial. Fernando Bittar, filho de um grande amigo da família, Jacó Bittar, ex-prefeito de Campinas, havia adquirido um sítio em Atibaia, em sociedade com Jonas Suassuna; a propriedade de ambos deriva, como quer a lei, da averbação dos títulos aquisitivos no Registro de Imóveis.*

O sítio foi emprestado a Lula, para futura guarda de sua mudança e para que o frequentasse com a família. Numa busca e apreensão, a polícia descobriu no sítio remédios encomendados a uma farmácia de manipulação, com o nome de Lula escrito no rótulo. Isso foi invocado como prova de que Lula se tornara proprietário do terreno, da casa e de tudo mais que havia em volta. Sobre outro documento apresentado, Nilo Batista escreveu:

... a "prova", como escandalosamente noticiado, foi a compra que D. Marisa Letícia fez de uma canoa que custou cerca de 3 mil reais, para navegar com os netos no pequeno açude. Nas matérias jornalísticas, a humilde canoa foi tratada como iate. Sim, essa "prova vinha adi-

cionar-se ao fato incontrastável de que Lula passou a frequentar o sítio, franqueado por seus amigos e correligionários. Portanto, proprietários de sítios em geral, acautelem-se contra os amigos muito frequentadores; numa dessas a propriedade do imóvel pode ser transmitida através de um inquérito policial.

Na vida real, só os remédios, a canoa e a mudança eram de propriedade de Lula e sua família. As obras realizadas no sítio não pertencem a Lula. Sim — diz Nilo —, *beneficiários materiais daquela reforma foram Fernando Bittar e Jonas Suassuna, os proprietários do sítio.*

Não é propósito deste livro discutir se Lula e seus outros protagonistas praticaram ou não os atos de corrupção de que são acusados, mas mostrar como a lei vem sendo atropelada e mais: que a lei atropelada contra Lula e outros acusados, pode amanhã me atropelar a mim — como acontecia e aconteceu nos tempos do AI-5 e seus irmãos. A mim e a muitos mais, inclusive ao paciente leitor a quem agradeço sua atenção para estas linhas.

Se, neste capítulo e ocasionalmente em alguns outros, o livro trata das questões chamadas de mérito — mais grosseiramente, da culpa ou inocência de seus personagens —, é apenas para tornar mais claro que tais atropelos levam junto a credibilidade de qualquer depoimento, de qualquer investigação e de qualquer julgamento. E para esclarecer, por exemplo, que os casos de Guarujá e Atibaia não poderiam ser julgados em Curitiba, onde o juiz Sérgio Moro já se permitira a condução coercitiva de Lula e fornecera às TVs, ilegalmente, a gravação da conversa com Dilma.

Além da questão da isenção do juiz, não havia qualquer razão — diz Nilo Batista — *para "a evidente usurpação de competência" que levou para Curitiba os casos do apartamento no Guarujá e do sítio em Atibaia.*

Examinadas as ... hipóteses acusatórias — concluí que nenhuma relação existia entre os fatos e a assim chamada Operação Lava Jato, porque nenhum deles era vinculável a qualquer desvio de recursos da Petrobrás. A participação do presidente da OAS na negociação do apartamento de Guarujá certamente não tinha o condão de atrair a competência curitibana: a primeira regra legal a respeito indica o lugar do suposto delito (art. 70, Código de Processo Penal) e, quando tal local não for conhecido, a competência se regula pelo domicílio ou residência do réu (art. 72, Código de Processo Penal). Ora, apartamento e sítio situam-se em São Paulo, o domicílio do Presidente da República é Brasília; e a residência do ex-Presidente fica em São Bernardo do Campo. Por que Curitiba?

Essa pergunta foi feita pela defesa de Lula ao próprio Supremo, num conflito de atribuição (também chamado, em linguagem leiga, conflito de competência), em que ela pedia o reconhecimento da Justiça de São Paulo como a indicada para o caso. No Supremo, porém, a relatora, ministra Rosa Weber, indeferiu a liminar pleiteada e o mérito do caso não chegou a ser examinado pelo tribunal. Com a apresentação ao juiz Moro de denúncias do Ministério Público contra Lula, o caso como que foi arquivado sem julgamento definitivo — uma situação que, por enquanto, suspende a questão no plano judicial, mas não a encerra.

8. A CABEÇA RASPADA DE EIKE BATISTA

Na noite do último domingo de janeiro de 2017, ele chega sozinho ao salão de embarque de um dos terminais do Aeroporto Kennedy, em Nova York, puxando pelo cabo uma pequena mala de rodinhas. Deve fazer muito frio na cidade, mas ele não está de sobretudo, não usa cachecol nem chapéu. Veste apenas um casaco de couro ou camurça sobre uma camisa esporte dentro da qual aparece uma camiseta. O cinegrafista da TV, ali de plantão, à espera dele, reconhece-o imediatamente. É Eike Batista, indiscutivelmente, e outros brasileiros também o reconhecem, principalmente pelo cabelo, abundante e inconfundível, com jeito de peruca, inclusive pela diferença de tom nas bordas onde ela se cola ao couro cabeludo. O cinegrafista vai em sua direção, percebemos a câmera aproximar-se, Eike anda decidido para a frente, seu rosto aparece maior e mais nítido, ele confirma que vai embarcar à meia-noite e meia para o Rio, onde uma ordem de prisão preventiva o espera.

Embora seus advogados de Nova York tivessem dito que ele pretendia voltar ao Brasil, havia muitas suspeitas no Rio, nas forças-tarefa da Polícia Federal, do Ministério Público e na própria magistratura, de que Eike estava a caminho da Alemanha, de onde sua extradição seria impossível. Filho de mãe alemã, Eike era cidadão brasileiro e alemão, e a legislação alemã, assim como a Constituição brasileira, não permitia a extradição de seus cidadãos.

Aliás, ao embarcar para Nova York dias antes, ele usara seu passaporte alemão, não o brasileiro, o que excitara o faro de nossos *sherlocks* —

com certeza estava na primeira etapa da fuga. E saíra do Brasil na véspera ou antevéspera de tornar-se pública a ordem de prisão, já decidida e possivelmente assinada — e da qual ele só poderia saber, naquele momento, por algum vazamento da informação para seus advogados, quem sabe a troco de alguma ou algumas propinas. Essa possibilidade não deixava bem as forças-tarefa encarregadas do caso, não as da Lava Jato original, mas as de sua ramificação carioca. Então era bom tê-lo engaiolado logo, se preciso com a ajuda da Interpol.

Naquele fim de semana, especulava-se o tempo todo nos círculos da mídia sobre negociações dos advogados de Eike no Brasil com a Polícia Federal e o Ministério Público, a respeito do presídio em que ele ficaria. Alguém se lembrou da revelação de uma biografia dele: Eike não tem curso superior completo — abandonara a faculdade de Engenharia na Alemanha antes de formar-se — e não teria direito à prisão especial concedida aos portadores de diploma universitário. A notícia, como se diz hoje, viralizou na mídia e gerou uma expectativa, uma verdadeira excitação coletiva, realimentada pelas redes sociais: será que esse cara, ainda ontem um dos dez homens mais ricos do mundo, vai ser posto na mesma cela de um traficante ou de um *serial killer* sedento de sangue e sexo?

Parece que não se cogitou muito, nesses dias, do outro castigo imposto no Rio aos presos preventivamente da Lava Jato: a cabeça raspada e o uniforme de presidiário (camiseta branca, calça jeans, chinelo de dedo). No Rio, o ex-governador Sérgio Cabral Filho fora o primeiro a ter exibida sua foto de prisioneiro, de camiseta e devidamente tosado.

Em Curitiba, porém, sede pontifícia da Lava Jato, os presos eram vistos chegando e saindo do prédio da Justiça Federal com as mesmas roupas e cabelos (ou falta deles) de sempre. Até as barbas de presos como Palocci e Vaccari estavam no lugar. Em Curitiba os presos só eram submetidos à exigência de andar em fila, na entrada e saída do prédio, com as mãos nas costas, como se algemados, e de cabeça baixa. Telespectadores menos informados mas igualmente indignados poderiam pensar, consigo mesmo ou em voz alta:

— *Safados, não têm coragem de andar de cabeça erguida.*

Não era safadeza, era uma imposição ou da Polícia Federal ou da própria Justiça.

No salão de embarque em Nova York — e vimos isso minutos depois aqui no Brasil —, Eike explica ao cinegrafista da TV, sem querer encurtar a conversa, até dando-lhe corda, que embarcaria para o Rio decidido a entregar-se à Justiça:

— Se houve erros — acrescentou — é preciso pagar por eles.

Não me lembro se já nessa entrevista ou em outra, a bordo do avião, a outro jornalista passageiro do mesmo voo, Eike elogiou muito a Lava Jato:

— Ela vai passar o Brasil a limpo. Daqui em diante quem tiver competência...

Não consigo reconstituir de memória as palavras de Eike, evidentemente bem pensadas e pesadas, mas seu sentido indiscutível é claro: daqui em diante, graças à Lava Jato, quem tiver competência vai poder tocar seus projetos sem pagar propina. Essas palavras foram imediatamente decodificadas pelos jornalistas no Brasil — e quando falo em jornalistas, minha fonte principal é a GloboNews: na situação desses dias ninguém (e muito menos um velho jornalista) vai esperar pelos jornais do dia seguinte para saber se Eike embarcou ou não embarcou para o Rio. Com aquelas palavras, disseram os jornalistas, Eike começava a montar seu esquema de defesa.

A acusação contra Eike era ter pago 15 milhões de dólares de propina a Sérgio Cabral Filho. A mídia não se aprofundou nisso, mas, a meu ver, as propinas pagas por Eike, não só a Cabral como a outras figuras federais, estaduais, municipais e até internacionais, eram diferentes das propinas pagas pelas grandes empreiteiras, como a Odebrecht.

A empreiteira faz obras para algum órgão de governo, federal, estadual ou municipal, sobretudo para empresas estatais, como a Petrobrás, e é paga pelo governo ou pela estatal, autarquia ou fundação contratante. Das empresas de Eike, nenhuma recebia pagamentos do governo ou de estatais.

Algumas dependiam de concessões, mas não receberiam dinheiro algum de qualquer estatal ou órgão do governo: seriam pagas por seus futuros usuários. Era o caso da construção do porto de Açu, em São João da Barra, no litoral norte do estado do Rio, e do mineroduto de centenas de quilômetros entre a região ferrífera de Minas Gerais e esse porto. O mineroduto faria milhões de toneladas de minério descerem da serra até o mar, pela força da gravidade, sem os gastos do transporte de trem, em sucessivas composições de dezenas de vagões que teriam de ser carregados e depois descarregados e seriam tracionados queimando energia e pagando horas e horas de trabalho de incontáveis ferroviários.

Também precisara de concessão e dos leilões da ANP, Agência Nacional de Petróleo, o projeto da OGX de Eike, de exploração de petróleo na Bacia de Campos, que também dependeria, para tornar-se lucrativo, de encontrar petróleo na quantidade esperada (não encontrou) e de vendê-lo a bom preço (e os preços, nos últimos anos, mais caíram que subiram).

Outros projetos de Eike, como a reforma do Hotel Glória, no Rio, e o restaurante chinês Mr. Lam, precisavam apenas dos alvarás exigidos de qualquer empresa, até de uma quitanda de subúrbio. Todos eles dependeriam, para ganhar ou perder dinheiro, de seu desempenho e de seu sucesso comercial.

O projeto do petróleo naufragou e levou à quebra todo o império de Eike, porque a OGX não encontrou, em sua área de concessão, a quantidade de petróleo que esperava e acumulou uma dívida de 5 bilhões de dólares (70% dela com credores estrangeiros). As ações da empresa caíram 90%, de 23 reais para 17 centavos. A fortuna de Eike, estimada em 30 bilhões de dólares, desabou para 900 milhões.

Não se sabia nem se indagava, naqueles dias, se Eike pagara propinas para conseguir sua concessão de petróleo e para construir o porto e o mineroduto. Seus projetos dependiam de menos decisões que os das empreiteiras como a Odebrecht. O do mineroduto e do porto de Açu tinham começado antes de Sérgio Cabral ser governador, na época de Rosinha Garotinho. Mas, à medida que o projeto andava, muitos órgãos do governo do estado do Rio poderiam inventar dificuldades para Cabral vender facilidades. Parece que Eike já tinha contribuído para a caixinha eleitoral dele e não faltaria dinheiro para sua reeleição, quando Cabral avisou:

— Bem, o problema da eleição já está resolvido. Agora preciso cuidar é do futuro dos meus filhos.

Custo, 15 milhões de dólares para garantir o futuro dos meninos ou Eike se arriscaria a algum órgão do governo Cabral embargar alguma coisa nevrálgica no projeto do porto, todo ele situado no estado do Rio, ou no projeto do mineroduto, que atravessava o território do estado desde a divisa com Minas até o porto. Pode-se pensar que, do ponto de vista de Eike, ele comprava proteção, ameaçado pela conversa de Cabral. Se o problema da eleição já estava resolvido, era porque Cabral tinha certeza de ficar mais quatro anos no governo do estado do Rio. Se o problema, agora, era cuidar do futuro de seus filhos, só podia ser porque Cabral estava decidido recorrer a seus poderes de governador para conseguir o dinheiro necessário. Nesse caso, Cabral estaria cometendo o crime de concussão, do qual Eike seria apenas vítima. Inocente, portanto, da prática do crime de corrupção ativa.

Era mais fácil exigir propina das empreiteiras, porque elas dependem de uma infinidade de decisões de gente do governo: dependem da aprovação do projeto, das condições pré-fixadas no edital de licitação, do julgamento da licitação, da liberação dos pagamentos pelo trabalho realizado e, depois, dos aditivos para reajustar os preços combinados. Cada decisão dessas poderia ser objeto de uma propina, mas o usual era juntar tudo antecipadamente: no começo: você paga um por cento do total do contrato e não terá problemas até receber o último pagamento. E mais um por cento, naturalmente, sobre cada reajuste de preço subsequente.

Uma diferença decisiva entre as propinas pagas por Eike e as das empreiteiras era que as propinas das empreiteiras tinham sucessivas contrapartidas (os editais de licitação favoráveis, o julgamento favorável da licitação, os repetidos pagamentos, a assinatura de termos aditivos com aumentos de preço e assim por diante). Já as propinas pagas por Eike não tinham contrapartidas como essas, apenas ele tinha permissão para ir à luta com seus projetos, quebrando a cara em casos como o do petróleo ou, em outros, ganhando dinheiro e subindo mais alguns degraus na escalada para derrubar o também bilionário Bill Gates de seu trono e tornar-se o homem mais rico do mundo.

A lei, de modo geral, considera corrupção ativa o ato de pagar propina; o ato de receber é corrupção passiva. Mas no confronto entre um empresário e um agente do governo, como um governador ou um diretor da Petrobrás, essas definições legais nem sempre conferem com as impressões da vida real. O agente do governo tem o poder de liquidar o projeto de um empresário, o empresário não tem o poder de derrubar o governador ou o diretor da Petrobrás. Muito mais ativo, nesses casos, parece ser o governador ou diretor da Petrobrás que exige, muito mais passivo o empresário coagido a pagar.

A defesa de Eike, por ele mesmo esboçada em sua entrevista de defesa da Lava Jato, poderia entrar por aí. Ele não pagara propina para conseguir a encomenda (e respectivo pagamento) de alguma obra ou serviço do governo ou de alguma de suas estatais. Ele pagara para não lhe atropelarem projetos em que não ganharia dinheiro nenhum pago pelo governo ou suas estatais, mas correria todos os riscos da competição capitalista. Enquanto as empreiteiras pagavam propinas com dinheiro que vinha do próprio governo ou suas estatais, Eike pagava de seu próprio bolso ou do dinheiro de suas empresas, parte dele obtido por meio de empréstimos que teriam de ser pagos (a petroleira OGX acabou devendo 5 bilhões de dólares).

Os 15 milhões de dólares pagos a Sérgio Cabral escandalizavam, porque era muito dinheiro e dinheiro em dólar — em moeda nacional seria pelo menos três vezes mais, mais de 45 milhões de reais. Se Eike estivesse pagando a propina habitual nos contratos de empreitada — de 1% do total do contrato — sua expectativa seria receber pagamentos no valor de 1,5 bilhão de dólares ou 4,5 bilhões de reais. No caso dele, porém, a expectativa era a dos imprevisíveis lucros ou prejuízos futuros de seus investimentos.

Para um empresário da fortuna de Eike na época, avaliada em 30 bilhões de dólares ou mais, os 15 milhões pagos a Sérgio Cabral correspondiam a 0,05% apenas. Não deixava de valer a pena o pagamento de proteção, considerados o potencial do porto de Açu, um dos mais modernos do mundo, a escala da redução de custos no transporte de minério pelo mineroduto e não mais por vagões e mais vagões de trem, e ainda a expectativa de ganhos futuros nos outros projetos de Eike na cidade e no estado do Rio.

Não era só no Rio ou no Brasil que isso acontecia, que se tinha de comprar proteção. Um caso muito conhecido no Rio vinha das décadas finais do século passado, quando o famoso Rei da Noite carioca, Ricardo Amaral, resolveu tentar a sorte com uma pizzaria muito chique e charmosa num dos mais afluentes quarteirões do *East Side* de Manhattan, em Nova York, e sofreu o diabo nas mãos da máfia norte-americana, por não ter providenciado antes o pagamento da propina de proteção a seu estabelecimento.

A propina paga por Eike a Sérgio Cabral fora uma propina de proteção — e não se poderia negar que as propinas pagas pelas empreiteiras eram a mesma coisa.

Embarcando num voo que sairia depois da meia-noite, Eike só chegou ao Rio no início da tarde de segunda-feira. Antes de engatar num dos fingers pelo qual desembarcariam os outros passageiros, o avião parou no pátio de estacionamento, onde era esperado por uma força-tarefa da Polícia Federal. A TV também estava lá e pudemos ver, ao vivo, Eike desembarcar sozinho, com sua pequena mala e um travesseiro, e, imediatamente cercado pelos agentes da PF, embarcar num dos carros dela.

Com o mesmo visual de Nova York e do desembarque, ele chegou ao Presídio Ary Franco, no bairro de Água Santa, cerca de meia hora depois. O Ary Franco era uma espécie de posto de triagem no qual se decidiria seu destino. Como não tinha diploma de curso superior, não teria o privilégio da prisão especial e iria para uma cela no complexo presidiário de Gericinó, em Bangu. Ao sair do Ary Franco, o que não demorou, Eike já apresentava outro visual, cabeça raspada e vestindo camiseta e calças jeans (pela TV não dava para ver o que calçava).

A cabeça raspada de Eike parecia mais radical que a de Sérgio Cabral, e praticamente não tinha cabelos no alto do couro cabeludo, apenas os pelos espaçados e curtinhos de um implante. Depois vazou da barbearia do presídio a notícia de que Eike detivera a tempo a máquina tosadora que o barbeiro lhe aproximava dos cabelos com que tinha desembarcado de Nova York, esclarecendo que aquilo tudo era uma peruca. O barbeiro esperou, Eike tirou a peruca e a máquina teve de contentar-se com a coroa de cabelos naturais grisalhos em volta do crânio. O vazamento da barbearia não esclareceu se a peruca foi confiscada ou se Eike levou-a para Bangu 9 e se, na privacidade da cela, poderia passar com ela na cabeça nas horas mortas da noite.

Como tanta gente mais, o autor deste livro viu ao vivo pela TV todas as cenas descritas acima. Ao ver a da saída do Ary Franco, foi invadido ou abduzido por algumas associações de ideias, imprevisíveis e incontroláveis como o sonho e o pesadelo, e recorrerá à primeira pessoa do singular para tentar reconstituí-las melhor.

Esquisito — pensei. Ninguém parecia estranhar a cabeça raspada de Eike, ninguém parecia incomodado com ela, nem as muitas pessoas em volta dele e na rua, diante do portão do presídio, nem mesmo os repórteres que narravam a cena. Essa constatação foi seguida pela primeira associação de ideias.

Quando, na ditadura, prenderam Caetano Veloso e Gilberto Gil e no quartel passaram a tesoura nas enormes cabeleiras hippies que usavam, ninguém ficou indiferente, todos reagiram de algum modo. Uns poucos podem ter achado que era isso mesmo, esses cabeludos obscenos, maconheiros, tudo comunista, precisavam levar uma lição. A grande maioria, porém, uns noventa por cento talvez, foi contra. Por que prender Caetano e Gil, pioneiros do paz e amor tropical, e, pior ainda, por que estigmatizá-los com o corte do cabelo? A prisão não bastava? Era preciso humilhá-los?

Fiquei esperando que logo a mídia encontrasse Caetano e Gil para ouvi-los sobre a cabeça raspada de Eike. No jornalismo contemporâneo correm sempre atrás da opinião de Caetano e Gil sobre um milhão de assuntos, mas não correram nesse caso, embora os dois tivessem vivido uma experiência semelhante e igualmente brutal.

De Caetano e Gil, as associações de ideias me levam, sem que eu perceba como, mas sabendo claramente por quê, aos judeus com o distintivo da estrela de Davi, em preto sobre fundo amarelo, costurado na roupa, nos tempos do nazismo. Nos documentários filmados em 1945, nos campos de concentração, pelas tropas aliadas que os libertavam, não me lembro se os prisioneiros judeus traziam a estrela de Davi em seus andrajos. Mas todos tinham a cabeça raspada. Talvez a estrela só fosse exigida, na rua e outros lugares públicos, aos judeus ainda não aprisionados. Se estes podiam, dentro de casa, dormir sem ela, poderia Eike dormir sem a calvície exposta, com a peruca na cabeça?

Na Alemanha nazista e nos países invadidos por ela, a estrela de Davi tinha a companhia de outros distintivos obrigatórios e estigmatizadores: o triângulo rosa para os homossexuais e o triângulo negro para as mulheres consideradas antissociais (principalmente as lésbicas). E não se tratava de moda inventada pelos nazistas. Em séculos anteriores, outros distintivos estigmatizadores marcavam ou a roupa ou o corpo de determinadas categorias de pessoas.

No clássico *A Letra Escarlate*, do grande romancista americano Nathaniel Hawthorne, a ação se passa em meados do século 17 na cidade de Salem, na hoje tão avançada Nova Inglaterra, na época dominada por um puritanismo sombrio e punitivo. A protagonista Hester é condenada a usar, costurada à roupa, a letra A em vermelho, tanto por ser considerada adúltera quanto porque se recusa a delatar o pai da criança que teve fora do casamento.

Outro clássico, *Moll Flanders*, de Daniel Defoe, mais conhecido por seu *Robinson Crusoe*, conta as aventuras, também no século 17, de uma mulher nascida na prisão de Newgate, em Londres, onde sua mãe, ladra, acusada apenas de furto, escapa da forca por estar grávida e depois consegue a comutação da sentença de morte e é deportada para as colônias britânicas da América do Norte.

Moll, já adulta, torna-se nora dessa mulher e acaba descobrindo que ela é sua mãe. A prova conclusiva é que a mãe de Moll tem na palma de uma das mãos a marca indelével de sua passagem pela prisão de Newgate, talvez a ferro quente (a tradução que li talvez tenha comido esse detalhe ou Defoe não achou necessário esclarecer isso, tão comum era castigar assim os poucos ladrões que escapavam da forca).

Eike, nos próximos dias — embora seja um prisioneiro ainda não julgado nem condenado, nem sequer interrogado — só será visto pela TV, ao chegar escoltado à Polícia Federal para prestar depoimento, de cabeça raspada, camiseta e calças jeans e calçando chinelos de dedo.

Com esse visual ele será exposto ao vivo e depois em sucessivos telejornais, da mesma forma como no século 17 a adúltera Hester circulava com sua letra escarlate e a mãe de Moll Flanders tinha marcado na mão o estigma de ladra. Da mesma forma os judeus, em pleno século 20, tinham de mostrar-se com a estrela de Davi nos domínios de Hitler.

A estrela de Davi identificava sem maior exame os judeus que os arruaceiros da Juventude Hitlerista e as forças-tarefa da SS podiam espancar à vontade. A letra escarlate de Hester fazia dela objeto de zombaria e insultos. Já a mãe de Moll Flanders teria tratamento igual em Londres, mas, naquelas colônias povoadas cada vez mais por outros deportados como ela, só seria hostilizada pelo punhado de homens de bem que zelavam pelos bons costumes, castigavam as Hesters e exterminavam os nativos pagãos e pele-vermelha para tomar suas terras.

Quando Hitler, depois de ocupar a Polônia com a ajuda de Stalin, voltou-se para a Europa Ocidental, um dos primeiros países que dominou foi a Dinamarca, que não tinha condições militares de enfrentá-lo, nem montanhas suficientemente altas para abrigar guerrilhas de resistência. Ao contrário do Rei Haakon VII, da Noruega, seu irmão, da Rainha Guilhermina, da Holanda, e da Arquiduquesa Carlota, do Luxemburgo, países igualmente invadidos por Hitler, o Rei da Dinamarca, Cristiano X, não se exilou, preferiu permanecer em Copenhague, negociando com os alemães termos de ocupação que lhe permitiram, explorados com grande astúcia, submeter os nazistas pelo menos ao ridículo de uma bela rasteira.

Cristiano, apesar de autoritário e de brigas com o parlamento que quase acabaram com a democracia na Dinamarca, era um rei muito popular e querido. Para mostrar que continuava reinando e os ocupantes podiam muito mas não podiam tudo, ele todo dia passeava a cavalo, sem escolta e sem guarda-costas, pelas ruas do centro de Copenhague. Era um desafio risonho, numa cidade poética e encantadora. Em Copenhague os monumentos mais importantes não são os dedicados a reis ou generais vitoriosos, mas a estátua de Hans Christian Andersen, o poeta e escritor de histórias infantis, e a da Pequena Sereia, personagem mais romântica de seus contos.

Logo o comando alemão decretou que, assim como na Alemanha e em outros países ocupados, os judeus da Dinamarca deveriam usar na roupa o distintivo amarelo e preto da estrela de Davi. O Rei Cristiano já contrabandeava judeus para a Suécia vizinha, neutra e não invadida, e deu mais um passo, um aviso aos generais alemães: se os judeus remanescentes na Dinamarca fossem obrigados a usar a estrela de Davi, ele próprio passaria a usá-la e inevitavelmente seria visto com ela em seu passeio diário pelo centro de Copenhague. Esse passeio, mostram as fotos da época, sempre juntava um grande público e seria também inevitável muitos dinamarqueses não-judeus imitarem o rei, em solidariedade a ele ou aos judeus ou como uma forma de protesto silencioso mas contagioso contra a ocupação.

Os generais do comando alemão, nem todos fanáticos como Hitler e seus conselheiros imediatos, perceberam o alcance do aviso do rei e a inutilidade e o custo de tentar reprimir suas consequências, e deram um jeito de engavetar o decreto. A estrela de Davi ameaçava transformar-se de estigma humilhante em símbolo de orgulho e resistência.

No Rio, quase oitenta anos depois, a primeira chegada de Eike Batista à Polícia Federal para prestar depoimento não foi como a saída de Sérgio Cabral de seu apartamento no Leblon, num edifício que antes já fora cercado e sitiado em grandes e prolongadas manifestações de protesto quando ele era governador. A notícia da prisão de Cabral juntara muita gente ali, para vaiá-lo e xingá-lo. Eike pode ter ouvido alguns insultos, mas o que mais ouviu (e depois se repetiria nas redes sociais, em movimento organizado por seus filhos) foi um quase grito de guerra:

— Força, Eike! Força!

Diante da Polícia Federal estavam poucas pessoas, que por acaso passavam por ali. Nas redes sociais pode ter sido muita gente. Se alguns detestavam Eike, por condenarem seus métodos e sua ambição ou porque ele fazia sucesso (e entre nós, segundo Tom Jobim, fazer sucesso é ofensa pessoal, imperdoável), outros sabiam de seu papel como grande mecenas de projetos culturais e filantrópicos e outros ainda viam nele o empreendedor ousado que recebera da simpática Confraria do Garoto, composta por lojistas da Rua da Carioca e imediações, no coração do Rio, o título de Mauá do século 21.

Mauá foi o maior empresário e empreendedor do Brasil do século 19, pioneiro das estradas de ferro e da construção naval. Mauá também faliu e deu a volta por cima. Eike, depois da quebra de sua OGX e do desabamento de seu império, não sossegara e começava a reerguer-se com dois projetos ridiculamente modestos diante das dimensões ciclópicas de seus empreendimentos anteriores, mas capazes de alavancar uma nova escalada, não mais em busca do trono de Bill Gates e sim da reconquista do papel de reencarnação de Mauá: uma pasta de dentes revolucionária, capaz de restaurar o esmalte da couraça dentária, e um genérico do Viagra, ainda mais barato.

No auge das repercussões da prisão de Eike, um telespectador perguntou aos participantes do programa Estúdio I (I de interação), da Globonews, por que tinham raspado a cabeça dele. A produção do programa passa a pergunta à Secretaria de Estado de Administração Penitenciária do Rio e os telespectadores são informados da resposta: os presos têm a cabeça raspada por motivo de higiene e de igualdade. Só não têm o cabelo cortado mulheres e transexuais — porque isso seria traumático. Como se não o fosse também para os homens e não o tivesse sido no caso de Caetano e Gil na época do governo militar...

A alegação do motivo de higiene era uma confissão vexatória e cínica: a falta de condições de limpeza do presídio deixava de ser problema do presídio e passava a ser problema dos presos. Aliás, a mídia contou como era a cela de Eike: em vez de chuveiro, a água que escorre de um cano; em vez de privada, um buraco no chão sobre o qual o preso, para defecar, precisa equilibrar-se agachado e sem visibilidade para a pontaria; e depende de uma pontaria incrível para acertar o alvo urinando em pé. Em caso de diarreia, nada improvável nas condições de um presídio brasileiro, é ainda mais provável que a merda se espalhe toda pelo chão.

A alegação de igualdade parecia escorar-se na ladainha simplória que nos era cantada o tempo todo, de que agora todos são tratados igualmente, e tanto o pobre quanto o rico, tanto o zé ninguém quanto o mais poderoso dos políticos ou o mais rico dos empresários vão do mesmo jeito para a cadeia e do mesmo jeito compartilham a mesma cela e têm todos, como os judeus nos campos de concentração, a cabeça igualmente raspada.

Tratava-se de explicações fornecidas oficialmente por uma Secretaria de Estado, cujo titular não precisa ser formado em Direito, mas deve ter sua consultoria jurídica, que tem a obrigação de conhecer uma regra básica do Direito, porque o consultor ouviu isso uma porção de vezes ao longo de seus cinco anos de faculdade: a verdadeira lei da igualdade, nas palavras de Rui Barbosa, é tratar igualmente os iguais e desigualmente os desiguais.

É o que explica que a cabeça raspada não seja imposta às mulheres e também — delicadeza inesperada num presídio — a transexuais, que são diferentes dos homens. É o que explica que, na fila do banco, na caixa do supermercado, no *check-in* do aeroporto, eu mesmo e os outros idosos, eu mesmo e as outras pessoas com dificuldade de locomoção tenhamos prioridade no atendimento, assim como os cadeirantes, as mulheres grávidas e homens e mulheres com crianças no colo. Elas não são melhores que os outros, apenas não são iguais — encontram-se numa situação de vulnerabilidade e desigualdade que a lei procura compensar. Da mesma forma, uma pessoa em prisão preventiva não é igual a um preso definitivo, sentenciado, que cumpre pena passada em julgado.

Mesmo os sentenciados já não são obrigados a usar os antigos uniformes zebrados, com listras horizontais brancas e pretas que ainda podemos ver nas cinematecas em comédias antigas de *O Gordo e o Magro* e talvez de Chaplin. Com o tempo, as leis foram evoluindo e proibiram que a pena de privação de liberdade fosse também uma pena de humilhação visual, a mesma humilhação pretendida com a estrela de Davi, a letra escarlate, o triângulo rosa e a marca a ferro quente na palma da mão.

Se vivêssemos tempos normais, não o clima punitivo de nossos dias, que amordaça e algema o melhor do ser humano porque só vê o pior que se instalou em apenas alguns, suponho que pudesse ser outro o destino de Eike Batista ao desembarcar no Brasil.

Prisões preventivas num caso como o dele nem sempre são necessárias, nem mesmo são usuais e muito menos justificáveis. Sabendo, além disso, que nos casos da Lava Jato e suas ramificações uma prisão preventiva pode durar indefinidamente (Marcelo Odebrecht esteve preso preventivamente por mais de um ano), Eike poderia ter ido para a Alemanha, que não permite a extradição de cidadãos alemães como ele, titular de dupla nacionalidade.

Da Alemanha, em liberdade, ele conduziria sua defesa no Brasil e continuaria trabalhando em seus novos projetos. Na Alemanha poderia usar sua peruca, tomar banho num chuveiro decente e fazer suas necessidades numa privada civilizada. Mas preferiu voltar e apresentar-se preso, num gesto de boa fé — que às vezes até bilionários cometem.

Em tempos normais, o juiz poderia considerar um gesto significativo a volta de Eike, e, em razão dela, revogar a ordem de prisão, garantindo-se com a simples apreensão de seus passaportes. Poderia também conceder-lhe a prisão domiciliar com tornozeleira eletrônica, benefício estendido a réus confessos e até a réus já sentenciados da Lava Jato. Mas não estávamos em tempos normais e o advogado de Eike, Fernando Martins, aproveitou um pedido de *habeas corpus*, que o juiz não teria como conceder, para pleitear como alternativa a prisão domiciliar.

Nem isso foi possível e o pedido foi indeferido pelo juiz Marcelo Bretas, do Rio, ainda não celebrizado por suas brigas com Sérgio Cabral e pelo noticiário a respeito do auxílio-moradia para juízes. O processo contra Eike não faz parte da Lava Jato, nada tem a ver com a corrupção via Petrobrás. Em situação normal, não só o pedido de prisão domiciliar como o *habeas corpus* que o advogado Fernando Martins evitou pleitear poderiam ser concedidos com base em decisões do próprio Supremo Tribunal Federal.

Vosso velho jornalista, embora formado em Direito em 1960, ainda nos tempos esperançosos e de bom astral do presidente JK, soube disso como repórter, não como bacharel. Como repórter, foi ouvir advogados especialistas em questões penais e, mais que isso, independentes, sem qualquer participação profissional no caso de Eike e nos processos da Lava Jato, seja na condição de defensores, de assistentes de acusação ou sequer de pareceristas. Com as facilidades atuais da internet, eles logo desencavaram dos arquivos eletrônicos do Supremo dois casos de que vagamente se lembravam — e mais um do STJ, o Superior Tribunal de Justiça.

Num deles, julgado em 2008, a Segunda Turma do Supremo aprovou por maioria o voto do então ministro Eros Grau e concedeu *habeas corpus* a Benedito dos Anjos Félix, revogando sua prisão preventiva, porque ele se apresentara espontaneamente às autoridades, "comportamento expressivo" — segundo a ementa do acórdão — "de que a aplicação da lei penal não está ameaçada".

Em outro, julgado em 2011, a Primeira Turma do Supremo derrubou uma decisão do STJ e aprovou por unanimidade o voto da relatora, ministra Cármen Lúcia, concedendo *habeas corpus* a Jorge Luiz Heil. A ementa do acórdão era ainda mais esclarecedora e poderia ser invocada em relação ao caso de Eike:

1. O paciente praticou o crime em situação de emoção específica, separação, e somente fugiu do local dos fatos por ter sido ameaçado pelos parentes da vítima, tendo se apresentado espontaneamente perante a autoridade policial ... alguns dias depois, antes que sua prisão preventiva fosse decretada ... 2. A apresentação espontânea do réu demonstra que não existia a intenção de fuga, não havendo nos autos motivo para a decretação de sua prisão preventiva.

Jorge, a quem a Primeira Turma do Supremo concedeu *habeas corpus* por unanimidade, matara a mulher, era acusado de homicídio triplamente qualificado e fugira para escapar à fúria dos parentes dela. Depois se apresentara e a apresentação bastou para demonstrar a inexistência de motivo para sua prisão preventiva.

Eike, a quem fora negada tanto a prisão domiciliar quanto o *habeas corpus* que a seu próprio advogado parecera impossível, não matou ninguém e não fugiu. Estava em Nova York e podia embarcar para a Alemanha, de onde não seria extraditado, mas voltou ao Rio para apresentar-se à polícia e ser preso à disposição da Justiça.

Meus amigos advogados desencavaram também uma decisão do STJ, de outubro de 2014, já nos primeiros solavancos da Lava Jato, que começara em março daquele ano. Era um recurso ordinário de *habeas corpus* e a Quinta Turma do tribunal aprovou por unanimidade o voto do relator, ministro Félix Fischer, cuja ementa dizia:

A prisão cautelar deve ser considerada exceção, já que, por meio desta medida, priva-se o réu de seu jus libertatis antes do pronuncia-

mento condenatório definitivo, consubstanciado na sentença transitada em julgado. É por isso que a medida constritiva só se justifica caso demonstrada sua real indispensabilidade para assegurar a ordem pública, a instrução criminal ou a aplicação da lei penal, ex vi *do artigo 312 do Código de Processo Penal ... A apresentação espontânea, aliada a condições favoráveis do recorrente, afasta a necessidade da custódia preventiva, desde que o fundamento de fuga seja o único utilizado no decreto prisional, não caracterizando a fuga anterior, portanto, óbice à aplicação da lei penal.*

Nesse caso, julgado já em 2014, tinha havido uma fuga. No caso de Eike não houve fuga nenhuma e ele foi mantido no presídio, de cabeça raspada e uniforme de presidiário. Três meses depois, a 28 de abril, o ministro Gilmar Mendes, do Supremo Tribunal, concedeu *habeas corpus* a Eike, mas Eike foi mantido em prisão domiciliar com tornozeleira eletrônica.

9. QUANDO A PRIORIDADE É PUNIR

A sexta-feira 17 de março de 2017 deveria ser apenas o dia das comemorações do terceiro aniversário da Lava Jato, festejado tanto pela força-tarefa do Ministério Público quanto pela mídia, felizes com o resultado acumulado desses 36 meses de trabalho duro.

Os vários balanços publicados pelos jornais ou anunciados pela televisão contabilizavam 38 fases, 103 mandados de prisão temporária, 79 de prisão preventiva, 197 de condução coercitiva, 746 de busca e apreensão, 155 delações premiadas, seis prisões em flagrante, dez acordos de leniência com empresas, 56 acusações criminais em primeira instância contra 260 pessoas e, sobretudo, a condenação pelo juiz Sérgio Moro de 127 pessoas a penas que, somadas, ultrapassavam 1.300 anos.

Foi o pessoal do Ministério Público que providenciou esse balanço. O juiz Sérgio Moro, por mais severo e rigoroso que o julguem seus superiores do Supremo, não poderia ficar feliz com essa tragédia de tantas condenações. Quem passou pelos cinco anos de uma faculdade de Direito não esquecerá nunca o que cansou de ouvir: que a maior felicidade de um juiz é assinar uma sentença de absolvição; seu maior tormento ser obrigado a assinar uma condenação.

Imaginar um juiz feliz com uma condenação seria como conceber uma cena imaginária da Revolução Francesa, Robespierre pedindo a um assessor: *"Veja aí, por favor. Além do rei e da rainha, quantos já guilhotinamos?"*

É verdade que, como Robespierre, outros políticos não têm a menor delicadeza moral. George W. Bush, que se consagraria como o pior presidente dos Estados Unidos em mais de duzentos anos (antes de aparecer o Trump), era governador do Texas e, já aspirando à presidência, teve de confirmar, como se exigia, mais de quarenta condenações à morte decretadas por juízes e tribunais.

Bush não teve a menor dúvida em relação a nenhuma delas, nem de possível erro judiciário, nem de excesso de rigor por parte do júri, e não converteu nenhuma em prisão perpétua. Junto ao pensamento ultraconservador que crescia no Partido Republicano, essa firmeza catapultou seu salto duplo para obter a candidatura e, em seguida, para tornar-se presidente.

Outro resultado, porém, do levantamento do Ministério Público poderia levar o juiz a felicitar-se — e foi, aliás, o número mais exaltado pela mídia: o dinheiro recuperado pela Lava Jato em três anos, 10 bilhões de reais.

As comemorações foram murchando à medida que a mídia teve de dar conta de um novo espetáculo, a Operação Carne Fraca, apresentada como a maior já empreendida pela Polícia Federal, com mais de mil homens desdobrando-se no cumprimento de mandados de prisão, condução coercitiva e busca e apreensão, além de outras providências de grande impacto — e, como se viu logo no dia seguinte, de consequências alarmantes e ao mesmo tempo desastrosas.

A Operação Carne Fraca era o momento culminante de dois anos de investigações realizadas no Ministério da Agricultura sem conhecimento de seu ministro, sob o argumento que tentava descobrir o envolvimento de funcionários dele, e no desconhecimento também do Ministério da Justiça, ao qual a Polícia Federal está subordinada, talvez porque a voz do novo ministro, Osmar Serraglio, aparecia num grampo, conversando com um investigado e tratando-o de "grande chefe". Devido a isso, o próprio presidente Temer foi surpreendido e provavelmente não soube do *reality show* televisivo-policial pela polícia, e sim pela TV. O governo, é claro, não teve condições de impedir o pânico que se seguiu.

Os brasileiros assustaram-se com as cenas exibidas, entre elas um funcionário de frigorífico perguntando ao chefe se devia descartar ou mandar para o setor de produção uma paleta de validade vencida "desde fevereiro" e o chefe mandando mandar para a produção; e um telefonema grampeado a respeito da possibilidade de arranjar papelão, que, entenderam todos, seria misturado com a carne.

Fora do Brasil, alguns dos mais de 150 países compradores da carne brasileira começaram a proibir total ou parcialmente sua importação e a adotar outras medidas restritivas. A China e Hong Kong, por exemplo, maiores importadores, decidiram que os navios com carne não poderiam desembarcá-la. Dias depois, funcionários dos supermercados de Hong Kong eram vistos retirando das prateleiras todas as latas de marcas brasileiras — e afinal as redes McDonald's e KFC (Kentucky Fried Chicken) anunciaram a retirada de seu cardápio dos hambúrgueres e hot dogs dos frigoríficos brasileiros investigados.

A União Europeia pegou leve, suspendendo apenas a importação de carne processada pelos frigoríficos investigados, mas a Irlanda protestou e exigiu, naturalmente de olho na possibilidade de aumentar suas próprias vendas, a proibição total da carne brasileira. Depois a União Europeia decidiu que a carne brasileira deveria ser devolvida. A Arábia Saudita, atualmente um dos maiores importadores, era um cliente sensível: anos antes, suspendera as compras do Brasil, com medo de que tivesse chegado até aqui a doença da vaca louca, então em expansão pela Inglaterra, do outro lado do Atlântico.

No dia seguinte, sábado 18, já se percebia o tamanho da lambança. Da tal paleta com prazo de validade vencido não se falou mais, nem para esclarecer se tinha sido apreendida ou se continuava envenenando a linha de produção. O papelão, ficamos sabendo, era para embalagem, não para misturar na carne (aliás, seria impossível misturar papelão na carne in natura, em pedaços ou peças inteiras, só em hambúrgueres, almôndegas ou salsichas e outros embutidos). Aliás, além disso, o papelão é mais caro que a carne, não seria bom negócio misturá-lo.

O presidente Temer, tão surpreendido quanto os brasileiros que faziam ou fariam compras para o fim de semana, quanto os governos e em seguida os consumidores dos mais de 150 países importadores da carne brasileira, tomou fôlego no sábado e já no domingo, depois de mil reuniões e com certeza telefonemas para as embaixadas do Brasil ao redor do mundo, levou 27 embaixadores e encarregados de negócios estrangeiros para jantar carne brasileira numa das melhores churrascarias de Brasília.

O rodízio da churrascaria custava pouco mais de cem reais por pessoa, menos que uma posta de bacalhau num restaurante médio da boêmia e plebeia Lapa, no centro do Rio, mas a assessoria de imprensa da presidência teve de acautelar-se do ânimo punitivo da mídia, que na onda da Lava Jato via pecado e corrupção em todo canto. O governo, fez questão de garantir a assessoria, só pagou o rodízio do presidente e dos embaixadores, não o dos ministros e assessores convocados à churrascaria para dar atenção aos demais embaixadores enquanto o presidente conversava com um ou outro deles. Não se tratava de uma boca livre, mas era melhor cada um pagar sua conta.

Na segunda-feira, 20 de março, três dias depois do *showmício* da Operação Carne Fraca, já eram tantos os países que proibiam a carne brasileira ou faziam restrições a ela que os brasileiros já se davam conta do tamanho da lucrativa presença do Brasil em todos os continentes e, além disso, tomavam conhecimento do volume em dinheiro das exportações brasileiras de carne: em 2016, 12 bilhões de dólares (dólares, três vezes mais, 36 bilhões, se fossem reais).

Na terça feira, 21, surgiram os primeiros dados sobre a queda nas vendas, um tombo colossal, praticamente vertical, como o de um vaso que cai da varanda de um oitavo andar. Na primeira quinzena de março, antes da Operação, o Brasil exportava em média 60 milhões de dólares por dia. O valor diário das exportações nessas duas semanas variou de 39 a 90 milhões, sempre de dólares. Na sexta-feira 17, o dia da Operação, o valor foi de 53,9 milhões. Na segunda- feira,

20, com operações fechadas antes, foram 60,5 milhões. Na terça-feira 21, o primeiro dia já sob o impacto da lambança, o Brasil vendeu apenas 74 mil dólares, 74 mil, não milhões. Foi uma queda de mais de 90% em relação ao dia ou aos dias da quinzena anterior em que as exportações chegaram a 90 milhões. De dólares, mais de 270 milhões, mais de um quarto de bilhão de reais.

Não era só dinheiro, eram empregos. Segundo o bem informadíssimo jornalista Jorge Bastos Moreno, as exportações de carne geravam 6 milhões de empregos no Brasil. No momento da lambança, o Brasil em recessão tinha 12 milhões de desempregados e perdera, em uma semana, quase 300 mil empregos em frigoríficos.

Na quarta-feira 22, o Ministério da Fazenda baixou de 1% para 0,5% sua estimativa de crescimento da economia brasileira em 2017. Isso significava também menor expectativa de conter e reduzir o desemprego, que aumentava muito em consequência da recessão. Em 2016 o PIB brasileiro encolhera 3,6% em relação a 2015, ano em que também encolhera mais de 3%. O PIB não encolhera mais ainda porque as exportações de carne renderam 12 bilhões de dólares em 2016.

Nesse dia o Ministro da Agricultura Blairo Maggi, que não fora avisado das investigações em seu ministério, fez uma primeira projeção do que o Brasil poderia perder, daqui para a frente, com a queda nas exportações de carne: um bilhão e meio de dólares por ano, mais de quatro e meio bilhões de reais em três anos.

Em três anos, como se disse tantas vezes no aniversário da Lava Jato, suas forças-tarefa haviam recuperado 10 bilhões de reais, uns 3,5 bilhões de dólares na melhor das hipóteses. Pois tudo isso seria jogado fora não nos três anos da Lava Jato, mas em dois anos e três meses no máximo, 1,5 bilhão no primeiro ano, mais 1,5 bilhão no segundo e 500 milhões no primeiro trimestre do terceiro.

Tudo jogado fora por causa da irmã xifópaga da Lava Jato, a Carne Fraca, ambas vítimas da doença da obsessão punitiva a qualquer preço, que já os jurisconsultos mais sábios e sensatos da Roma Antiga temiam, quando discordavam dos maximalistas, dos extremistas da filosofia do Direito, os que pregavam o "*fiat justitia, pereat mundus*" — "faça-se justiça, pereça o mundo".

Justiça, no caso, era punição antes de qualquer condenação, com as prisões preventivas que se eternizavam ilegalmente, as cabeças raspadas e uniformes de presidiário para presos que ainda nem tinham sido interrogados, as conduções coercitivas sem prévia intimação e outras medidas executadas sem o menor respeito por pessoas que em seguida nem seriam processadas.

A obsessão de fazer justiça prévia tinha também um elemento de exibicionismo, inegável na Operação Carne Fraca, entrando pelos televisores de todo o país com o som e a fúria de um circo mambembe que invade a cidadezinha fazendo barulho para tirar da pasmaceira do cotidiano todos os seus habitantes. Essas compulsões combinadas não permitiram que antes de punir se pensasse em corrigir e até de prevenir — o que evitaria a punição à carne brasileira em todos os continentes.

Se o dever da polícia é investigar casos de corrupção, o dever do governo como um todo é prevenir e corrigir, impedir que eles aconteçam; quando acontecem, punir os culpados, mas não ficar nisso e sim corrigir as circunstâncias que permitiram sua ocorrência. Escondendo do Ministro da Agricultura e, portanto, do Presidente da República as investigações iniciadas dois anos antes, a Polícia Federal impediu que o governo agisse para prevenir e corrigir e guardou para si as glórias de um festival de punições.

A obsessão de punir, alimentada dez vezes ao dia pela cobertura da mídia, conduzida pelos fatos, pelas denúncias e muitas vezes por vazamentos deliberados, tornou-se uma febre nacional. Sempre que se sabia de alguma coisa errada, alguém tinha de ser punido.

Quando mandou soltar o goleiro Bruno, condenado a 22 anos de prisão por ter mandado matar a namorada, o ministro Marco Aurélio Mello, do Supremo, explicou que não podia agir de outra forma. Como qualquer condenado, Bruno tinha direito ao reexame de seu caso em instância superior e sua apelação estava parada já por quatro anos no Tribunal de Justiça de Minas. No Estúdio I, programa vespertino da Globonews, discutia-se o caso e o jornalista Octavio Guedes não resistiu à tentação de uma ironia quase sorridente, mas feroz:

— E no tribunal, não vão punir ninguém?

Não, no tribunal ninguém vai ser punido, ainda que essa demora possa ser considerada um abuso de autoridade dos maiores. O tribunal não vai ser punido porque nem tudo que é errado é punível. No começo de 2017, sucessivas e sangrentas revoltas de presos, em Manaus, em Boa Vista e em Natal, revelaram ao país que, de nossa população carcerária de mais de 600 mil presos, talvez um terço ou mais que isso, no mínimo 200 mil são presos provisórios, por demora no julgamento original ou na apreciação do recurso a que todos têm direito — havendo até casos de presos que já cumpriram a pena mas não têm dinheiro para um advogado que providencie sua libertação. É incrível que as penitenciárias não tomem a iniciativa de mandar embora esses presos, aos quais é preciso dar casa, cama e comida, embora já tenham cumprido suas sentenças.

Outros jornalistas poderiam perguntar: mas esse pessoal da Carne Fraca não vai ser punido ou pelo menos afastado de seus cargos? Em situação normal, o diretor da Polícia Federal tomaria a iniciativa de pedir demissão, o que não seria nem desonroso nem humilhante. Ou, se não a tomasse, seria delicadamente avisado pelo Ministro da Justiça, seu chefe, de que devia fazê-lo. Em último caso, o presidente assinaria um decreto concedendo-lhe exoneração a pedido, embora ele não a tivesse pedido. E mandaria uma carta gentil agradecendo sua colaboração.

Mas não estávamos em situação normal. Se o diretor pedisse exoneração ou o presidente o exonerasse, o caso seria visto como de obstrução à Lava Jato, que em alguns casos estava na prática acima da autoridade presidencial, se se tratasse da Polícia Federal, órgão do Poder Executivo.

O Ministro da Justiça recém-nomeado, deputado Osmar Serraglio, tivera de prometer, ao assumir, que não mexeria na direção da Polícia Federal. Seu antecessor, Alexandre de Moraes, fora nomeado ministro do Supremo, na vaga do falecido ministro Teori Zavascki, com o endosso público do procurador-chefe da força-tarefa do Ministério Público em Curitiba, que assegurou não ter ele em nenhum momento, no Ministério da Justiça, atrapalhado as investigações da Lava Jato. O presidente não pudera nomear para o Ministério da Justiça o advogado Antonio Cláudio Mariz, de grande reputação nos meios jurídicos, porque Mariz era autor de pelo menos um artigo de crítica a abusos de autoridade na Lava Jato.

No primeiro fim de semana depois do terceiro aniversário da Lava Jato e da deflagração de sua irmã siamesa, a Operação Carne Fraca, o colunista Lauro Jardim, do *Globo*, revelou em seu blog que um lobista mais esperto de Brasília, ligado ao PMDB, descobrira como passar a perna nas forças-tarefa da Polícia Federal:

A previsibilidade das operações da PF na Lava-Jato fez pelo menos um encrencado lobista do PMDB em Brasília criar uma nova rotina.

Funciona assim: um funcionário passa na sua casa à noite, recolhe computadores e celulares (e deixa três celulares sem nada arquivado).

No dia seguinte de manhã, bem cedinho, se não houver operação de busca e apreensão da PF, o mesmo funcionário volta à casa do lobista e repõe o material. Tem feito isso religiosa e diariamente há pelo menos dois meses.

Nesses nossos tempos de tanto mau humor, esperei naquele momento que o colega Lauro Jardim não tivesse de passar por uma condução coercitiva para prestar esclarecimentos sobre a fonte de sua informação e a identidade do lobista.

Outra notícia desse fim de semana: um frigorífico de Campo Magro, no Paraná, chamado Frigosantos, foi relacionado entre os 21 que, segundo o Ministério da Agricultura, seriam investigados na

Operação Carne Fraca. O juiz Marcos Josegrei, da 24ª Vara Criminal Federal de Curitiba, que tratava do caso e autorizara as providências solicitadas pela Polícia Federal, nada encontrou no processo contra o Frigosantos. O frigorífico simplesmente não era investigado, não fora denunciado por ninguém, nem sequer citado em qualquer depoimento. Como nada podia fazer, o juiz orientou os advogados do frigorífico a procurarem saber com o Ministério da Agricultura como seu nome fora parar na lista pública dos supostamente investigados.

Em situação normal, seria de esperar que a Polícia Federal se apressasse a desfazer o equívoco, tomando a iniciativa de cobrar do Ministério da Agricultura a elaboração e a publicação de outra lista, dos frigoríficos não investigados, a ser transmitida pelo Ministério das Relações Exteriores a todos os países importadores de carne brasileira.

Voltando à agenda deste capítulo, a prioridade de punir despacha para depois ou para nunca a prioridade de prevenir e corrigir, que, em muitos casos, até evita a necessidade de punir, o que seria a felicidade de todos os juízes. Em defesa da prioridade de prevenir e corrigir peço licença para invocar um exemplo remoto, mas cada vez mais aplicável a nosso presente e a nosso futuro: o exemplo do presidente Tancredo Neves, tema do próximo capítulo.

10. O EXEMPLO DE TANCREDO

A lista de citados nas mais de setenta delações premiadas de executivos do Grupo Odebrecht, confirmada a 11 de abril de 2017, incluía quatro ex-Presidentes da República — Dilma, Lula, Collor e até Fernando Henrique Cardoso. Emílio Odebrecht, pai de Marcelo, presidente do Conselho de Administração do grupo e seu maior acionista, tinha mencionado em sua delação o pagamento de contribuições às campanhas presidenciais de Fernando Henrique, "em 1993 e 1997", contribuições que para os mais extremados não passariam de propina e, portanto, de corrupção.

Emílio errou quanto às datas e seus interrogadores não o corrigiram. Não houve eleições, nem presidenciais nem quaisquer outras, nesses anos. As campanhas de Fernando Henrique foram em 1994 e 1998 e naturalmente a Odebrecht contribuiu, como deve ter contribuído para as campanhas de Lula e outros candidatos derrotados (em 94, Orestes Quércia, Brizola e o subestimado Dr. Enéas Carneiro, que ficaria em terceiro lugar; em 98, Lula, Ciro Gomes e de novo Dr. Enéas, em quarto lugar).

O transcurso do tempo e a idade de Fernando Henrique, que reduz à metade o tempo de prescrição de qualquer processo criminal, tornariam insubsistente qualquer ação contra ele a pretexto dessas contribuições. Em tempos normais, a citação de Fernando Henrique por Emílio Odebrecht talvez pudesse ser simplesmente arquivada: não naqueles dias suspicazes e paranoicos.

No dia 5 de junho o ministro Edson Fachin, do Supremo, teve de despachar para a Justiça de 1ª instância de São Paulo, essa coisa ridícula, que poderia ser convertida em ação criminal contra Fernando Henrique, pelo suposto crime de corrupção passiva (recebimento de propina). Só um mês depois, a 5 de julho, um juiz federal de São Paulo, Márcio Assad Guardia, arquivou o processo, que mobilizou a advogada de Fernando Henrique, Flávia Rahal, e igualmente o Ministério Público, que foi favorável ao arquivamento.

Mas não era só Fernando Henrique — eram mais de cem citações que vão entupir a agenda de juízes e tribunais só porque o clamor das ruas foi induzido a acreditar que todas as contribuições a candidatos nas eleições das últimas décadas carregam com elas o pecado original da propina.

Já que a delação premiada de Emílio Odebrecht pôde comportar uma escavação arqueológica que mergulhou até a campanha de 1994, a primeira de Fernando Henrique, bem que ela poderia andar mais dez anos para trás (ou para o fundo) e chegar à campanha de 1984, quando Tancredo Neves transformou uma eleição indireta, pelo colégio eleitoral, numa virtual eleição direta, e devolveu ao país o governo civil e aos brasileiros a autoestima e a prerrogativa de povo adulto, de escolher seu presidente pelo voto direto.

O financiamento da campanha de Tancredo pelo Caixa 2 foi recentemente levantado, com uma ponta de escândalo na mídia, pelo livro *Tancredo Neves, o príncipe civil*, do jornalista Plínio Fraga. Seria bom, diante disso, que alguém levantasse também o financiamento da campanha das Diretas Já, de janeiro a abril de 1984, que precedeu a campanha de Tancredo.

O governo Figueiredo acusou os dez governadores eleitos pela oposição em 1982 de terem usado seu poder político para financiar os comícios gigantescos das Diretas Já — o que só poderia acontecer pelo Caixa 2. Um caso específico denunciado pelo governo Figueiredo foi o do metrô de São Paulo, de propriedade do governo do estado e controlado, portanto, pelo governador Franco Montoro, do PMDB e um dos maiores líderes da campanha.

O grande comício de 25 de janeiro, na Praça da Sé, que reuniria mais de cem mil pessoas, coincidiu com o feriado do aniversário de São Paulo. Em função das comemorações da data, mas também de olho no comício, Montoro autorizou que o metrô funcionasse o dia inteiro com as catracas abertas, sem cobrar passagem. As bocas de saída do metrô na Praça da Sé davam todas para o comício.

Um auditor implicante e um guarda livros neuroticamente meticuloso poderiam calcular o quanto o metrô perdera de dinheiro público com as passagens não cobradas. Seriam cinquenta mil, oitenta mil das mais de cem mil pessoas presentes ao comício?

Nunca se perguntou se a campanha das diretas teve algum financiamento pelo Caixa 2. Ela foi organizada e liderada pelos partidos de oposição, sobretudo o PMDB, o PT e o PDT de Brizola, sujeitos à fiscalização da Justiça Eleitoral e às iniciativas do Ministério Público Eleitoral. Nunca se perguntou também sobre o financiamento da campanha presidencial de 1984, mas a Justiça Eleitoral nada teve a ver com ela, porque a eleição cabia ao Colégio Eleitoral e o Colégio Eleitoral era dirigido pela Mesa do Senado.

A campanha eleitoral oposicionista de 1984 — posso dizer, como assessor de imprensa de Tancredo Neves nesse período — não exigiu os gastos que pesaram sobre a campanha de Maluf, o candidato governista, com a compra de votos, primeiro na convenção do PDS e depois no colégio eleitoral. A ação de Maluf nos meses anteriores à convenção acabou provocando no PDS a grande dissidência que asseguraria a vitória de Tancredo pela diferença de 300 votos no colégio eleitoral — diferença que foi quase o dobro da votação de Maluf, 180 votos.

[Relendo este capítulo, na revisão do livro antes de sua entrega para impressão, e levando em conta que ainda vou falar mais de Maluf naquela campanha, quero encaixar aqui um protesto. Na campanha vivíamos uma luta política, agora vivemos uma caçada judiciária: foi uma coisa desumana Maluf ficar preso entre as vésperas do Natal de 2017 e as vésperas na Páscoa de 2018, nas condições de saúde que já apresentava ao ser preso, com 86 anos de idade, câncer da próstata, perdendo a visão do olho que lhe restava, sérios problemas cardiológicos e de coluna e dependendo da ajuda de companheiros de cela para levantar-se da cama, ir ao banheiro, sentar no vaso e entrar no chuveiro. Se não fosse a coragem do ministro Dias Toffoli, que o transferiu para o regime de prisão domiciliar em São Paulo, com direito a tratamento hospitalar e ambulatorial fora de casa, Maluf poderia ter morrido da Prisão da Papuda ou em algum hospital de Brasília de escolha de seus carcereiros, sob a guarda do Estado justiceiro em que fomos mergulhados — acrescentando-lhe à folha corrida mais um cadáver, depois do suicídio do reitor Cancellier, de Santa Catarina. Mas volto à eleição de Tancredo Neves.]

Embora a campanha oposicionista não precisasse comprar votos, devo ressalvar o que ouvi na época de um colega alheio à campanha: que houve a solitária exceção de um voto de um dos estados da Amazônia, pago por iniciativa de um grupo local assustado com o som e a fúria da propaganda malufista.

Não tenho dúvida de que os malufistas tentaram comprar votos nas bancadas de oposição e da dissidência do PDS. Coube-me organizar a entrevista coletiva em que o deputado Alceni Guerra, dessa dissidência, contou no comitê eleitoral de Tancredo sobre as ofertas que recebera da campanha de Maluf. Coube-me também organizar a cobertura pela mídia, sobretudo a TV, da chegada do deputado Mário Juruna, do PDT, à agência do Banco do Brasil na Câmara dos Deputados, para devolver na boca do caixa o dinheiro que recebera de Calim Eid, o principal dirigente da campanha malufista.

Salvo no caso amazônico do qual não tenho certeza, a campanha de Tancredo não teve gastos como esses, nem com os custos de produção de TV e os honorários faraônicos de marqueteiros a partir de 1989. Mas precisava de dinheiro, por exemplo, para viagens, comícios e outros eventos, diárias de hotel e uns poucos salários.

Nosso comitê de campanha em Brasília contrastava muito com o de Maluf. O dele ocupava um andar inteiro do enorme e caríssimo Hotel San Marco, o nosso um conjunto de poucas salas no pequeno edifício Guanabara, no Setor Comercial Sul, onde era comum grupos de visitantes terem de esperar de pé, por falta de cadeiras.

Os custos da segurança tinham contrastes dentro da própria campanha. Seu chefe, o tenente-coronel Péricles Fourreaux, e seus auxiliares imediatos, o major Edson Wagner e o capitão Pimenta — os três licenciados da Polícia Militar de Minas — dividiam um mesmo apartamento num hotel modestíssimo perto do comitê. Mas o jatinho que servia a Dr. Tancredo era exclusivo, não podia ser usado para qualquer outra viagem. Mesmo que ele não o usasse, o jatinho ficava sob guarda permanente, dia e noite, de pelo menos três sargentos também licenciados da PM mineira, de confiança de Fourreaux e seus segundos. A guarda do jatinho devia custar mais caro que a hospedagem dos oficiais.

Ainda bem, porque as ameaças eram ininterruptas. Como conto na biografia Tancredo Neves, *A Noite do Destino*, sabotaram o avião de um amigo do governador José Richa, do Paraná, que levara a Brasília o General Leônidas Pires Gonçalves e o levaria de volta a Porto Alegre, depois de um encontro com Dr. Tancredo, encontro cujo segredo foi furado pelo SNI.

No curto intervalo em que o piloto deixou o avião, para ir ao banheiro e comer um sanduíche na estação de passageiros do aeroporto de Brasília, alguém entrou na cabine de comando e desligou o interruptor que mantinha em funcionamento o sistema de aquecimento das turbinas. Se o piloto, antes de decolar de volta, não fizesse uma checagem que normalmente só se faz na revisão periódica do avião, o desligamento desse interruptor permitiria tal formação de gelo, nas altitudes muito frias em que voam os jatinhos daquele tipo, que as turbinas travariam e o avião cairia, matando todos os passageiros.

Só vim a saber dessa tentativa de sabotagem anos depois, quando Richa me contou ter ouvido isso do próprio piloto, assustado com o episódio. Mas eu sabia de uma coisa que na hora escondemos: Tancredo e Sarney estavam sob ameaça de morte no primeiro comício da campanha, em Goiânia. E sabia de outra coisa que nem pensamos em esconder, porque era pública: incendiaram nosso comitê num fim de semana deserto de gente em Brasília.

Bastam esses fatos para explicar por que aquela campanha só podia ser financiada pelo Caixa 2. Mas Tancredo tratava dinheiro de campanha da forma praticada e recomendada pelo presidente Getúlio Vargas, de quem fora Ministro da Justiça em 1953 e 1954. Em 1951, quando seu jovem afilhado de casamento Leonel Brizola candidatou-se pela primeira vez a um mandato majoritário, o de prefeito de Porto Alegre, Getúlio advertiu-o para as armadilhas do financiamento eleitoral:

— Por isso, trate sempre o dinheiro de campanha como se fosse dinheiro público.

Tancredo tinha o poder quase mágico de descobrir certas coisas a tempo de corrigi-las antes de causarem dano maior ou, melhor ainda, de antecipar-se e impedir sua consumação. Em 1962, quando deixou o cargo de Primeiro-Ministro — na curta experiência parlamentarista depois da renúncia do presidente Jânio Quadros e do frustrado golpe para impedir a posse do vice João Goulart — ele ouviu a pergunta de um jornalista:

— Em sua opinião, o que foi que aconteceu de melhor enquanto o senhor foi Primeiro-Ministro?

— Acho — respondeu Tancredo — que o que aconteceu de melhor foram as coisas que eu não deixei acontecer.

Na campanha presidencial de 1984, ele não deixou acontecer muita coisa, mas aconteceu pelo menos uma que ele corrigiu na mesma hora — sem que dela resultasse qualquer prejuízo.

Três importantes políticos que o apoiavam e participavam com muita evidência de sua campanha um deles governador de Estado — foram a São Paulo, sem que ele soubesse, para uma segunda rodada de chapéu, como o episódio ficou conhecido pelas pouquíssimas pessoas sabedoras dele. Esse governador e seus dois comparsas procuraram o futuro ministro Olavo Setúbal, dono do Banco Itaú, a quem pediram que providenciasse mais dinheiro.

Setúbal supôs que o orçamento da campanha de Tancredo tivesse estourado e atendeu ao pedido. Mas estranhou, porque o orçamento fora feito com o maior cuidado. Depois de alguma hesitação, telefonou a Roberto Gusmão, Secretário de Governo e principal articulador político do governador Franco Montoro. Gusmão desconfiou dos verdadeiros motivos do pedido a Setúbal e na mesma hora telefonou a Tancredo:

— Tancredo, vieram aqui Fulano (o governador), Sicrano e Beltrano, querendo dar a impressão de que tinham sido mandados por você...

Na verdade, Fulano, Sicrano e Beltrano queriam aproveitar a campanha de Tancredo para começar a arrecadação de contribuições para suas futuras campanhas em 1986, quando haveria eleições para o Senado, a Câmara e os governos de Estado.

Tancredo não teve um minuto de hesitação: na mesma hora chamou o governador e fez os três embarcarem para São Paulo no primeiro voo, a fim de devolver o dinheiro. Isso valeu como um aviso a todos os possíveis futuros candidatos dos partidos e grupos que apoiavam Tancredo e também, por intermédio de Setúbal, a todos os empresários que contribuíam para a campanha.

Tancredo era um espírito muito arguto, mas também romântico — e apostava no melhor do ser humano. Foi assim que ele enfrentou e derrotou uma ditadura de vinte anos e nos abriu as portas de uma transição hoje ameaçada, mas que nos deu mais de trinta anos de liberdades públicas e vida muito mais democrática que em qualquer período anterior de nossa história.

———

Não sei por que nunca me preocupei — nem eu, nem a Justiça Eleitoral e o Ministério Público — com o financiamento das campanhas nas eleições de 1986, para a Assembleia Nacional Constituinte e para os governos de Estado e assembleias estaduais. Mal restabelecido o governo civil, pouco se pensava e falava nessas coisas. O maior combustível dessa campanha foi o sucesso inicial do Plano Cruzado, com o congelamento de preços e a inflação reduzida de mais de 200 para menos de 10% (em alguns momentos zerada e até abaixo de zero). O PMDB conseguiu maioria absoluta na Constituinte e elegeu todos os governadores menos um, da Frente Liberal, sua associada na Aliança Democrática que elegera Tancredo.

Já em 1985, porém, começara a explosão demográfica dos partidos políticos. Nesse ano, o primeiro depois dos governos militares, houve eleições para prefeito em todas as capitais de Estado e municípios antes considerados de segurança nacional, cujos prefeitos eram nomeados. Só nesse ano surgiram mais de dez partidos novos, alguns de aparência bem convencional, como o Partido Comunitário Nacional, o Partido Democrático Independente e o Partido Municipalista, outros nem tanto, como um Partido Tancredista Brasileiro, fundado pelo apresentador de TV Carlos Imperial para lançar sua candidatura a prefeito do Rio.

Imperial cultivava sem a menor cerimônia um estilo cafajeste e machista que era, em tudo, o oposto de Tancredo. Como assessor de imprensa de Tancredo, estive presente a todos os eventos de sua campanha presidencial e não me lembro de ter visto Imperial em um único deles. Se ele teve qualquer participação na campanha, foi bem escondido. O tal partido era uma tentativa desavergonhada de explorar o sentimento popular ferido pela morte de Tancredo, e foi uma impostura afinal sem o menor resultado, porque Imperial não passou do nono lugar naquela eleição.

Na época da Constituinte, em 1987 e 1988, lembro-me de uma conversa muito esclarecedora no Salão Verde da Câmara dos Deputados, contíguo ao plenário e grande ponto de reunião de parlamentares, visitantes e jornalistas. Chegou lá e logo foi muito procurado e cumprimentado o ex-deputado e ex-ministro Almino Affonso, que não era constituinte por ter sido eleito vice-governador de São Paulo. Em pouco tempo estava formada uma grande roda, da qual só tenho certeza de ter sido integrada também pelo futuro presidente Fernando Henrique Cardoso, então senador.

Já se discutiam as candidaturas à primeira eleição direta para presidente e por alguma razão o debate voltou-se para a questão do atual Caixa 2, na época chamado de caixinha, no diminutivo.

— É — rebateu alguém diante de alguma insinuação —, mas o Ulysses tão tem caixinha.

— Ele não tem, mas os governadores dele têm — repicou um terceiro.

A discussão começava a esquentar quando Almino recolocou as coisas no lugar e todos concordaram:

— O problema não é esse. O que não pode é usar a caixinha em benefício próprio. Peço desculpas a Almino se a memória não me permitiu guardar suas palavras exatas, mas não tenho dúvida de que o sentido era esse.

Para mim, depois de ter vivido a campanha de Dr. Tancredo, o depois chamado Caixa 2 era inevitável naquelas circunstâncias e até que se conseguisse inventar um novo modelo de financiamento eleitoral.

Eu já testemunhara, como jornalista, o escândalo do IBAD, o Instituto Brasileiro de Ação Democrática, nas eleições de 1962, quando uma inundação de dinheiro nativo e principalmente estrangeiro, dinheiro de empresas e da própria embaixada dos Estados Unidos, financiara a eleição de parlamentares e governadores comprometidos ostensivamente com a bandeira do anticomunismo, mas na verdade cooptados para impedir a reforma agrária e as outras reformas sociais e econômicas e combater medidas econômicas de interesse nacional nas áreas do petróleo, da energia elétrica e das telecomunicações.

Para contrabalançar o dinheiro do IBAD, só as contribuições de empresários nacionais que enfrentavam a concorrência de empresas e interesses estrangeiros. Mesmo nas eleições sem enxurradas de dinheiro como a do IBAD, candidatos sem recursos, candidatos de esquerda, centro ou até de direita, não poderiam enfrentar as estrelas do poder econômico de então — caso de Maluf, por exemplo — sem um mínimo de apoio empresarial, obviamente por meio do Caixa 2.

A maioria das campanhas era até barata, diante dos miliardários orçamentos posteriores.

É claro que no meio das solicitações e contribuições empresariais havia entendimentos que caracterizavam alguma troca de apoio ou favores. Sabia-se quem eram os deputados do café, do açúcar, das rodovias, das barragens, como hoje se sabe quem faz parte da bancada da bala, da bancada do boi, da bancada ruralista e até dos planos de saúde.

Mas havia o apoio a causas nada ilegais ou imorais, como os 50 anos em 5 do presidente Juscelino Kubitschek. Não sei quanto as empreiteiras que tinham trabalhado em Minas nos projetos do binômio energia e transportes, que lançaram nacionalmente o então governador JK, viriam depois a apostar em sua candidatura presidencial, na expectativa de novos projetos, em escala federal, nem quanto os futuros pioneiros de Brasília e os empresários e futuros empresários do setor industrial investiram na eleição de 1955, com Juscelino despertando o país da letargia recessiva do governo Café Filho e mobilizando-o para os desafios e para a aventura do desenvolvimento.

Soube, porém, lendo as memórias de Samuel Wainer, fundador da *Última Hora*, que ele procurou uma das empreiteiras de Minas, a Rabello, em busca de ajuda para o jornal. E que a *Última Hora* foi decisiva para a vitória de Juscelino, assim como o velho *Correio da Manhã*, que não sei se foi procurar alguém. Aliás, dizia-se na época que o dono do *Correio*, Paulo Bittencourt, só se deixava subornar por um jantar que ele próprio pagava.

Juscelino, cassado em 1964, foi investigadíssimo pelas forças-tarefa que o governo militar instaurou em seus IPMs para acabar com a corrupção e a subversão no regime civil anterior — e nada se confirmou das acusações de corrupção contra ele. O caso mais barulhento de corrupção que os militares tiveram de punir nos dias iniciais de seu regime foi o de um dos maiores líderes civis do golpe, o governador Ademar de Barros, de São Paulo, afastado do cargo e cassado pelo Marechal Castello Branco.

Em tempos recentes, perdoem a associação de ideias, um acusador feroz no Congresso, o senador Demóstenes Torres, acabou com o mandato cassado sob a acusação de ter recebido dinheiro (1 milhão) do bicheiro Carlinhos Cachoeira. O Supremo, depois, anulou provas contra Demóstenes, escutas telefônicas obtidas por meios ilegais.

O modelo de Tancredo na campanha presidencial de 1984 deveria ter sido substituído na eleição em 1989, mas disso não cuidaram adequadamente nem o Congresso, nem a Constituinte, nem a Justiça Eleitoral, nem o Ministério Público nem o Supremo, este ainda tateando no reconhecimento de seus poderes e limites pela nova Constituição.

Na eleição presidencial de 1989 é que apareceram os marqueteiros e os orçamentos milionários de campanha, sobretudo para pagar o custo de produção de filmetes e programas de TV acessíveis a todos os candidatos, nos horários gratuitos controlados pelos tribunais eleitorais. Os partidos dispunham, nesses horários, transmitidos em rede nacional, de tempo proporcional a sua representação no Congresso — o que disparou, de saída, a busca de coligações partidárias e de adesões a partidos envolvidos na disputa, em busca de mais tempo de TV para os candidatos.

O candidato com mais tempo de TV e rádio era Ulysses Guimarães, independentemente de qualquer coligação, porque seu PMDB ainda era o maior partido no Congresso. O de menor tempo era provavelmente o médico Enéas Carneiro, que mal dispunha de alguns segundos, nos quais encaixava o bordão "Meu nome é Enéas!", mais que um bordão, um brado de guerra que o levaria ao 12º lugar entre os 22 candidatos, mas nas eleições seguintes daria a ele o quarto e até o terceiro lugar. Ulysses, com todo o tempo de que dispunha, não ficou muito melhor: foi o sétimo, atrás de Fernando Collor, Lula, Brizola, Covas, Maluf e Guilherme Afif.

No início daquele ano ou no fim de 1988, tive o privilégio de ser o primeiro jornalista a entrevistar Enéas na TV. Grande cardiologista, ele era médico de meu colega Luís Carlos de Oliveira, diretor de jornalismo da Bandeirantes no Rio, e contou, depois de uma consulta, que estava organizando um partido político, o futuro Prona (Partido de Reedificação da Ordem Nacional), só para mostrar a facilidade irresponsável com que isso acontecia e qualquer novo partido conseguia ser registrado (caso daquela impostura chamada Partido Tancredista de 1985). Essa não era coisa que se dissesse impunemente a um jornalista do taco certeiro de Luís Carlos, que me propôs, imediatamente, entrevistar aquele transgressor de assustadora barbaça negra e olhos fulminantes atrás óculos de lentes grossas e enormes. Enéas dava todo ano cursos de extensão em Cardiologia e já tinha ex-alunos em todos os estados. Com uma carta circular, propôs a esses ex-alunos organizarem a brincadeira de um novo partido e cada um deles arrecadou as assinaturas necessárias. O partido acabou registrado e Enéas, um homem sério e íntegro, disputou a eleição presidencial, assim como outros partidos e candidatos sem a menor seriedade.

Era o caso, pelo menos, de um candidato registrado com o nome de Marronzinho e de um Antonio Pedreira, que se ofereciam para, devidamente pagos, usar os respectivos horários difamando algum adversário, atribuindo-lhe propósitos que não tinha. Esse recurso foi usado até pela campanha do futuro presidente Fernando Collor, ao espalhar que Lula confiscaria o dinheiro de todas as contas de poupança — dinheiro afinal sequestrado pelo próprio Collor. Pedreira era também apontado como antigo cabo ou sargento da Marinha, torturador de presos políticos.

No lado invisível, não delatado, daquela campanha, jornalistas de Curitiba ficaram sabendo que o famoso PC Farias, tesoureiro da campanha de Collor, telefonou um dia para o empresário Pedro Prosdócimo, um dos mais importantes do Paraná, e cobrou uma contribuição em dinheiro que já devia ter chegado e não chegara:

— Vocês querem eleger o Lula? — perguntou PC — Vocês não sabem o que ele vai fazer com vocês?

— Mas já entregamos — respondeu Prosdócimo. — Entregamos ao Martinez.

Martinez era o deputado José Carlos Martinez, um dos primeiros do PMDB a bandear-se para Collor e tesoureiro da campanha deste no Paraná. Martinez passara a perna no temido PC Farias e já organizava seu Caixa 2 para a campanha de 1990, quando pretendia ser candidato a governador do Paraná. Nessa eleição, Martinez venceu no primeiro turno, mas foi derrotado no segundo pelo hoje senador Roberto Requião.

Como prêmio de consolação, Martinez gabava-se depois, inclusive conversando com jornalistas de Curitiba, de ter sido promovido a intermediário político de todas as verbas federais destinadas pelo governo Collor ao Paraná.

Nesse clima, a campanha eleitoral de 1989 multiplicou em benefício político ou financeiro de seus tesoureiros nacionais e locais o dinheiro arrecadado para as campanhas e abriu um mercado de trabalho sem limites para a profissão de marqueteiro. Esses dois cargos, tesoureiro e marqueteiro, tornaram-se mais disputados que qualquer mandato ou ministério. Contrastando com a campanha de 89, a campanha presidencial de Tancredo em 1984 não teve marqueteiro nenhum. Mas teve a vigilância e o rigor, sem rancor nem mau-humor, com que ele sabia controlar seus adeptos e colaboradores.

Um marxista mal-humorado diria, discutindo sociologicamente o fenômeno da corrupção, que ela é inseparável do capitalismo, sobretudo da permissividade empresarial e da desregulamentação do capitalismo neoliberal. Vejam aí o Trump, exemplificaria ele, lembrando o que se soube das práticas comerciais, trabalhistas e fiscais, coisa de gangster, do ainda candidato à presidência dos Estados Unidos.

Um marxista bem humorado e o próprio Marx lembrariam, porém, que a corrupção é muito anterior ao capitalismo e já no século 13 Santo Tomás de Aquino falava na *oculta compensatio* que corrigia alegadas injustiças ou insuficiências nas transações entre as criaturas de Deus. Mergulhando mais longe, Marx poderia citar casos registrados de corrupção entre os ricos e poderosos da Grécia antiga e dos impérios Persa e Romano. Ainda mais longe, afundando no mais remoto passado bíblico, ele chegaria à casa do herdeiro do fundador Abraão, Isaac, quando o filho deste, Jacó, o mais querido da mãe Rebeca, subornou o irmão Esaú com a propina de um prato de lentilhas, para apoderar-se da benção paterna e respectivos benefícios patrimoniais.

Com certeza a corrupção conseguiu conviver com todos os modelos econômicos inventados pela sociedade humana e para enfrentá-la não vai ser suficiente acumularmos penas de prisão que somem milhares de anos, nem mais de duzentas conduções coercitivas e as prisões preventivas intermináveis que o Supremo, enfrentando pressões indisfarçadas da mídia, nem sempre pode revogar. A famosa Operação Mãos Limpas, da Itália, tão citada em defesa dos abusos de hoje no Brasil, o que acabou provocando foi a emergência e a longa duração da corruptíssima era Berlusconi.

Prenderíamos Tancredo por sua campanha de 1984? Vamos agora prender o ex-presidente Fernando Henrique porque sua campanha recebeu recursos do Caixa 2 em 1994 ou 1998?

Em junho, no julgamento pelo Tribunal Superior Eleitoral (TSE) do processo que poderia resultar na cassação da chapa Dilma Rousseff-Michel Temer na eleição presidencial de 2014, o relator Herman Benjamin chegou a dizer em seu voto que o Caixa 2 bastava para cassar, não precisava que se tratasse de propina. O Presidente do Tribunal, ministro Gilmar Mendes, mostrou-se preocupado com a equiparação de qualquer contribuição eleitoral via Caixa 2 a propina, confusão sacralizada pela mídia. Era o caso de Fernando Henrique, mencionado numa delação transferida do Supremo para a Justiça de São Paulo.

Gilmar, inicialmente, não falou em Fernando Henrique, mas citou dois antigos parlamentares mencionados nas delações e também sujeitos a processo e cassação: Jarbas Vasconcelos e Roberto Freire. Depois mencionou Fernando Henrique, que voltaria a mencionar no Supremo. Não foi preciso dizer mais nada, todos entenderam.

O que ficou no ar foi o seguinte: se forem cassar todos os deputados que receberam recursos do Caixa 2, muitos sem saber, pois receberam ajuda do respectivo partido, o TSE vai cassar metade, pelo menos, da Câmara dos Deputados. E quantos senadores? O que sobrar terá condições políticas de exercer o poder legislativo na antevéspera de uma eleição presidencial e parlamentar que exige uma imediata e radical reforma política a ser votada pelo Congresso, não imposta pelo Supremo?

Nestes dias estamos diante da evidência de que alguma alternativa tem de ser encontrada no plano político para que as eleições de Presidente da República, do Congresso, dos governos e assembleias estaduais e das câmaras e prefeitos municipais possam colocar alguma coisa melhor no lugar das contribuições de pessoa jurídica proibidas pelo Supremo Tribunal. E no lugar do Caixa 2, que nem todos — muito menos numerosos do que supomos em nosso furor punitivo — nem todos, repito, usaram em proveito próprio nas eleições anteriores.

11. O CASO AÉCIO

Depois vieram outras acusações e ele se tornou réu em processo-crime no Supremo, mas o caso Aécio Neves começou com indiscutíveis abusos de poder na mobilização da Procuradoria-Geral da República para o flagrante armado da conversa que Joesley Batista gravou.

Na virada de março para abril de 2017 e antes da divulgação dessa conversa, Aécio, então presidente do PSDB e último candidato desse partido à Presidência da República em 2014, foi condenado à morte política pela mídia.

O linchamento público começou na tarde de 1º de abril, com uma capa da revista *Veja* com o título "A Vez de Aécio" ao pé de uma foto sombria dele. A capa e os fatos imediatos eram apenas o começo. Dias depois, a aparição de seu nome na chamada lista de Fachin, a lista dos delatores do grupo Odebrecht, levou a mídia a declarar o óbito da candidatura de Aécio à eleição presidencial de 2018 e à especulação, espontânea ou plantada, de que o PSDB já se voltava para o novo prefeito de São Paulo, João Dória Jr., como a novidade a ser oferecida ao decepcionado, revoltado e envenenado eleitor brasileiro de classe média.

Muitos eleitores da ex-presidente Dilma, muitos partidários e defensores de Lula podem ter achado que era bem feito Aécio provar o castigo que ajudara a infligir aos dois. Ouvia-se mesmo dizer: *"Pois é, quando era contra a Dilma e o Lula, Aécio ia para a rua panfletar a* Veja *nas manifestações."*

Rancores e ressentimentos à parte, o fenômeno era o mesmo — todos atingidos por delações e vazamentos e pela radiação venenosa de uma combinação química, uma reação em cadeia, que juntava este ou aquele vazamento, esta ou aquela delação, com esta ou aquela decisão judicial ou iniciativa do Ministério Público e produzia o que Aécio chamou, em discurso no Senado, de cerceamento do direito de defesa de políticos vítimas de delações vazadas e sem condições de se defender, por não terem acesso ao conteúdo completo dos depoimentos.

O linchamento de Aécio começou com a edição da *Veja* distribuída no sábado, 1º de abril. A expectativa, naqueles dias, era o ministro Fachin levantar o sigilo das delações da Odebrecht, ou seja, torná-las públicas oficialmente, no site do Supremo. Os vazamentos se multiplicavam e as apostas superestimavam as chances de citações a Aécio, já que outros protagonistas não eram mais novidade.

Segundo a *Veja*, em seu site na segunda-feira, "o senador Aécio Neves é o terceiro grão-tucano a cair na teia de delações da Odebrecht — e em relação aos seus antecessores, José Serra e Geraldo Alckmin, é seguro dizer que sua situação é um pouco pior. E pode se complicar ainda mais".

A *Veja* teria tido acesso, com exclusividade, ao conteúdo da delação do ex-presidente da Odebrecht Infraestrutura, Benedicto Júnior, um dos 78 executivos cuja delação estava sob sigilo.

Em seu depoimento, BJ, como é conhecido, afirmou que a construtora baiana fez depósitos para Aécio em conta sediada em Nova York operada por sua irmã e braço-direito, a jornalista Andrea Neves. De acordo com BJ, os valores foram pagos como "contrapartida" — essa é a expressão usada na delação — ao atendimento de interesses da construtora em empreendimentos como a obra da Cidade

Administrativa do governo mineiro, realizada entre 2007 e 2010, e a construção da usina hidrelétrica de Santo Antônio, no estado de Rondônia, de cujo consórcio participa a Cemig, a estatal mineira de energia elétrica.

No mesmo sábado, Andrea Neves, chorando, gravou um vídeo desmentindo as acusações. No domingo, o PSDB divulgou um manifesto de desagravo a Aécio, assinado por algumas de suas principais lideranças, inclusive ministros e governadores, no qual exigia o fim do sigilo nas delações da Lava Jato.

Na terça, quando o Senado reabriu seus trabalhos, Aécio discursou para protestar. Em situação normal no país, as TVs e a mídia inteira teriam saído correndo em busca de Andrea e Aécio, para ouvi-los. Mas na situação anormal e envenenada daqueles dias, os dois entraram na lista negra dos que não deviam ter a oportunidade de contar seu lado da história. Andrea teve de recorrer a um vídeo e Aécio, de esperar até terça-feira para falar no Senado. No discurso, ele declarou:

— É mentirosa a reportagem da revista *Veja*, que me acusou de ter recebido recursos ilícitos da Odebrecht em uma conta que seria operada por minha irmã em Nova York.

E contou que seu advogado, Alberto Toron, tinha entrado em contato com o advogado de defesa de Benedicto Júnior, Alexandre Wunderlich, e que este negara haver na delação premiada de Benedito qualquer menção a Andrea Neves ou à conta bancária em Nova York.

— Diante disso — cobrou Aécio —, bastaria a *Veja* checar se tal conta realmente existe, para comprovar a inverdade da denúncia.

É claro que o desmentido de Wunderlich não foi capa da *Veja*, embora desmontasse o vazamento que servira para a capa que deu início ao linchamento público de Aécio.

A capa da *Veja* a 1º de abril, que o destino, maldosamente, fez coincidir com o dia dos mentirosos (estou pensando no Benedito), foi completada dez dias depois (a 11 desse mês) pelo levantamento do sigilo das delações da Odebrecht, horas depois do vazamento de sua lista detalhada pelo jornal *O Estado de S. Paulo*. A multiplicação de vazamentos era de tal ordem que o falecido senador Romeu Tuma poderia repetir agora a frase que disse, quando diretor da Polícia Federal anos antes, referindo-se ao vazamento de contrabando de drogas pelo Aeroporto do Galeão, no Rio:

— Essas delações têm mais buraco que queijo suíço!

Publicadas oficialmente as delações da Odebrecht, não vi, no noticiário da mídia, a confirmação das acusações atribuídas a Benedito Júnior no vazamento plantado na *Veja*. Será que alguém falsificou ou inventou um vazamento e conseguiu passar a perna na vigilância e no desconfiômetro dos editores da *Veja*?

Quem levou à *Veja* o falso vazamento da delação de Benedito Júnior sabia que essa mentira teria pernas longas, incorporada à verdadeira centopeia de acusações que paralisaram Aécio, ameaçado de prisão e suspenso do exercício do mandato de senador, e levaram à prisão, de cabelo cortado e uniforme de presidiária, sua irmã Andrea Neves.

Quando a capa da *Veja* começou a circular, no sábado 1º de abril, com a manchete "A vez de Aécio", os investigadores do Ministério Público e da Polícia Federal já sabiam e talvez estivessem de posse das conversas de Joesley com Aécio e Andrea — conversas gravadas uma semana antes no curso das "ações controladas" que eles e Joesley combinaram e planejaram a partir da gravação com Temer. Diante das gravações e imagens obtidas nessa coprodução cinematográfica de modelo verdadeiramente hollywoodiano, quem se lembraria de que eram falsas as "revelações" da delação vazada para a *Veja*?

Assim que tomaram fôlego, no início da noite de 17 de maio, depois de noticiar a conversa grampeada de Temer com Joesley Batista, os anunciadores da TV começaram a contar a história, na versão da Procuradoria da República, das conversas igualmente grampeadas de Joesley com Aécio e Andrea. Depois veio a divulgação das imagens filmadas das entregas de dinheiro, tanto ao primo de Aécio, Fred, quando ao ex-deputado Rodrigo Rocha Loures.

O caso de Rocha Loures nada tinha a ver com o de Aécio. Rocha Loures fora assessor de Temer na Presidência da República e foi procurado por Joesley como alguém que poderia encaminhar seus interesses junto a órgãos do governo. Aécio e Andrea conversaram com Joesley por outros motivos, que nada tinham a ver com o governo e a qualquer contrapartida na esfera governamental.

Se um delator diz, numa suposta confissão vazada para a *Veja*, que Aécio recebia da Odebrecht propinas canalizadas para uma conta bancária de Nova York sob controle de sua irmã Andrea, o leitor e o telespectador comum não têm porque desacreditar, tantos foram antes os vazamentos confirmados pela divulgação oficial das delações. E o fato de as delações divulgadas oficialmente confirmarem tantos vazamentos deixava a impressão de que todos os vazamentos eram verdadeiros e igualmente verdadeiras as afirmações tantas vezes mentirosas dos delatores.

O mesmo leitor ou telespectador que acreditou na reportagem de capa da *Veja* de 1º de abril, não desmentida depois que a delação verdadeira foi oficialmente publicada e comprovou sua falsidade, teria todas as razões, depois, para acreditar nos pretextos da prisão de Andrea e do amordaçamento de Aécio, que teve suspenso o exercício de seu mandato de senador e só não foi preso porque senadores e deputados, mesmo com o mandato suspenso, não podem ser presos a não ser em flagrante de crime não afiançável.

Na manhã de 18 de maio, as gravações e vídeos de Joesley consumiram como uma onda de gafanhotos ou devastaram como um terremoto muito do que era sólido na vida de Aécio e Andrea. Aécio não foi preso, mas foi suspenso, teve de se licenciar da presidência do

PSDB e não conseguiu ao menos dar uma entrevista para exercer seu direito de defesa e afirmar sua presunção de inocência até prova em contrário.

Aliás, a anulação do direito de defesa de ambos vinha desde a capa da *Veja* a 1º de abril, quando Andrea e Aécio tiveram de recorrer a vídeos sumários nas redes sociais porque a mídia já não lhes permitia responder às acusações na mesma medida em que estas eram feitas.

Andrea foi presa e, embora presa preventivamente, conduzida a uma penitenciária em Belo Horizonte, onde a fotografaram (e deixaram vazar essas fotos) com o cabelo cortado e vestida com o uniforme de presidiária.

As primeiras versões, logo desfalcadas de detalhes essenciais, diziam que Aécio falara com Joesley e depois pedira a Andrea que fosse conversar pessoalmente com ele, porque precisava de recursos para custear a própria defesa. Inicialmente Andrea sugeriu que Joesley comprasse o apartamento de sua mãe Inês Maria, em São Conrado, no Rio, que já estava à venda.

Joesley não se interessou, porque uma operação de inocência indiscutível como a compra e venda de um apartamento não atenderia ao que ele prometera aos investigadores do Ministério Público e da Polícia Federal: comprometer Aécio de tal modo que no dia seguinte ele estivesse morto politicamente e moralmente linchado. Joesley precisava envolver Aécio em alguma operação financeira que pudesse ser caracterizada como propina e, portanto, corrupção.

Aécio não sabia que Joesley já estava a serviço da investigação contra Temer, que Joesley já gravara Temer e já combinara com os investigadores uma ação controlada para filmar uma nova conversa com Temer em Nova York. Aécio não sabia que Joesley prometera gravar conversas contra ele e protagonizar ações controladas que acabariam com sua carreira e sua reputação.

Descartada a venda do apartamento de sua mãe, Aécio propôs que Joesley lhe emprestasse dois milhões de reais e ofereceu como garantia do empréstimo outro apartamento da família. Joesley aceitou emprestar o dinheiro, mas recusou a garantia do apartamento, a pretexto de que não tinha cabimento duvidar da palavra de Aécio. Na verdade, Joesley não podia permitir a consumação de qualquer garantia, pois isso não sustentaria a imaginada e planejada versão de propina e corrupção.

Joesley fez mais. Foi dele a decisão de entregar em dinheiro vivo, e em quatro parcelas de 500 mil, os dois milhões do empréstimo. Foi assim que ele pôde organizar com a Polícia Federal a ação controlada da filmagem da entrega da primeira parcela. Quem duvidaria, confrontado com essas imagens, de que os dois milhões não eram um empréstimo, e sim propina e, portanto, corrupção?

Aécio foi afastado do Senado pelo ministro Edson Fachin. O Procurador-Geral da República, Rodrigo Janot, alegou risco de Aécio usar seu poder para atrapalhar as investigações e pediu também prisão de Aécio, mas Fachin entendeu que a Constituição proibia a prisão nesse caso e determinou o afastamento.

No fim de junho, o ministro Marco Aurélio Mello derrubou o afastamento de Aécio das funções parlamentares. Com isso, ele poderia retomar as atividades no Senado. Na mesma decisão, Marco Aurélio negou o pedido da Procuradoria-Geral da República para prender Aécio.

O caso de Aécio passou a Marco Aurélio porque Fachin decidiu fatiar as investigações da delação da JBS. O ministro também derrubou outras restrições aplicadas ao senador, como a proibição de falar com outras pessoas investigadas junto com Aécio — como sua irmã, Andrea — e também de deixar o país.

12. AS PRISÕES REVOGADAS, DO GOLEIRO BRUNO A JOSÉ DIRCEU

Iniciada em fevereiro, a série de ordens de *habeas corpus* de ministros e turmas do Supremo culminaria, na tarde de 29 de abril, com o fim da prisão preventiva de José Dirceu, e desencadearia mais uma campanha da mídia e da força-tarefa do Ministério Público em defesa das prisões preventivas prolongadas.

No dia 24 de fevereiro, o ministro Marco Aurélio concedeu *habeas corpus* ao goleiro Bruno, preso já por quase sete anos e condenado a mais de vinte por ter mandado matar a ex-namorada Elisa Samudio, mãe de um filho seu. Bruno tinha direito de ser solto, segundo o ministro, porque sua condenação ainda não fora confirmada pelo Tribunal de Justiça de Minas, quatro anos depois de seus advogados terem entrado com o recurso (de apelação) a que ele e qualquer outro réu, por mais brutal que seja o crime, têm o mesmo direito.

Era o princípio da dupla jurisdição, que o Supremo discutia desde muito antes, mas em sentido contrário. O que o Supremo decidia era se pode ser preso para cumprir a pena o condenado cuja sentença já tenha sido confirmada pela instância superior, embora ainda tenha direito a outros recursos.

Réus de colarinho branco — e mesmo de sangue, caso do jornalista Pimenta Neves, que matara a ex-namorada — escapavam anos a fio da prisão graças a disporem de dinheiro para custear sucessivos recursos depois do julgamento em segunda instância. O Supremo decidiria, quando concluísse o julgamento da questão, se esses réus aguardariam presos o resultado de seus novos recursos. Era possível dizer que na prática o Supremo já decidira, pois faltava apenas um voto e esse voto não mudaria o resultado, já com maioria folgada a favor da prisão. Mas votos já proferidos poderiam ser alterados antes de concluído o julgamento e proclamado o resultado. Tanto que o ano de 2018 começou sob a expectativa de alguma reversão de voto mudar o placar da decisão.

A libertação de Bruno causou espanto e escândalo e o ministro Marco Aurélio precisou admitir que sua decisão não tinha sido politicamente correta.

No entanto — ponderou — *o Judiciário deve cumprir as leis, mesmo que o clamor popular ecoe em outra direção. Às vezes, o Supremo tem que ser contramajoritário. É função dele tornar prevalecente a ordem jurídica, e foi o que eu fiz. Claro que a minha posição não foi politicamente correta.*

As revelações da Lava Jato haviam levantado tal clamor popular que o ânimo coletivo de punição transbordava dos casos de corrupção para outros casos criminais inteiramente diferentes. O clamor das ruas exigia que alguém fosse punido quando qualquer coisa desse errado ou quando não acontecesse alguma coisa que deveria ter acontecido. Se Bruno tinha de ser solto, alguém tinha de ser punido.

Para Bruno a lei valeu por pouco tempo, porque no dia 25 de abril a 1ª Turma do Supremo revogou o *habeas corpus* e mandou-o de volta à prisão, por entender, acompanhando o voto do relator do caso, ministro Alexandre de Moraes: Bruno não poderia ser solto porque isso iria contra a decisão soberana do júri popular, que negara a ele o direito de recorrer de sua condenação em liberdade.

Para o ministro Marco Aurélio, a revogação de sua liminar foi o que se poderia chamar de uma derrota de Pirro. Se a vitória de Pirro é a vitória em que quem ganha perde, numa derrota de Pirro quem perde ganha. Marco Aurélio perdeu no caso Bruno e provavelmente queria perder, tal a brutalidade do crime e a certeza de que a condenação pelo júri será confirmada.

Mas o caso Bruno, tanto pela brutalidade do crime quanto pela celebridade do goleiro, serviu para chamar a atenção até do público mais indiferente às intermináveis prisões preventivas da Lava Jato, e também do público mais entusiasta delas, para o caráter arbitrário e por isso mesmo ameaçador da ausência de qualquer limite em prisões provisórias que se prolongam sem prazo para terminar.

Deve ter sido esse o propósito do ministro Marco Aurélio ao soltar Bruno, conhecido por muito mais gente que qualquer preso da Lava Jato e estrela minúscula mas muito visível de uma galáxia de 250 mil dos 650 mil habitantes do universo carcerário do Brasil — 250 mil presos provisórios à espera ou do primeiro julgamento de seu caso, ou do julgamento de seu primeiro recurso substantivo (caso de Bruno). A libertação de Bruno — depois de quatro anos à espera do julgamento de sua apelação — despertou o país e a própria Justiça para a iniquidade dessa demora, de responsabilidade exclusiva dos tribunais, não dos réus.

Quase dois meses antes, nos primeiros dias de janeiro, as assustadoras rebeliões em presídios do Amazonas, de Roraima e do Rio Grande do Norte tinham mostrado essa iniquidade e mais ainda o caso de presos cuja pena já fora cumprida mas continuavam presos por não terem advogado para providenciar sua soltura. A ministra Cármen Lúcia, presidente do Supremo, recorreu a suas prerrogativas de presidente do Conselho Nacional de Justiça para promover reuniões de emergência que oferecessem alternativas imediatas às rebeliões e perspectivas a curto e longo prazo à crise carcerária do país. Anunciaram-se mutirões de soltura de presos que já deveriam estar soltos, mas as manchetes, a angústia e o medo daquela ressaca do réveillon logo foram amortecidas, superadas por outras notícias e pela contagem progressiva da TV no avanço irresistível do Carnaval.

No mesmo dia, a 2ª Turma do Supremo decidiu por 3 votos a 2, o mesmo resultado da volta de Bruno à prisão na 1ª Turma, revogar três prisões: as preventivas de João Cláudio Genu, ex-tesoureiro do Partido Progressista (PP), e do lobista Fernando Moura, e a domiciliar do pecuarista José Carlos Bumlai. Nas três decisões o resultado foi 3 a 2.

O site *Consultor Jurídico* comemorou as decisões da 2ª Turma:

— *STF mostra que discorda de longas prisões preventivas da Lava Jato, dizem advogados.*

Não foram apenas as opiniões de advogados que o site publicou. Sua reportagem foi além e lembrou:

— *Houve outros casos que não chegaram ao Supremo, como o do ex-executivo da OAS Mateus Coutinho de Sá. Ele chegou a ficar nove meses preso até ser condenado diante de "prova robusta" de que cometera lavagem de dinheiro e corrupção ativa. Depois da sentença, foi transferido para recolhimento domiciliar. Nesse meio tempo, separou da mulher e deixou de ver a filha. Um ano depois, foi absolvido pelo Tribunal Regional Federal da 4ª Região, por falta de provas.*

Foram nove meses em prisão preventiva, em presídio, até a condenação. Depois de condenado em primeira instância, um ano em prisão domiciliar até o julgamento do recurso. Ao todo, um ano e nove meses, a vida afetiva destruída, e afinal a absolvição em segunda instância, por falta de provas.

Digamos que a prisão preventiva, antes da condenação, fosse justificada pela necessidade da busca de provas, busca que não terá passado de ansiedade dos investigadores — tanto que um tribunal rigoroso como o TRF de Porto Alegre não viu no processo provas suficientes para ao menos aplicar ao prisioneiro uma pena alternativa como a prestação de serviços comunitários.

Esse tribunal absolveu integralmente o prisioneiro, que poderia, se o Brasil estivesse em situação normal, ter aguardado em liberdade o ano passado em prisão domiciliar à espera do julgamento desse recurso. Além, é claro, dos nove meses de cadeia numa prisão preventiva incapaz de descobrir as tais provas "robustas" que o tribunal considerou bem fraquinhas ou inexistentes.

Não são casos isolados — acrescentou o site. — *De acordo com levantamento feito pelo ConJur, as preventivas decretadas pela 13ª Vara Federal de Curitiba na Lava Jato duram em média 281 dias. A pesquisa levou em conta a duração das preventivas de 86 pessoas do início da operação, em março de 2014, até o dia 31 de janeiro deste ano* [2017].

No dia seguinte o *Consultor Jurídico* dedicou um de seus artigos principais a uma declaração do ministro Gilmar Mendes, do Supremo:

O juiz Sérgio Moro passou dos limites e o Supremo Tribunal Federal deixou isso claro ao conceder os habeas corpus *a réus da Operação Lava Jato.*

Uma semana depois, a 2 de maio, a 2ª Turma do Supremo Tribunal Federal concedeu *habeas corpus* a José Dirceu, que estava preso preventivamente no Paraná desde agosto de 2015, mas sujeitou-o a medidas alternativas como a tornozeleira eletrônica. O relator, ministro Edson Fachin, votou pela manutenção da preventiva e foi acompanhado pelo decano Celso de Mello.

O ministro Dias Toffoli abriu a divergência, afirmando que a prisão deve ser a última opção do juiz e que no caso de Dirceu não existiam elementos que indicassem a necessidade de mantê-lo preso. Dirceu fora condenado em primeira instância pelo juiz Sérgio Moro, mas não teve sua apelação julgada pelo Tribunal Regional Federal da 4ª Região.

Acompanhando Toffoli, o ministro Ricardo Lewandowski argumentou que a manutenção da preventiva de Dirceu seria uma forma de antecipação de cumprimento de pena e contrariaria o entendimento já firmado pelo Supremo segundo o qual o cumprimento da pena de prisão só pode ser imposto após a decisão em segundo grau.

Gilmar Mendes desempatou o julgamento, votando pela liberdade de Dirceu. A prisão preventiva — disse — precisa ser adequada e proporcional e Dirceu, por não ter sido sua condenação confirmada em segunda instância, "ainda está em estado de presunção de inocência". O Supremo, além disso, deve atuar de forma contramajoritária, fazendo valer o que diz a Constituição, "ainda que contra a opinião pública".

Dias antes, a 28 de abril, em decisão isolada, Gilmar Mendes concedera *habeas corpus* ao empresário Eike Batista, que nem precisaria estar preso, uma vez que voltou espontaneamente de Nova York para se apresentar à Polícia Federal quando soube da decretação de sua prisão preventiva. Eike, porém, ficou em prisão domiciliar, com tornozeleira eletrônica.

13. LULA VAI AO INTERROGATÓRIO COM 30% NAS PESQUISAS

Lula tinha interrogatório marcado para 10 de maio de 2017 em Curitiba, sobre o caso do tríplex no Guarujá. Pelo menos a experiente comentarista Cristiana Lôbo, da GloboNews, admitiu que o juiz Moro poderia prendê-lo. Apesar disso, das delações da Odebrecht e das muitas e repetidas horas de televisão a que elas foram submetidas, Lula continuava a subir nas pesquisas de intenção de voto para a Presidência da República em 2018.

O que se esperava dessas delações, apresentadas em todos os telejornais com os delatores ouvidos e vistos como se fosse ao vivo, é que elas soterrassem a candidatura de Lula. Dias antes, a 20 de abril, a candidatura de Lula mostrava em pesquisa do Ibope o maior potencial de votos entre nove nomes testados. Pela primeira vez desde 2015 — informava o Ibope — os eleitores que diziam votar em Lula com certeza (30%) ou que poderiam votar (17%) equivaleram aos que não votariam de jeito nenhum (51%). Desde o *impeachment* de Dilma, um ano antes, a rejeição a Lula não subiu, como se esperava, mas caiu 14 pontos.

Se o país estivesse em situação normal, a queda na rejeição de Lula seria previsível, não causaria surpresa, porque o *impeachment* não impedira que a recessão se aprofundasse e o desemprego continuava a crescer, subindo para mais de 13% no fim de abril, com 14,2 milhões de desempregados. O esforço do governo, desde o início do ano, era mostrar minúsculos índices de retomada do desenvolvimento, mas os bons ventos só sopravam nas estatísticas e talvez nas vendas de umas poucas empresas, não no reaparecimento de contracheques na mão dos desempregados.

Essa pesquisa, alegou-se, fora feita antes de serem conhecidas as delações dos dois Odebrecht, Marcelo e o pai Emílio. Quando o eleitor tivesse a oportunidade de ver e ouvir os dois contando tudo, Lula desabaria, como já tinham desabado outros candidatos.

As delações da Odebrecht foram liberadas na tarde de 11 de abril pelo ministro Luiz Edson Fachin, do Supremo, e tomaram conta imediatamente de todos os telejornais, edições extraordinárias e debates com a repetição das cenas mais fortes contra Lula. Duas semanas depois, quando esse *blockbuster* de imagens e vozes já cansava as próprias televisões e cedia espaço a outras notícias, uma nova pesquisa, do Datafolha, nos dias 26 e 27 de abril, comprovava a queda de Aécio, que tinha 26% em 2015, descera a 11% em dezembro, e agora caía a 8%.

Aécio fora atingido por uma reportagem da *Veja* com supostas revelações vazadas da delação de um ex-executivo da Odebrecht, Benedito Jr. Quando essa delação foi tornada pública oficialmente, verificou-se que tais revelações publicadas sequer existiam.

Contrastando com as punições impostas a Aécio e Alckmin por esse julgamento pela mídia e bem depois da saturação televisiva das delações da Odebrecht, Lula, que antes estava com 25 e 26%, subiu para 30% das preferências tanto na pesquisa espontânea quanto na estimulada. Em segundo lugar, tecnicamente empatados, apareciam Marina e Bolsonaro, este com 15% — metade da previsão para Lula.

Investigando as hipóteses possíveis, a pesquisa do Datafolha dizia que em segundo turno, Lula poderia derrotar todos os outros candidatos, menos Marina e o juiz Sérgio Moro. Para Moro, Lula perderia por 42 a 40%. O novo prefeito de São Paulo, João Dória, perderia, em segundo turno, tanto para Lula, quanto para Marina e Ciro Gomes.

Essa pesquisa do Datafolha foi divulgada no domingo, 30 de abril, pelo site UOL. Horas depois, a GloboNews divulgava outra pesquisa, esta do Ibope. O apoio ao governo Temer caía a 9%, equivalente ao pior índice da ex-presidente Dilma antes do *impeachment*.

Lula fora intimado, originalmente, a prestar depoimento a Sérgio Moro sobre o caso do tríplex do Guarujá na quarta-feira, 3 de maio — dois dias depois das comemorações do Dia do Trabalho, em que as centrais sindicais, especialmente a CUT, ligada ao PT e a Lula, mobilizam milhares, dezenas ou até centenas de milhares de associados e simpatizantes.

A mobilização do 1º de Maio, além disso, coincidiria com a votação na Câmara dos Deputados do projeto de reforma trabalhista proposto pelo governo e contestado pelo movimento sindical, por revogar muitas das garantias da Consolidação das Leis do Trabalho e estabelecer a prevalência do negociado sobre o legislado na prática das relações de trabalho.

Além disso, as centrais sindicais tinham convocado para a sexta-feira, 28 de abril, uma greve geral em escala nacional, de protesto contra a reforma trabalhista e a emenda constitucional de reforma da Previdência Social também proposta pelo governo para reduzir o déficit público. Era uma sequência perigosa a estender-se por toda uma semana: quarta-feira, 27, mobilização das forças e bancadas pró e contra a reforma trabalhista; quinta-feira, votação na Câmara; sexta-feira, greve geral, manifestações e possíveis incidentes em todo o país; sábado e domingo, mobilização para o 1º de Maio; segunda, feriado na Polícia Federal, manifestações e protestos do Dia do Trabalho; terça, único dia para a organização do esquema de segurança nas imediações do prédio da Justiça Federal em Curitiba para o depoimento de Lula.

A preocupação na Polícia Federal era grande. O PT e partidários de Lula em geral organizavam caravanas que poderiam concentrar 50 mil pessoas na Avenida Anita Garibaldi, de grande movimento, diante desse prédio. Manifestantes contra Lula também se organizavam e contavam com boa parte da população majoritariamente conservadora da cidade, para fazer frente aos lulistas. Além disso, já se anunciavam pelas redes sociais caravanas de motociclistas e outros aguerridos antilulistas de todo o país.

Na época das manifestações contra o *impeachment* de Dilma, os grupos pró e contra mobilizavam-se em dias diferentes ou partes diferentes das cidades e os incidentes eram poucos. Nas votações do *impeachment* em Brasília, uma longa cerca dupla separava os grupos pró e contra no largo e longo gramado central da Esplanada dos Ministérios e foi possível tudo correr mais ou menos em paz.

Como, porém, separar os pró dos contra na Avenida Anita Garibaldi de Curitiba? Como conduzir a chegada de Lula e garantir a segurança de todos? No começo de 2016, Lula fora conduzido coercitivamente e contrabandeado para interrogatório numa sala do Aeroporto de Congonhas a pretexto de que sua presença pouco antes no fórum da Barra Funda, em São Paulo, atendendo a uma intimação judicial, provocara grande aglomeração de manifestantes e poderia causar incidentes perigosos para quem nada tivesse a ver com a confusão e precisasse passar por ali. Em outros casos, sem qualquer perigo e também sem qualquer inconveniente, outros depoimentos, naturalmente de outras pessoas, tinham sido conduzidos por videoconferência. Essa alternativa não foi considerada. Outra alternativa, que a lei certamente daria um jeito de permitir, seria o interrogatório em outra cidade, menos perigosa que a Curitiba em ponto de bala do primeiro confronto entre Lula e o juiz Moro.

A Polícia Federal, não contando com tais alternativas, pediu o adiamento do interrogatório por uma semana, para 10 de maio, ganhando mais tempo para organizar seu esquema de segurança.

Outro problema pendente era a reação de Moro ao pedido da defesa de Lula, que requereu o depoimento de mais de oitenta testemunhas. Moro deferiu, mas com a exigência de Lula comparecer pessoalmente a todas essas audiências. Como o depoimento das testemunhas de defesa era de interesse do réu, cabe a ele, via de regra, decidir se comparece ou não.

Num telejornal da GloboNews surgiu a pergunta: se Lula faltar a algum desses mais de oitenta depoimentos, o que acontece com ele? Pode ser preso? A resposta era não, não acontece nada, a lei não prevê qualquer sanção para a ausência. Merval Pereira, participante do programa e sempre um defensor de Moro, surpreendeu-se com a informação e reagiu:

— Então é birra do Moro!

Moro, depois, reconsiderou e propôs permitir a ausência de Lula se os advogados de defesa concordassem em reduzir o número de testemunhas. Foi a vez de Lula provocar:

— Se for preciso, eu vou morar em Curitiba e compareço a todos os depoimentos.

Ele embarcava numa sucessão de entrevistas cujo eco a grande mídia não percebeu, empenhada como estava em minimizar a presença de Lula quando se tratasse de sua defesa. Em dias sucessivos, Lula falou a várias rádios do nordeste, sua maior base política e eleitoral.

Coincidência ou não, o mapa da greve geral exibido pelo site do UOL mostrava numa franja do nordeste, do Rio Grande do Norte à Bahia, uma concentração de cidades com manifestações de protesto tão densa quanto ao redor de São Paulo e do ABC. Anunciava-se também que Lula iniciaria logo uma grande viagem pelo nordeste, certamente para repetir o que vinha dizendo diariamente no rádio e que já não era o condicional anterior, o "se eu puder ser candidato..." Agora era um Lula desafiador:

— Vou ser candidato!

Com 30% nas pesquisas, o couro curtido por um ano pelo menos de expectativa de prisão, Lula parecia perceber que o ataque seria sua melhor defesa. Nesse clima, Elio Gaspari repetiu avisos anteriores, numa nota sucinta e claríssima em sua coluna: *prender Lula depois de condenado é uma coisa, prender preventivamente vai criar um problema, como soltá-lo — vão levar um réu e vão soltar um mártir.*

A condenação de Lula no processo do tríplex era tida como tão certa que já se especulava no próprio Supremo — segundo *O Globo*, citado pelo site *Consultor Jurídico* (Conjur) — se ele poderia concorrer à Presidência da República em 2018 ou se sua candidatura teria de ser impugnada pela Justiça.

Contrastando com tanto barulho, o interrogatório de Lula não teve nada de novo. Ele ouviu as mesmas perguntas e deu as mesmas respostas de sempre. O fato mais "jornalístico", se podemos qualificá-lo assim, foi Lula pedir ao juiz Sérgio Moro que mandasse a Polícia Federal devolver os iPads de seus netos, confiscados mais de um ano antes, em março de 2016, na busca e apreensão quando foram a seu apartamento em São Bernardo do Campo para a condução coercitiva ao aparelho de interrogatório improvisado no aeroporto de Congonhas, em São Paulo.

Lula foi informado, no início do interrogatório, de que não se cogitava, no momento, de sua prisão preventiva. Todas as vezes que lhe dirigiu a palavra, Moro chamou Lula de Sr. Presidente e, a pedido da defesa, quando um deles tentou mostrar-se menos protocolar, exigiu dos procuradores do Ministério Público o mesmo tratamento. Dias depois, a 15 de maio, Moro recusou todos os pedidos de depoimentos complementares do Ministério Público e da defesa, mas o

Tribunal Regional de Porto Alegre aceitou alguns. Na mesma decisão, Moro marcou prazo para as alegações finais dos procuradores (2 de junho), da Petrobrás, com assistente de acusação (6 de junho) e do próprio Lula (20 de junho). Esgotados esses prazos, Moro poderia decidir entre a condenação e a absolvição de Lula.

No dia seguinte Lula teve uma vitória em outro processo, quando o desembargador Néviton Guedes, do Tribunal Regional Federal de Brasília derrubou a decisão do juiz Ricardo Leite, também de Brasília, que proibira o funcionamento do Instituto Lula, em São Paulo, devido a indícios "veementes" de crimes que poderiam ter sido iniciados ou instigados em sua sede. O advogado de Lula, Cristiano Zanin Martins, declarou:

— *É uma decisão que, sem dúvida, significa um passo importante para restabelecer o estado de direito e também para colocar um obstáculo nesta perseguição incrível ... ao ex-presidente Lula, através de diversas acusações frívolas e infundadas.*

14. TEMER CAI NA ARMADILHA DE JOESLEY

Depois do interrogatório de Lula, a 17 de maio, seu caso foi reduzido praticamente ao silêncio na mídia ao entrar na contagem regressiva de uma condenação que deveria ser apenas a primeira — e da qual se esperava que fosse confirmada em segunda instância a tempo de impedir sua candidatura à presidência em 2018. Nesse momento, Michel Temer foi capturado por uma armadilha e ferido de morte — e não se esperava que atravessasse o dia seguinte ainda na Presidência da República.

Faltava pouco mais de um mês para a eleição interna que escolheria os nomes preferidos pelo Ministério Público Federal para a lista tríplice de procuradores indicados para o cargo de Procurador-Geral da República. Temer, em conflito aberto com o Procurador-Geral em fim de mandato, Rodrigo Janot, anunciou que respeitaria essa lista, mas não se comprometia a nomear o mais votado.

Pela Constituição, o Procurador-Geral é de livre escolha do Presidente da República dentre os integrantes da carreira do Ministério Público, com aprovação da maioria absoluta do Senado e mandato de dois anos.

Ao indicar um Procurador-Geral, que depende da aprovação pelo Senado, o Presidente da República não tem a mesma liberdade de escolha de que goza, por exemplo, na indicação de um ministro do Supremo. Muitos ministros são escolhidos na magistratura, no Ministério Público, na advocacia e no professorado do Direito, mas qualquer cidadão brasileiro, com mais de 35 e menos de 65 anos, reputação ilibada e notável saber jurídico pode ser escolhido. O ministro do Supremo não precisa sequer ser formado em Direito. Já o Procurador-Geral tem de ser membro da carreira do Ministério Público. Os ministros do Supremo não precisam ser de carreira nenhuma, nem mesmo da magistratura.

A lista tríplice não é prevista pela Constituição nem tem valor legal, mas Lula, desde o início de seu primeiro governo, estabeleceu a prática de nomear sempre o primeiro da lista. A ex-presidente Dilma seguiu o mesmo critério.

Na noite de 17 de maio, Lula, que já aparecia muito pouco, sumiu, foi deletado de vez do noticiário, pelo terremoto da conversa gravada de Temer com o empresário Joesley Batista, do grupo JBS. No início dessa noite, o site de *O Globo* e a GloboNews puseram no ar a notícia de que Joesley gravara uma conversa com Temer no Palácio do Jaburu e nessa conversa Temer ouvira que Joesley vinha pagando mesadas a Eduardo Cunha, na prisão em Curitiba, para manter Cunha calado. Temer, segundo a primeira notícia, sugerira:

— Tem que manter isso, viu?

Os fatos posteriores corrigiriam essa versão. A frase de Temer aparecia na gravação depois de uma afirmação diferente de Joesley:

— Estou mantendo um bom relacionamento com ele.

A essa informação é que Temer respondeu que isso tinha de ser mantido. Na hora, porém, o que ficou foi que Temer insistira com Joesley para manter a mesada que impedia Eduardo Cunha de partir para a delação premiada.

No desabamento de tudo que parecia sólido na República depois desse terremoto, nem se perguntou como o colunista Lauro Jardim, de *O Globo*, conseguira a notícia e a cópia da gravação.

Nos dias seguintes também — e não ficamos sabendo se a gravação foi repassada pelo próprio Joesley ou se vazou da Polícia Federal, da Procuradoria-Geral da República ou — inacreditável! — do próprio Supremo Tribunal Federal.

A suposição corrente sobre a gravação era que Joesley, sabendo-se encalacrado nas investigações da Lava Jato, providenciou sozinho a conversa com Temer e a respectiva gravação e em seguida ofereceu a gravação à Polícia Federal ou à Procuradoria, como contrapartida a futuros benefícios de uma delação premiada e igualmente como sinal de futuras gravações, de preferência com o próprio Temer ou outros investigados — entre os quais o ex-assessor de Temer e então deputado Rodrigo Rocha Loures.

De fato, Lauro Jardim informou dias depois que Joesley planejava uma ação controlada em Nova York, num encontro que teria com Temer numa viagem deste, afinal cancelada. Numa ação controlada, caso da filmagem de entregas de dinheiro logo documentadas, o delator não tem como agir sozinho. Em Nova York, na planejada ação contra Temer, quem agiria com Joesley — a Polícia Federal brasileira, sem permissão do governo americano, o FBI, a CIA ou uma agência americana de detetives?

Num daqueles dias, a *Folha de S. Paulo* publicou a notícia de que, antes de procurar Temer, Joesley fizera um cursinho de gravação com um procurador e uma delegada da Polícia Federal. Essa hipótese não ficou limitada à notícia da *Folha*. Em sessão plenária e pública do tribunal, o ministro Gilmar Mendes pôs em dúvida a licitude dessa gravação e de procedimentos semelhantes da Lava Jato.

Assim que o site de *O Globo* deu as primeiras informações sobre a conversa grampeada de Temer com Joesley Batista, vimos pela TV a sessão da Câmara dos Deputados ser interrompida aos gritos de "Fora Temer!" e imediatamente suspensa e o Presidente da Câmara, Rodrigo Maia, quase correndo, tentar esconder-se atrás do celular, fugindo dos jornalistas.

A vertiginosa sucessão de notícias da própria quarta-feira foi mostrando, porém, episódios como a conversa gravada de Joesley com o senador Aécio Neves, presidente do PSDB e candidato desse partido contra Dilma em 2014, as imagens filmadas da entrega de dinheiro ao então deputado Rodrigo Rocha Loures; e que a desejada renúncia de Temer não acontecia, que a prisão preventiva de Aécio, pedida pelo Procurador-Geral Rodrigo Janot, era afastada, que os vazamentos e pedidos de *impeachment* de Temer se multiplicavam e não andavam e que ninguém tinha qualquer expectativa de adivinhar os acontecimentos das próximas horas, quanto mais do dia seguinte.

Alguns acontecimentos desse primeiro dia mostravam-se muito parecidos com outro já narrado neste livro. A gravação subreptícia da conversa de Temer com Joesley Batista lembrava a conversa com Sarney que o araponga Sérgio Machado gravou em 2016 para seus investigadores com a diferença de que Sérgio Machado foi premiado com a redução de uma sentença de mais de vinte anos para dois anos em prisão domiciliar com tornozeleira eletrônica, enquanto Joesley conseguiu, de início, muito mais — permissão para reter o passaporte e mudar-se para Nova York, sem prisão domiciliar nem tornozeleira, apenas a multa que sua empresa ainda discutia com o Ministério Público.

Como quer que tenha sido gravada a conversa com Temer, ela foi seguida pelas operações conjuntas de Joesley com a Polícia Federal que consagraram no imaginário coletivo o conceito de "ação controlada", expressão iniciática antes escondida não sei em que desvão de lei, regulamento ou manual de arapongagem.

Joesley escolheu ou foi induzido a escolher suas próximas vítimas: o primeiro, por motivos óbvios, foi o ex-assessor presidencial e então deputado Rodrigo Rocha Loures, que Temer indicara como interlocutor a ser procurado por Joesley; o segundo, sem os mesmos motivos óbvios, foi Aécio Neves, presidente do PSDB e, em 2014, candidato à Presidência da República, que quase derrotou a presidente Dilma Rousseff.

Na noite do terremoto, a reação de Temer não foi pessoal, foi apenas uma nota oficial do Planalto. Na noite seguinte, a quinta-feira 18 de maio, Temer conversou com Gerson Camarotti, da GloboNews, possivelmente pelo WhatsApp, e disse o seguinte:

— *Não estou comprando o silêncio de ninguém, isso não é verdade. Os áudios comprovam isso.*

— *Essa é a tese que alicerça esse inquérito, de que eu avalizei a compra do silêncio do Eduardo Cunha. O que alicerça esse inquérito é que ele* [Joesley Batista] *teria dito que eu teria concordado com a compra do silêncio, o que não existe.*

— *O que ele* [Joesley] *disse e que eu concordei é que ele estava se dando bem com Eduardo Cunha, por isso falei "mantenha isso."*

— *Fiquei profundamente agastado com o episódio. Isso é uma irresponsabilidade. Não se pode tratar o país desse jeito. A Bolsa desabou!*

— *Ninguém chega aqui para me pedir renúncia. Pelo contrário, todos estão pedindo para eu resistir. Vou resistir. Se precisar, vou fazer outro pronunciamento amanhã. Vou sair dessa crise mais rápido do que se pensa.*

— *A montanha pariu um rato.*

De saída, a montanha pariu um inquérito contra Temer, autorizado pelo ministro Edson Fachin, do Supremo, horas antes dessa declaração. Nesse momento, Temer era acusado apenas de incentivar o pagamento de 500 mil reais a Eduardo Cunha para não fazer um acordo de delação. A Procuradoria-Geral da República investigaria se Temer praticara os crimes de corrupção passiva e obstrução de justiça.

Fachin também concordou com os pedidos do Procurador-Geral para afastar Aécio e Rocha Loures do exercício de seus mandatos, mas não permitiu a prisão preventiva dos dois.

No fim da noite de sexta-feira, 19 de maio, o site da *Folha* anunciou que uma primeira perícia punha em dúvida a integridade da gravação entregue por Joesley à Polícia Federal. A questão tornou-se explosiva: se a gravação tivesse sido manipulada, ninguém poderia afirmar com certeza que a conversa fora aquela mesma. O então advogado de Temer, Antonio Cláudio Mariz, contratou outra perícia, o relator do Supremo, ministro Fachin pediu uma terceira à Polícia Federal, e afinal o que prevaleceu foi o entendimento de que Joesley dissera estar mantendo uma boa relação pessoal com Eduardo Cunha e Temer respondera:

— Tem que manter isso, viu?

A versão original, a que explodira na Globonews na noite do dia 18, dava a entender que Joesley falava no dinheiro que estaria dando a Eduardo Cunha para evitar uma delação premiada deste e Temer interrompera com o "tem que manter isso".

Para desacreditar a gravação de Joesley e mostrar que era um flagrante armado com a colaboração ou por iniciativa da Policia Federal e da Procuradoria-Geral da República, Temer voltou à TV no sábado à tarde.

Nesse pronunciamento, em forma de entrevista coletiva sem perguntas, na qual só ele falou, Temer começou mencionando a notícia da *Folha de S. Paulo* sobre a perícia que teria constatado sinais de edição, ou seja, de adulteração, no áudio de sua conversa grampeada por Joesley.

Essa gravação clandestina, é o que diz [a perícia], *foi manipulada e adulterada com objetivos nitidamente subterrâneos. Incluída no inquérito sem a devida e adequada averiguação, levou muitas pessoas a um engano induzido e trouxe grave crise ao Brasil. Por isso, no dia de hoje, estamos entrando com petição no colendo Supremo Tribunal Federal para suspender o inquérito até que seja verificada em definitivo a autenticidade da gravação clandestina.*

Em futuro próximo ou distante, os advogados de Temer poderiam alegar que sua presunção de inocência e seu direito de defesa, garantidos pela Constituição, tinham sido violados pela abertura do inquérito sem "a devida e adequada averiguação" da conversa grampeada.

Logo depois do pronunciamento de Temer, o Procurador-Geral da República, Rodrigo Janot, pediu e o ministro Fachin, do Supremo, autorizou a Polícia Federal a periciar a gravação. Falando com os jornalistas, Janot defendeu o grampo:

— Problemas na gravação não maculam a denúncia — disse Janot, pedindo o prosseguimento do inquérito e talvez prevendo que Temer denunciaria a cumplicidade da Procuradoria e da própria Polícia Federal, apesar de subordinada ao Ministério da Justiça e, portanto, a Temer, na armadilha montada por Joesley para conseguir um acordo de delação premiada que o livrasse da prisão.

De fato, Temer, em seu pronunciamento, tinha entrado por aí: *O autor do grampo está livre e solto, passeando pelas ruas de Nova York. O Brasil, que já tinha saído da mais grave crise econômica da sua história, vive agora, sou obrigado a reconhecer, dias de incerteza. Ele não passou nem um dia na cadeia. Não foi preso, não foi julgado, não foi punido. E, pelo jeito, não será. Cometeu, digamos assim, o crime perfeito.*

Joesley fora embarcado para Nova York, sob proteção da Polícia Federal, a pretexto de que corria risco de vida no Brasil. Viajou com a família em seu próprio jatinho, e de Nova York mandou pedir o embarque de seu iate de dez milhões de dólares que estava em manutenção num estaleiro de Itajaí, Santa Catarina.

Graças a essa gravação fraudulenta e manipulada — acrescentou Temer — [Joesley] *especulou contra a moeda nacional. A notícia foi vazada, seguramente, por gente ligada ao grupo empresarial, e antes de entregar a gravação, comprou um bilhão de dólares, porque sabia que isso provocaria o caos no câmbio. Por outro lado, sabendo que a divulgação da gravação também reduziria as ações de sua empresa, as vendeu antes da queda da bolsa. Não são palavras minhas apenas, esses fatos já estão sendo apurados pela Comissão de Valores Mobiliários.*

Em nome da ideia da transparência, levava-se ao exagero a questão da agenda prévia, como se o cotidiano de um Presidente da República não estivesse sujeito a imprevistos a toda hora. Bastava o diretor da Polícia Federal ser recebido fora da agenda para se armar um escarcéu. E se fosse para pedir providências urgentes no caso de um sequestro ou de uma rebelião em presídio? Hora tardia era outra indução a alguma coisa secreta e culposa — e afinal o porão do Jaburu não passava de uma sala de estar que ficava no subsolo do palácio, mas era mencionada assim para injetar nas noticias um ar de clandestinidade e suspeita.

Na conversa com Vera Magalhães, Temer sustentou que, depois de muita insistência por parte de Joesley, concordou em recebê-lo no Palácio do Jaburu. O horário tardio da conversa teria um motivo: Temer estava na festa de aniversário dos 50 anos de carreira do jornalista Ricardo Noblat. "Disse a ele: estou na festa do Noblat. Se quiser, passa mais tarde no Jaburu. E ele concordou."

A insistência de Joesley seria premeditada, para que se caracterizassem como agravantes a hora tardia e o local do encontro.

Nos dias, semanas e meses seguintes, Temer conseguiu sobreviver a duas denúncias de Janot, rejeitadas pela Câmara dos Deputados, e ao mandato do próprio Janot no cargo de Procurador-Geral.

Antes dessas denúncias, Temer passou, a 9 de junho, pelo julgamento, no Tribunal Superior Eleitoral, do processo de cassação da chapa Dilma-Temer, vitoriosa na eleição presidencial de 2014. Como Dilma já fora destituída pelo *impeachment*, a eventual cassação da chapa só teria como consequência o afastamento de Temer e a eleição de novo presidente, pelo Congresso, para completar o mandato originalmente conferido a Dilma.

O longo voto do relator, ministro Herman Benjamin, que consumiu três dias de leitura e transmissão ao vivo pela TV, opinava pela cassação e sustentava que qualquer contribuição eleitoral pelo Caixa 2 devia ser considerada propina.

Se a maioria do TSE aprovasse esse voto, todo o aparelho judiciário do país estaria confrontado, pelo menos em tese, pela hipótese de ter de cassar e punir criminalmente, em certos casos com penas de prisão, a maioria absoluta dos deputados e senadores membros do Congresso Nacional e respectivos suplentes, todos recebedores dessas contribuições. A própria Justiça Eleitoral ficaria comprometida, por ter aprovado a prestação de contas de partidos e candidatos sem aprofundar o exame da origem dos recursos.

A primeira denúncia de Janot contra Temer, pelo crime de corrupção passiva, foi apresentada a 26 de junho. Temer voltou à TV, na forma que já consagrara, de entrevista sem perguntas, e passou à ofensiva, denunciando a Procuradoria-Geral da República. *Se usasse o método da ilação usado pelo Procurador-Geral* — disse Temer — *poderia levantar suspeitas sobre o ex-vice-Procurador-Geral Marcello Miller, ligado a Janot.*

Marcello Miller integrou a força-tarefa da Operação Lava Jato até pouco antes de o empresário Joesley Batista e outros executivos da holding controladora do frigorífico JBS fecharem acordo de delação premiada. Ele deixou a Procuradoria-Geral da República em março e foi trabalhar no escritório de advocacia contratado pela JBS para fechar o acordo de delação premiada.

Eu dou o nome desse procurador da República, Marcello Miller, homem da mais estrita confiança do Procurador-Geral. Pois bem. Eu, que sou da área jurídica, digo a vocês que o sonho de todo acadêmico em Direito, de todo advogado, era prestar concurso para ser procurador da República. Pois bem. Esse senhor que eu acabei de mencionar deixa o emprego, que é o sonho de milhares de jovens acadêmicos, abandona o Ministério Público para trabalhar em uma empresa que faz delação premiada para o procurador.

Miller, segundo Temer, não cumpriu quarentena, o período que um servidor tem de aguardar após deixar o serviço público e antes de ingressar no setor privado.

— *O cidadão saiu e já foi trabalhar, depois de procurar a empresa para oferecer serviços, foi trabalhar para esta empresa e ganhou, na verdade, milhões em poucos meses. Marcello Miller garantiu ao seu novo patrão — o novo patrão não é mais o Procurador-Geral, é a empresa que o contratou — um acordo benevolente, uma delação que tira o seu patrão das garras da Justiça, que gera, meus senhores e minhas senhoras, uma impunidade nunca antes vista. E tudo ratificado, assegurado pelo Procurador-Geral.*

Horas depois, Marcello Miller informou que só se manifestará sobre as declarações de Temer "perante as autoridades". E afirmou em comunicado:

— Não cometi nenhum ato irregular, mas não responderei às afirmações a meu respeito pela imprensa. Apenas me manifestarei perante as autoridades com competência para examinar os fatos e com interesse na aferição da verdade.

Insistindo em que não faria ilações quanto ao destino da remuneração do ex-procurador na advocacia privada, Temer ressalvou: *Poderíamos concluir, nessa hipótese que estou mencionando, que talvez os milhões de honorários recebidos não fossem unicamente para o assessor de confiança, que, na verdade, deixou a Procuradoria para trabalhar nessa matéria. Mas eu tenho responsabilidade. Eu não farei ilações. Não farei ilações. Eu tenho a mais absoluta convicção de que não posso denunciar sem provas. Não posso fazer, portanto, ilações. Não posso ser irresponsável.*

Nesse momento apenas 7% dos brasileiros consideravam o governo Temer ótimo ou bom — a menor marca apurada pelo Instituto Datafolha em 28 anos. A impopularidade de Temer aumentou depois da revelação da conversa grampeada de Temer com Joesley Batista. Segundo o Datafolha, 69% dos entrevistados avaliavam o governo como ruim ou péssimo, e 23% como regular.

Em seu blog, o jornalista Reinaldo Azevedo, de proclamadas convicções conservadoras, mas opositor de muitos procedimentos da Lava Jato contra Lula, lembrou como comentara, à época, "que o rapaz deixava de ser mocinho para virar bandido, apelando a categorias dos filmes de faroeste".

Pois bem. Ele, com efeito, foi cuidar de leniência. Sabem o caso que lhe caiu no colo?

Justamente a J&F. Não é um espetáculo? Pois é... Imaginem quanto vale o conhecimento acumulado de um especialista em delação premiada quanto passa ao outro lado do balcão. Dadas as cifras multimilionárias que circulam nesse meio, o que se comenta é que o escritório Trench, Rossi e Watanabe, que contratou Miller, levou a bagatela de 27 milhões de dólares em razão do bem-sucedido acordo de leniência. Qual foi a parte que coube a Miller? Bem, a gente não sabe. Fala-se até em 10 milhões.

E observou, sobre o pronunciamento de Temer:

Aliás, o presidente recorreu a dois vocábulos que dizem um pouco deste tempo: "trôpego" — para se referir ao processo — e "embriaguez", para definir a sanha persecutória ... É isso aí! É preciso chamar as coisas pelo nome. Sei lá... O lema poderia ser: "Se beber, não tente dar golpe de Estado".

Em apenas 24 horas, o Tribunal de Ética e Disciplina da seccional da Ordem dos Advogados no Rio abriu processo disciplinar para apurar a conduta de Marcello Miller.

A conversa grampeada de Temer com Joesley levou à prisão o ex-deputado Rodrigo Rocha Loures, que intermediara a ida de Joesley ao Jaburu e depois fora filmado recebendo dinheiro de Ricardo Saud, pagador de propinas da JBS, e correndo em busca de um táxi com uma mala carregada de dinheiro.

A denúncia contra Temer partia do pressuposto ou da convicção de que o dinheiro recebido por Rocha Loures era dinheiro para Temer. Mas era preciso que Rocha Loures o confirmasse e o caminho à disposição dele era a delação premiada. Sem a delação premiada de Rocha Loures, ficaria mais fácil a Câmara dos Deputados rejeitar a denúncia de Janot contra Temer. Nessa expectativa, a prisão de Rocha Loures foi acompanhada de notícias e especulações que a transformaram num drama familiar muito distante dos objetivos proclamados pela Lava Jato e sua luta contra a corrupção.

Sucediam-se as noticias, não se sabe originadas de que fonte, de que Rocha Loures correria perigo de vida na Penitenciária da Papuda, em Brasília, para a qual teria de ser transferido, deixando a carceragem da Polícia Federal. Da carceragem ele escrevera à mulher, Ana, grávida de oito meses, para tranquilizá-la e pedir que cuidasse apenas das providências para o parto.

Simultaneamente à versão de que correria perigo de vida na Papuda, sua mãe, Vera, foi intimada a prestar depoimento na Polícia Federal, sem que fosse informada das razões da intimação. Orientada pelos advogados, ela se recusou a depor, dizendo não ter conhecimento das atividades do filho e ser apenas uma mãe de família dedicada exclusivamente aos afazeres do lar. Surgiram também notícias de que Rocha Loures era pressionado pela mulher a aceitar a delação premiada, mas que teria sido convencido pelo pai a não delatar.

No dia 30 de junho, Ricardo Noblat escreveu em seu blog:

— *A notícia chegou aos ouvidos do presidente Michel Temer por meio de alguns dos seus ministros: o ex-deputado Rodrigo Rocha Loures, flagrado correndo por uma rua de São Paulo com uma mala de dinheiro, decidiu fazer um acordo de delação premiada e está à procura de um novo advogado. O atual continua jurando de pés juntos que ele não delatará. Pesou na decisão de Loures a renovada pressão da família, principalmente da mulher grávida e do seu pai, e as condições em que ele vive há mais de duas semanas numa cela da carceragem da Polícia Federal, em Brasília. Além de pequena, a cela carece de banheiro, janela, ventilação adequada e aparelho de televisão. Loures não tem companhia. Queixa-se da comida.*

Foi ele quem pediu para deixar a Penitenciária da Papuda, onde ficou preso durante poucos dias. Alegou que se sentia inseguro ali e que fora ameaçado. Arrependeu-se. Agora acha que vive "no inferno". A pressão da família e o isolamento numa cela da Polícia Federal também foram decisivos para que o ex-senador Delcídio Amaral delatasse.

Uma eventual delação de Loures significaria o fim do mundo para Temer. Segundo a denúncia de Rodrigo Janot, Procurador-Geral da República, a mala de dinheiro que Loures recebeu do Grupo JBS se destinava a Temer. A mala acabou entregue por Loures à Polícia Federal. Dos 500 mil que recebera, Loures ficou com R$ 35 mil. Devolveu-os mais tarde.

Se de fato delatar, o episódio de mala será só um detalhe de um copioso relato que Loures poderá fazer. Sua estreita ligação com Temer é antiga. Loures prestou relevantes serviços ao amigo. E, agora, está se sentindo abandonado por ele e pelos que o cercam.

No mesmo dia, a coluna de Mônica Bergamo, na Folha, afirmava: *Rodrigo Rocha Loures passa por momento crítico e está muito mal, segundo relatos de quem esteve com ele na prisão. O deputado ficou as últimas duas semanas numa cela sem janelas, com pouca ventilação ... Sem banheiro e sem chuveiro, até um livro teria sido tirado dele.*

Ao tomar conhecimento do que a cada dia se dizia nos blogs e no noticiário eletrônico dos jornais e na televisão, tive uma das perigosas e mal comportadas associações de ideias que em grande parte inspiraram este livro. Lembrei-me do caso Rosenberg nos Estados Unidos na década de 1950, na época do macartismo e num dos momentos de maior pânico da Guerra Fria, quando a então União Soviética explodiu sua primeira bomba de hidrogênio.

Julius e Ethel Rosenberg, judeus americanos condenados por espionagem, acusados de vender segredos atômicos a agente soviéticos, eram levados um depois do outro à sala da cadeira elétrica na prisão de Sing Sing, depois de esgotados os últimos recursos à Suprema Corte e de recusado pelo presidente Eisenhower os pedidos de clemência que recebera do mundo inteiro, inclusive do Papa Pio XII, um papa reacionaríssimo, de um anticomunismo tão extremado que na década de 30 dera ajuda substancial à ascensão de Hitler na Alemanha, por entender que o nazismo seria a única barreira confiável contra a expansão do comunismo.

Tanto Ethel quanto Julius viram perto da cadeira elétrica um telefone que sabiam diretamente conectado com o gabinete de Eisenhower na Casa Branca. Bastava que confessassem e o diretor do presídio telefonaria e receberia de volta a decisão de Eisenhower de comutar a sentença de morte e devolvê-los à vida, condenados a uma prisão perpétua que depois poderia ser aliviada.

Para Ethel e Julius era importante viver, porque tinham uma filha e um filho de menos de dez anos, que seriam adotados por alguma família e, a pretexto de sua segurança e conforto, teriam o nome e o sobrenome mudados. Para o governo dos Estados Unidos, era importante Ethel e Julius confessarem — não por motivos jurídicos ou morais, mas por motivos políticos: para derrotarem a União Soviética uma batalha de propaganda.

Ethel e Julius Rosenberg, porém, morreram eletrocutados protestando inocência, e até hoje não se provou que fossem culpados.

A lembrança do caso Rosenberg deixou em mim a desagradável impressão de que Rodrigo Rocha Loures, sua mulher grávida e sua mãe foram enredados numa pequena operação de intimidação e terror psicológico, para que ele preferisse uma confissão como a oferecida aos Rosenberg. A delação premiada de Rodrigo só era importante politicamente, para consolidar a denúncia armada contra Temer a partir da conversa que Joesley grampeara, com ou sem assistência técnica prévia da Polícia Federal e da Procuradoria-Geral da República.

Rodrigo, porém, não delatou. Foi levado para a Papuda, da qual se dizia que lá era baratíssimo comprar a morte de qualquer preso na ala onde ele ficaria, e a seu pedido recambiado para a Polícia Federal. No começo de julho o ministro Fachin mandou soltá-lo com tornozeleira eletrônica. O caso Marcello Miller já era conhecido, a perspectiva era Temer derrotar a denuncia de Fachin na Câmara dos Deputados e a delação não faria tanta diferença. Se ela fosse imediata e Rocha Loures o apontasse como destinatário do dinheiro da mala, Temer poderia ser derrubado ou pela indignação popular ou pela aceitação da denúncia na Câmara — a mesma que em 2016 votara o *impeachment* de Dilma.

15. A INVESTIGAÇÃO DA ABIN E PERGUNTAS A FACHIN

No dia 11 de junho, três semanas depois dos dias mais tensos do caso Temer-Joesley, surgiu ou foi plantada a notícia de que a Abin, Agência Brasileira de Informações, órgão do Poder Executivo e sucessora do antigo SNI, realizava investigações sigilosas sobre o ministro Edson Fachin, relator dos casos da Lava Jato no Supremo, para intimidá-lo.

Fachin estava fragilizado pelos privilégios concedidos a Joesley, que não seria processado, viajara para Nova York em seu próprio jatinho, embarcado pela própria Polícia Federal, e mandara buscar seu iate de dez milhões de dólares em manutenção num estaleiro de Santa Catarina. Os privilégios não tinham sido negociados por ele, mas pela Procuradoria-Geral da República, por decisão do procurador-geral Rodrigo Janot, sem qualquer oposição de Fachin. A situação fragilizava o próprio Supremo e o mais fragilizado era Fachin.

Já a 6 de junho a coluna Painel, da *Folha de S. Paulo*, tinha dito que Ricardo Saud pedira votos no Senado, em 2015, para a aprovação de Fachin como novo ministro do Supremo, na vaga aberta pela aposentadoria de Joaquim Barbosa. Em junho de 2017, Saud já se tornara conhecido como pagador de propinas de Joesley e fora filmado entregando dinheiro a Rodrigo Rocha Loures.

Fachin, indicado pela então presidente Dilma Rousseff para o Supremo oito meses depois de aberta a vaga, enfrentava grande resistência entre os senadores mais conservadores, menos por ser o escolhido de Dilma que por suas avançadas posições teóricas em questões como a reforma agrária e os limites do direito de propriedade e por seu apoio ao MST, o Movimento dos Sem Terra, e à reeleição de Dilma.

Na sabatina da Comissão de Constituição e Justiça do Senado, de mais de dez horas de duração, talvez a mais longa dos governos Dilma e Lula, Fachin foi duramente questionado por vários senadores de oposição e especialmente pelo senador Ronaldo Caiado, do DEM (Democratas, antes Frente Liberal).

Caiado leu trechos de trabalhos teóricos de Fachin e alertou os outros senadores: *Olhem, pelos critérios aqui sustentados, até os apartamentos de Vossas Excelências podem ser expropriados sem indenização.*

Fachin já esperava por isso e teve o cuidado, em sua exposição inicial aos senadores da Comissão, de confirmar que defendia, sim, o direito de acesso à terra por parte de produtores rurais não-proprietários (e parece ter evitado deliberadamente a expressão "trabalhadores sem terra"), mas enfatizando: sempre dentro da lei, o que parecia evidenciar oposição às invasões praticadas pelo MST.

Nessa exposição Fachin se descreveu como um sobrevivente, filho de pequenos produtores rurais do Rio Grande do Sul que depois migraram para as terras promissoras do oeste do Paraná e fizeram grandes sacrifícios para que ele pudesse estudar em Curitiba e formar-se em Direito. Era uma história, em outras proporções, de muito menor pobreza, bem parecida com a de Lula — não mencionada, mas implícita na narrativa de Fachin. E Fachin podia orgulhar-se de ter começado a vida vendendo laranjas na carroça de um tio e em seguida como empacotador ou pacoteiro (foi essa a expressão que usou) numa loja de interior.

Quanto a suas convicções políticas, Fachin lembrou que sua geração entrara na juventude enfrentando a falta de liberdade e lutando por ela e que amadurecera como um democrata fiel aos compromissos garantistas e republicanos da Constituição. Ouvida hoje, essa exposição revela o grande empenho de Fachin em enfatizar os compromissos garantistas, equiparados aos republicanos, da Constituição.

Os compromissos garantistas da Constituição teriam impedido, se fossem observados no cotidiano da Lava Jato, procedimentos como a condução coercitiva sem prévia intimação judicial e desobediência a ela; os presos provisórios ou temporários com a cabeça raspada; a degradante e humilhante vistoria de suas partes íntimas que sem dúvida teve a ver com o suicídio do reitor Luiz Carlos Cancellier, da Universidade Federal de Santa Catarina; e afinal a exibição pública de um preso acorrentado. Esses mesmos compromissos poderiam ter levado o já ministro Fachin, mais de três anos depois, a assegurar pelo *habeas corpus* a liberdade do candidato mais forte à eleição presidencial de 2018 ameaçada por decisões de nítido caráter político de instâncias judiciais inferiores antes mesmo de esgotado o prazo para a interposição dos recursos cabíveis.

Ainda em nome dos compromissos da Constituição, Fachin afirmou nessa exposição que considerava fundamental opor-se a certas formas de ativismo judicial, porque os tribunais não podem fazer leis, só quem pode fazê-las é o Congresso.

Em nenhum momento, nas muitas páginas do longo texto que leu, Fachin fez qualquer referência aos problemas decorrentes da Lava Jato que o Supremo já examinava. A própria palavra *corrupção* foi deliberadamente evitada por Fachin, embora estivesse todo dia nas manchetes dos jornais. Paulo Roberto Costa e outros ex-diretores da Petrobrás já haviam sido presos. A prisão de João Vaccari, tesoureiro no PT, foi recebida e anunciada triunfalmente como um sinal de que a Lava Jato chegava cada vez mais perto de Lula. Não teria cabimento Fachin discutir esses e outros casos, até porque em alguns deles teria de se manifestar como julgador no Supremo. Mas a questão da corrupção era uma das que mais preocupava o mundo jurídico do país, tanto em si mesma quanto nos métodos e limites no combate a ela. E Fachin silenciou.

O relator original dos casos da Lava Jato, ministro Teori Zavascki, era linha dura, mas repreendeu publicamente o juiz Sérgio Moro, e este teve de desculpar-se pela divulgação na mídia do telefonema grampeado da presidente Dilma a Lula. Mais tarde, no debate pelo plenário do Supremo das questões suscitadas pelo acordo de delação premiada de Joesley, o ministro Gilmar Mendes contou que mais de uma vez Zavascki se queixara com ele da ação temerária e abusiva de alguns integrantes da cúpula da Procuradoria-Geral da República nos casos da Lava Jato.

Depois do aperto que passou na Comissão de Constituição e Justiça, a nomeação de Fachin foi aprovada por 52 votos a 27 no plenário do Senado. Só no início de 2017, com a morte de Zavascki e seu sorteio para relator da Lava Jato (um sorteio eletrônico meio misterioso, pelos meandros de um algoritmo), Fachin teve de envolver-se com a palavra corrupção, que evitara em sua exposição no Senado — e isso aconteceu em circunstâncias muito paranoicas.

Suspeitava-se de que Teori Zavascki podia ter ser sido assassinado, vítima de uma conspiração de corruptos para abortar a Lava Jato, e que o pequeno avião que o conduzia caíra e se despedaçara nas águas de Angra dos Reis por obra de sabotagem. A perícia atestou depois que o avião não sofrera qualquer problema mecânico. Nem o fato de que o dono do avião estava a bordo foi suficiente para deixar fora de qualquer dúvida que o acidente fora mesmo um acidente.

Num clima opressivo de medo e pressa, a presidente do Supremo, ministra Cármen Lúcia, homologou de uma vez as 78 delações premiadas da Odebrecht que aguardavam, caso a caso, o exame e a avaliação de Zavascki, e Fachin assumiu a relatoria de todos os processos da Lava Jato sob uma dupla sensação que às vezes transbordava dos cuidados e códigos da mídia e se revelava na linguagem de seus comentaristas.

De um lado a sensação era de alívio por não ter sido sorteado relator nenhum dos ministros mais temidos por sua resistência ao que consideravam excessos e ilegalidades nas investigações da Lava

Jato e nas pressões para a obtenção de delações premiadas — caso, por exemplo do mais temido, o ministro Ricardo Lewandowski, ex-presidente do Supremo.

De outro lado havia e expectativa de que Fachin, convertido em firme aliado da linha seguida por Teori Zavascki, não cedesse um milímetro na defesa das decisões das instâncias inferiores da Lava Jato e das iniciativas dos grupos mais radicais do Ministério Público. Na verdade Fachin teve de ir mais longe. Além dessa expectativa, pesavam no caso os desdobramentos da breve notícia no Painel da *Folha*. A noticia original dizia apenas que Ricardo Saud, o pagador de propinas de Joesley, pedira votos para Fachin no Senado. Notícias subsequentes, aqui e ali, diziam mais: que Fachin fora levado pessoalmente por Ricardo Saud ao gabinete de um número indeterminado de senadores, para pedir seus votos.

Fachin podia não saber quem era aquela senhor amável e prestativo que lhe foi apresentado como cicerone para seu safári à caça de votos. Mas os senadores visitados sabiam quem era Ricardo Saud e o quanto valia em termos de ajuda eleitoral.

Em poucas horas essas breves notícias produziram fatos novos e explosivos no campo minado que já era Brasília depois do som e da fúria do grampo de Joesley. Deputados ligados a Temer pediram na Comissão de Constituição e Justiça da Câmara a convocação de Fachin para ser questionado sobre a ajuda de Ricardo Saud a sua indicação para o Supremo.

A reação foi instantânea nas trincheiras de defesa da Lava Jato e o senador Randolfe Rodrigues, da Rede do Amapá, pediu ao Supremo que impedisse a convocação e Fachin, argumentando que o artigo 50 da Constituição impede o questionamento de ministros do Supremo Tribunal Federal por parlamentares. Segundo esse dispositivo, "a Câmara dos Deputados e o Senado Federal, ou qualquer de suas Comissões, poderão convocar Ministro de Estado ou quaisquer titulares de órgãos diretamente subordinados à Presidência da

República para prestarem, pessoalmente, informações sobre assunto previamente determinado, importando crime de responsabilidade a ausência sem justificação adequada".

A tentativa de convocar Fachin não foi em frente, mas em seu blog o jornalista Reinaldo Azevedo entrou na questão com perguntas que na verdade não o eram, eram informações que pediam ou o desmentido ou a confirmação pelo silêncio. Reinaldo, um jornalista de posições conservadoras antes apontado como um temível polemista de extrema-direita, era também um contestador da Lava Jato, por entender que suas consequências políticas seriam equivalentes às consequências da Operação Mãos Limpas na Itália: lá, a chegada de Berlusconi ao poder; aqui, a volta de Lula.

Reinaldo Azevedo seria logo depois o crítico mais contundente da sentença de Sérgio Moro condenando Lula. Naquele momento discutia as iniciativas do Ministério Público e a posição de Fachin diante da JBS e Joesley:

— *O Brasil* — escreveu ele a 5 de junho — *já vive hoje sob uma virtual ditadura do Ministério Público Federal. Parte considerável de seus integrantes, capitaneados por Rodrigo Janot, resolveu privatizar a democracia. Parlamentar, ministro ou magistrado grampeados que expressarem uma opinião favorável ao projeto que muda a lei que pune abuso de autoridade, por exemplo, podem ser acusados pelo digníssimo Rodrigo Janot de "obstrução da investigação". E, por favor!, não ousem nem mesmo fazer perguntas a Edson Fachin, o relator do petrolão, que homologou a delação que deu salvo-conduto para um bandido como nunca houve no país. Pois é... Ocorre que terei de fazer as perguntas:*

— Ministro Edson Fachin, quando apenas candidato ao STF, o senhor esteve num jantar com Joesley Batista, em Brasília, que começou por volta de 21H e só terminou às 6H do dia seguinte?

— A esse jantar, na casa que o empresário mantém na capital, não estava presente o senador Renan Calheiros (PMDB-AL), que resistia à sua candidatura?

— O senhor, por acaso, não saiu dali, de manhã, e foi direto para o aeroporto?

— O sr. lembra o que serviram no jantar?

— Ao fim do encontro, Renan já estava convencido?

A essas perguntas, que ofereciam detalhes picantes à breve notícia da *Folha de S. Paulo*, Reinaldo acrescentou sua opinião:

— Olhem, essa questão está indo além do limite do ridículo. Todo mundo sabe em Brasília que Fachin visitou o gabinete de alguns senadores, quando ainda candidato ao posto, escoltado por ninguém menos do que Ricardo Saud, que vinha a ser justamente o homem da mala da J&F. Era ele que pagava boa parte dos "benefícios" a quase 2 mil políticos, na contabilidade admitida pelo próprio Joesley.

"Está insinuando que Fachin também recebeu propina, Reinaldo?" Eu nunca insinuo nada. Quando quero, afirmo. Não tenho informação de que tenha recebido grana. Mas tenho a clareza de que a proximidade do ministro com um dos comandantes da organização criminosa o torna suspeito para seguir relator desse caso. Mais do que isso: se Saud o acompanhou, o empresário e lobista o fez na certeza de que sua presença poderia mover a vontade dos senadores. Assim, Fachin foi obviamente beneficiado pela, digamos, inserção que a J&F mantinha no Parlamento. E foi Fachin a dar sinal verde para uma operação do Ministério Público obviamente ilegal? E foi ele a decidir, em última instância, a liberdade, sem amarras de qualquer natureza, a Joesley, o conviva da mais longa das noites?

No mesmo dia 6 de junho das três ou quatro linhas da notícia na coluna Painel, da *Folha*, Fachin encaminhou ao plenário do Supremo uma questão de ordem sobre sua prevenção para cuidar da delação premiada dos executivos da JBS.

Fachin tinha homologado essas delações a 11 de maio. Dias depois, trechos da delação de Joesley foram divulgados, o que motivou a abertura de inquérito para investigar os envolvidos — entre eles Temer, Rocha Loures, Aécio Neves e o governador de Mato Grosso do Sul, Reinaldo Azambuja, do PSDB.

Azambuja estava ameaçado de *impeachment* pela Assembleia de seu estado e recorreu ao Supremo, argumentando não haver conexão entre os fatos narrados pelos executivos e os fatos investigados na operação Lava Jato. O caso, portanto, não deveria ter sido distribuído a Fachin diretamente, como relator da Lava Jato, mas levado a sorteio para a escolha de outro relator.

Na prática, o Plenário do STF discutiria se, em acordos de delação submetidos a um tribunal, as decisões dependeriam do relator ou do colegiado. A Lei das Organizações Criminosas, que permitira os acordos de delação, dizia que as negociações combinadas pelo Ministério Público seriam homologadas pelo juiz. O Supremo decidiria se "juiz", no caso de um tribunal, seria o relator ou o próprio tribunal.

Antes da questão de ordem provocada por Azambuja, o ministro Gilmar Mendes questionara a decisão monocrática do ministro Fachin. Para Gilmar, o tribunal teria de discutir quem é o juiz competente para homologar acordos que tramitam em colegiados.

Não é normal — disse Gilmar aos jornalistas — que acordo em que autoridades com prerrogativa de foro são denunciadas, inclusive o Presidente da República, seja homologado por um único ministro, sem qualquer discussão.

Foi nesse contexto que se soube pela revista *Veja*, a 11 de junho, da notícia verdadeira ou falsa de que a Abin, sucessora do SNI, investigava Fachin. O governo desmentiu e a presidente do Supremo, ministra Cármen Lúcia, reagiu com veemência. Reinaldo Azevedo comentou que não merecera a mesma reação a notícia anterior de investigações sobre o ministro Gilmar Mendes:

— *A mesma* Veja *... havia publicado uma reportagem, com as fontes devidamente identificadas, dando conta de que, durante a*

Operação Patmos, realizada no dia 18 de maio, agentes da Polícia Federal foram instruídos por procuradores da República a procurar, num dos endereços do senador Aécio Neves, "elementos que pudessem incriminar Gilmar Mendes".

Quem revelou a ação criminosa foi o próprio Gilmar Mendes. Nada de fofoquinha de bastidores!

E o ministro disse quem lhe contara tal despropósito: ninguém menos do que Leandro Daiello, o diretor-geral da PF. Mendes fez o óbvio e cobrou explicações de Fachin, que negou de pés juntos que o colega de tribunal fosse um dos alvos. Mendes cobrou, em conversa pessoal, uma atitude de Cármen Lúcia. E o fez também publicamente: "Se eu fosse presidente do STF, teria que tomar algum tipo de providência. Chamar o Procurador-Geral, por exemplo, e pedir explicações. Isso é coisa de gângsteres, de quem pensa que é possível instalar um estado policial no Brasil."

Segundo a *Veja*, a presidente do Supremo preferiu não se pronunciar. Reinaldo Azevedo acrescentou:

— *Então ficamos assim: embora a reportagem de* Veja *que trata do caso Gilmar não traga afirmações em* off [sem identificação da fonte], *apenas em* on [com identificação da fonte], *a ministra preferiu posar de múmia egípcia. Quando, no entanto, um* off *assegura que a Abin estaria investigando Fachin, ah!, aí a magistrada se toma de pruridos institucionais. Ela considera que se está diante de uma grave ameaça à democracia quando um boato assevera que um órgão de informação está no rastro de um ministro, mas não quando pessoas com nome, sobrenome e responsabilidade pública informam que os homens de Janot deram autorização expressa para incriminar um outro?*

Cármen Lúcia — concluiu Reinaldo — *sempre esteve informada sobre os passos dados por Fachin. Isso me leva a indagar se a ministra, ao reagir de forma tão destrambelhada, está apenas tentando proteger Fachin ou também está se protegendo?*

Como se sabe e como tive oportunidade de anunciar precocemente no meu blog, a conspiração, para ser plenamente bem-sucedida, segundo os desígnios daqueles que a planejaram, haveria de instalar Cármen Lúcia na cadeira de Michel Temer. Isso, ao menos, com certeza, não vai acontecer.

16. SÉRGIO MORO NO 'SIXTY MINUTES'

No fim de semana depois do terremoto da conversa grampeada de Temer com Joesley Batista, Sérgio Moro foi o tema e o entrevistado de uma das reportagens do programa 'Sixty Minutes' (Sessenta Minutos), um dos mais importantes e de maior audiência da TV americana, transmitido nas noites de domingo pela Rede CBS.

O tradicional programa — escreveu *O Globo* — *teve um bloco inteiro dedicado à "Operation Car Wash", a Lava Jato brasileira ... A operação foi definida pelo repórter Anderson Cooper, que é também da CNN, como a maior operação contra a corrupção da história brasileira, que colocou em crise toda a política. Cooper teve raro acesso ao cotidiano dos procuradores e do juiz Sérgio Moro. E ouviu do coordenador da Lava Jato, o procurador Deltan Dallagnol, que a Lava Jato é "muito, muito maior" do que o escândalo do Watergate.*

Numa rara entrevista — prosseguia *O Globo* — *Moro chegou a se comparar com Eliott Ness, do filme* Os Intocáveis. *Watergate foi o escândalo político ocorrido em 1972 nos Estados Unidos que, ao vir à tona, acabou por culminar com a renúncia do presidente americano Richard Nixon, eleito pelo Partido Republicano. Eliott Ness foi um agente do Tesouro Americano famoso por fazer cumprir a Lei Seca na Chicago dos anos 20 e 30. Acabou liderando a força-tarefa que prendeu o gângster Al Capone, em 1931.*

Indagado por Cooper sobre o que sentiu com as informações recebidas de Paulo Roberto Costa, o primeiro diretor da Petrobrás a ser preso e delatar, Moro disse, com um sorriso no rosto, que "era um caminho sem volta". "Caminho sem volta?", pergunta Cooper. "Sim, como naquele filme, 'Os Intocáveis'", responde Moro.

A narrativa do *Globo* informa que a seguir o 'Sixty Minutes' mostrou uma cena em que os personagens de Sean Connery e Kevin Costner, Eliot Ness, falam sobre "um caminho sem volta" na perseguição a Al Capone.

Diz Sean Connery no filme: "Se passar por aquela porta, você estará caminhando para um mundo de problemas e não há como voltar atrás. Você entende isso?" Kevin Costner (carregando uma arma) diz: "Sim, eu entendo."

O entrevistador Anderson Cooper pergunta:

— Você assistiu aos Intocáveis?

— É um grande filme — continua Moro, descrito na matéria [sempre segundo *O Globo*] como um *folk hero* (herói popular). [Nota do autor: os mais implicantes poderão impugnar essa tradução e dizer que o mais exato seria traduzir *folk hero* como herói folclórico ou popularesco, não como herói popular.]

A narrativa do *Globo* dizia ainda:

— Ao comparar a Lava Jato com Watergate, Deltan fala que a Lava Jato já processou mais de 200 pessoas por centenas de crimes, cuja propina circulante chega a "cerca de US$ 2 bilhões". Cooper pergunta mais de uma vez se Deltan acha que a Lava Jato é maior que Watergate. "Muito maior", insiste o procurador. Anderson Cooper define o grupo de jovens procuradores como "idealista", e Moro como "juiz numa cruzada".

O programa traz uma entrevista com a ex-presidente Dilma Rousseff, cujo impeachment, *segundo Cooper, foi influenciado pela Car Wash. Cooper questiona a presidente, dizendo que para muitas pessoas é difícil acreditar que ela desconhecia os escândalos.*

Moro finaliza dizendo que é "nossa responsabilidade" não deixar a Lava Jato acabar. "Temos que lidar com o problema (da corrupção). E lidando com isso acho que temos um país melhor".

Sob uma enorme ilustração, o Cristo do Corcovado com a cabeça substituída pela de Sérgio Moro, o título da reportagem do parisiense *Le Monde*, edição de 18 de dezembro de 2015 "O Eliot Ness brasileiro" — era a consagração do juiz da Lava Jato no estrelato das celebridades mundiais. No Brasil, *O Estado de S. Paulo* resumiu a reportagem do *Monde*, dizendo:

— *A jornalista Claire Gatinois descreve Moro como "um pequeno juiz de província", "moreno de queixo quadrado", "odiado e temido por políticos", mas "adulado pelos cidadãos brasileiros". O jornal afirma que a Lava Jato é um escândalo que pode transformar o Brasil e o compara a Eliot Ness, famoso agente federal americano que aniquilou Al Capone, o poderoso contrabandista de bebidas que desafiou a lei seca implantada a ferro e fogo na Chicago dos anos 1930. Eliot Ness virou herói no filme* Os Intocáveis, *no papel do ator Kevin Costner.*

"É a partir do seu escritório em Curitiba, capital do estado do Paraná, no sul do Brasil, que o quarentão com ar de agente de filmes B *faz tremer os tenores da política em Brasília e os alto executivos de São Paulo e identificando, semana após semana, há mais de um ano, os suspeitos, culpados, testemunhas e futuros denunciadores do escândalo Petrobrás", escreveu a jornalista.*

"Esse caso de corrupção onde grandes grupos do setor da construção e trabalhos públicos [má tradução, obras públicas] *se organizaram em cartel para vencer sucessivamente as licitações propostas pela empresa pública, comprando a cumplicidade de políticos de todas as tendências e a indulgência da direção do grupo petrolífero, revelou que cerca de 42 bilhões de reais foram desviados, e resultou até agora em 15 sentenças, 58 condenações e um total de 700 anos de prisão já impostas."*

Sérgio Moro condenou os maiores empreiteiros do país, ex-diretores da Petrobrás e políticos. "Às vezes ele se sente desencorajado, desgas-

tado por esse trabalho de Sísifo, cansado de "pregar no deserto", como confessou recentemente. Mas se mantém. Sérgio Moro sabe que tem entre as mãos o processo da sua vida. O escândalo pode transformar seu país."

Segundo a Wikipédia, Eliot Ness, agente do Departamento do Tesouro do governo dos Estados Unidos, ficou famoso por seus esforços para fazer cumprir a Lei Seca em Chicago, na década de 1920. Conhecida nos Estados Unidos como *Prohibition*, a Lei Seca era mais que uma lei, era uma emenda constitucional que proibia a fabricação, o transporte e a venda de bebidas alcoólicas em todo o país, e teve efeitos desastrosos.

A produção, a importação, o transporte e o consumo caíram na clandestinidade e passaram a ser controlados pelo crime organizado. Em Chicago, o chefe da máfia da Lei Seca era Al Capone, que por algum tempo conseguiu neutralizar, pela corrupção e pela violência, a ação policial contra sua gangue. Em nome do interesse fiscal do país e do que o governo deixava de arrecadar em impostos, o governo federal interveio e seu Departamento do Tesouro criou o grupo logo conhecido como dos "Intocáveis", do qual Eliot Ness era um dos líderes.

Al Capone não conseguiu suborná-los e por três vezes seu grupo tentou assassinar Eliot Ness. Os "Intocáveis" não chegaram a prender Al Capone, que só foi posto fora de circulação em 1929, condenado por sonegação do imposto de renda. Serviram, porém, de inspiração para o futuro FBI (*Federal Bureau of Investigation*), criado em 1935. A Lei Seca fora revogada em 1933, mas deixou enraizado o fenômeno do crime organizado e violento e fomentou, sobretudo no cinema, a cultura dos heróis incorruptíveis e durões.

Depois da revogação da Lei Seca, Eliot Ness foi secretário da Segurança Pública de Cleveland, de 1935 a 1942. Sua boa reputação — diz a Wikipédia — desmoronou a partir de 1942, quando abandonou o local de um acidente de trânsito aparentemente provocado por ele. Ness ainda tentou uma fracassada carreira como empresário e se candidatou à Prefeitura de Cleveland, mas foi derrotado.

A admiração de Sérgio Moro por Eliot Ness não parece esgotar seu elenco de super-heróis. A julgar por uma reportagem ou muito inocente ou muito sonsa do provedor UOL dias antes do interrogatório de Lula no processo do tríplex, Moro costumava passar toda semana por um banca de jornais no caminho entre seu apartamento e o prédio da Justiça Federal em Curitiba. O repórter entrevistou o dono da banca e ouviu deste que Moro ia sempre lá, para comprar as revistinhas novas do Capitão América e do Homem Aranha, dois justiceiros que a moderna tecnologia do cinema resgatou da galáxia de Gutenberg, aumentando seus fãs clubes nesta.

Pelo menos dois dos parceiros de Moro mais em evidência nas batalhas da Lava Jato em Curitiba, os procuradores Deltan Dallagnol e Carlos Fernando dos Santos Lima, também se revelaram admiradores apaixonados dos super-heróis integrantes de uma Liga da Justiça cujo panteão infelizmente desconheço — talvez por pertencer a uma geração bem mais antiga. Uma geração que, nos primeiros ardores da adolescência, abandonava o Super-Homem, o Batman e outros os personagens do *Globo Juvenil* e do gibi pelos pecados da então nascente *Playboy*.

Em blogs talvez predispostos contra eles, encontrei mais de uma vez a reprodução de *selfies* dos dois procuradores exibindo camisetas de uma nova Liga ou Trinca da Justiça, composta por eles mesmos e mais Sérgio Moro. E também um *selfie* de Carlos Fernando sorridente diante dos letreiros em neon na fachada de um cinema, possivelmente da Broadway, em Nova York, que estreava um novo filme do Homem-Aranha.

Nada contra os mais exaltados combatentes da Lava Jato relaxarem com tais *hobbies*. Melhor que o clima estressado de iniciativas como o espetaculoso *power point* de 2016.

Na madrugada de 30 de novembro de 2016, a Câmara dos Deputados aprovou o projeto de lei 4.850/2016, que pretendia responsabilizar não só juízes e membros do Ministério Público como qualquer detentor de autoridade pública, por abusos no exercício de sua autoridade. A força-tarefa reagiu num manifesto colérico, afirmando que a "Câmara sinalizou o começo do fim da Lava Jato", pois o combate à corrupção ficaria demasiadamente pesado se o abuso de juízes e promotores for punido até com a perda do cargo.

Se — acrescentava o manifesto — medidas contra a corrupção podem ser convertidas em Lei da Intimidação, que favorece a corrupção e a prática de outros crimes por poderosos, restará ferido o Estado de Direito. A força-tarefa da Lava Jato reafirma seu compromisso de avançar enquanto for possível, trabalhando ainda mais duro, dentro das regras da Constituição e das leis, para investigar, processar e punir a corrupção, seja quem for o criminoso. Contudo, os procuradores da força-tarefa estão de acordo que não será possível continuar trabalhando na Lava Jato se a Lei da Intimidação for aprovada.

O manifesto dos procuradores protestava também contra o fato de o projeto ter sido votado "na calada da madrugada", aproveitado para "rasgar as 10 medidas" num "momento de luto e consternação nacional" — o acidente que matou 71 pessoas na Colômbia, a queda do avião da equipe de futebol da Chapecoense. As 10 medidas que o projeto rasgaria eram as propostas feitas ao Congresso pelo próprio Ministério Público, algumas aceitas e, entre as recusadas, a proibição do habeas corpus em muitos casos, em extensão mais próxima do AI-5 que das cláusulas pétreas da Constituição.

No início de dezembro de 2017, Sérgio Moro esteve na sede da Petrobrás, no Rio, onde fez uma palestra para diretores e funcionários da empresa sobre combate à corrupção, palestra que foi noticiada com base talvez em informações da própria Petrobrás.

Não tive conhecimento de qualquer desmentido, mas espero que as notícias a respeito não sejam verdadeiras. Pelo que li, Moro fez várias recomendações à Petrobrás — e, entre elas, que a empresa institua prêmios em dinheiro a seus funcionários, para estimular a denúncia de casos de corrupção.

Até aqui tínhamos pessoas investigadas ou já processadas que negociavam, em troca de delações premiadas, penas menores ou até nenhuma pena (caso dos Batistas da JBS). Agora, a ser verdadeira a notícia, teremos funcionários da Petrobrás espionando e denunciando colegas em busca de sua mega-sena secreta.

Já dá para imaginar o clima de suspicácia, desconfiança e medo em que passarão a trabalhar e viver os milhares de profissionais de nível superior — sobretudo engenheiros e geólogos — e de nível técnico que já levaram a Petrobrás ao Pré-Sal, mas serão tratados como suspeitos e em alguns casos como investigados e ficarão sujeitos ao que acontecia na Alemanha de Hitler: se batiam à porta de sua casa de manhã cedo, não era o leiteiro, era a Gestapo.

Em dezembro, quando dessa palestra, já fazia dois meses do suicídio do reitor Luiz Carlos Cancellier, da Universidade Federal de Santa Catarina, que tinha sido preso e tratado em condições degradantes em consequência da aceitação, por uma delegada da Polícia Federal e uma juíza, de denúncias infundadas e destinadas a premiar o denunciante com a consumação de uma represália.

17. LULA CONDENADO EM PRIMEIRA INSTÂNCIA

Em junho de 2017, quando a defesa de Lula e o Ministério Público apresentaram suas razões finais no processo do tríplex de Guarujá, o caso Joesley ainda dominava o noticiário e a abertura de processo criminal contra Temer por corrupção passiva ainda dependia de uma decisão da Câmara dos Deputados. Já surgira a denúncia ou *fake news* das investigações da Abin sobre o ministro Luiz Edson Fachin e já se sabia da atuação de Ricardo Saud, o pagador de propinas de Joesley, em favor da aprovação pelo Senado do nome de Fachin para o Supremo em 2015.

Nesse clima tão febril e nessa atmosfera tão envenenada, não existia mais a certeza coletiva de que a Lava Lato era infalível e sempre justa. As alegações finais do Ministério Público acrescentaram uma onda de controvérsia ao caso do tríplex ao pedir de Lula, além de condenado à prisão, fosse também multado em 87 milhões de reais — o total de propina paga pela empreiteira OAS em contratos com a Petrobrás para construção de duas refinarias.

Lula era acusado, pelo próprio Ministério Público, de ter recebido, com a suposta doação do tríplex, vantagens ilícitas no valor de 3,7 milhões. Como então cobrar dele 87 milhões de multa — mais de vinte vezes o preço do tríplex? Pelo fato, respondia o Ministério Público, de Lula ter sido "o responsável pela geração e pagamento de vantagens indevidas" a outros agentes públicos.

Por ter permitido a escolha de diretores da Petrobrás nomeados pelo conselho da empresa, Lula teria de reembolsá-la pelo total de 87 milhões de propinas. Mesmo nas mais delirantes invocações das teorias do domínio do fato, que pretendessem conferir respeitabilidade jurídica a punições sem culpa e sem prova, essa desproporção seria levada ao ridículo.

A prevalecer o critério dos acusadores de Lula, o ministro Luiz Fux, do Supremo, teria de ser multado no valor do que os cofres públicos tiveram de despejar na conta bancária dos beneficiários, depois que uma limitar desse ministro, em setembro de 2014, estendeu a todos os juízes federais a mordomia do auxílio-moradia, 4 mil e poucos reais por mês, mais que o salário mínimo de quatro trabalhadores do andar de baixo.

Só em 2017, o auxílio-moradia à magistratura custou 437 milhões. Segundo o site *O Antagonista*, sempre entusiasmado com a linha dura da Lava Jato, o governo federal gastou cerca de 817 milhões só em 2017 com o pagamento de auxílio-moradia nos três poderes da União: Legislativo, Executivo e Judiciário.

Fux não poderia ser responsabilizado pelo auxílio-moradia no Executivo e no Legislativo, mas em 2017 a mordomia no Judiciário custou metade do total. Nos últimos oito anos — acrescenta *O Antagonista*, citando dados da Consultoria de Orçamentos, Fiscalização e Controle do Senado — o impacto financeiro do benefício nos gastos públicos ultrapassa os 4,3 bilhões nos últimos oito anos.

Claro que Fux não poderia ser responsabilizado por tudo isso, porque esses 4,3 bilhões compreendiam também os gastos do Executivo e do Legislativo e somavam o acumulado em oito anos, sua liminar fora assinada menos de quatro anos antes. De qualquer maneira um acusador enfezado e encanzinado, que poderia ser qualquer proponente de uma ação popular, poderia citar o exemplo da multa proposta pelo Ministério Público no caso de Lula, e pedir que se cobrasse de Fux, como "responsável pela geração e pagamento de vantagens indevidas a outros agentes públicos", pelo menos os 437 milhões gastos em 2017 com auxílio-moradia, com base em sua liminar de 2014.

As alegações finais da acusação diziam também, na linha do famoso *power point* do procurador Dallagnol em 2016, que Lula era "o comandante máximo do esquema":

— Observa-se que Lula, enquanto seu líder de maior projeção, foi o maior interessado e beneficiário do cenário de governabilidade corrompida e da perpetuação criminosa no poder pela formação de um colchão de propina que seria usado para financiar campanhas eleitorais nos mais diversos níveis.

É curioso que, dos 87 milhões das propinas relativas a duas refinarias contratadas pela Petrobrás, Lula, o comandante máximo, tivesse vantagens no valor de apenas 3,7 milhões, o tal tríplex. É curioso também que o Ministério Público tenha pedido a redução pela metade da pena a ser imposta a Léo Pinheiro, o presidente da OAS, pelo fato de ter confessado os crimes e ajudado nas investigações.

No começo, Léo Pinheiro não fizera carga contra Lula. Depois é que mudou seu depoimento para dizer que o tríplex fora destinado a Lula pela empresa. Por isso — ou seja, "pelo fato de ter confessado os crimes e ajudado nas investigações" — é que a acusação pediu que sua pena fosse reduzida à metade.

A "confissão" de Léo Pinheiro é que serviu para justificar a condenação de Lula a nove anos de prisão. Era essa a "prova".

Ainda em junho, antes de assinada a sentença, soube-se que Moro tinha determinado à Polícia Federal, a 19 de maio, nove dias depois do interrogatório de Lula, a devolução dos iPads dos netos de Lula, apreendidos em março de 2016, em sua condução coercitiva. Ao ser interrogado por Moro, Lula reclamara da demora de mais de um ano desde a apreensão dos iPads. Moro dizia alguma coisa a respeito de uma filmagem em vídeo durante a condução coercitiva — filmagem, aliás, que tinha sido proibida pelo próprio Moro. Lula aproveitou e encaixou:

— Eu queria aproveitar, já que o senhor falou dessa coerção: determine que a Polícia Federal devolva os iPads dos meus netos. É uma vergonha. iPad de neto de cinco anos. Está desde março do ano passado.

— É só pedir a restituição que é devolvido, senhor presidente — sugeriu Moro.

— Não, não, não. Já pedi, já fui lá, já fui falar — rebateu Lula. — Não pense que tudo que o senhor pede as pessoas fazem rapidamente. O senhor não viu como a Polícia Federal entrou na casa dos meus filhos. Não [foi] com a educação que entraram na minha. Na casa dos meus filhos quebraram porta, quebraram portão.

No dia seguinte à condenação, Reinaldo Azevedo, proclamadamente um jornalista de convicções de direita, inventor do termo "petralha" para desmoralizar os militantes do PT, fez o ataque mais contundente (e insuspeito) à sentença de Moro:

— *Ninguém tinha dúvidas de que o juiz Sérgio Moro condenaria o ex-presidente Lula no famoso caso do tríplex de Guarujá. O que havia era uma justa curiosidade de saber como ele o faria, segundo quais termos. Ah! Quanta pancada tomei por afirmar que o Ministério Público Federal não havia reunido as provas incontestes de que o imóvel pertence a Lula! E, no entanto, eu estava obviamente certo. O juiz admite explicitamente que os documentos de fé pública atestam que a dona do dito-cujo é a OAS. O que ele reúne é um conjunto de circunstâncias que o leva, por indução, a concluir que Lula é o proprietário oculto do bem.*

— *Esse é, vamos dizer, o primeiro salto da sentença. O que fazer, no entanto, com os documentos que atestam que o imóvel pertence à OAS? Convenham: afirmar que é próprio da lavagem de ativos a produção de evidências em contrário corresponde a sequestrar o contraditório em favor de uma tese. Não é intelectualmente honesto. Teríamos, como corolário, a seguinte maravilha: a melhor prova de que o crime aconteceu é haver provas em contrário.*

— *Noto que o Ministério Público Federal não demonstrou ser o atestado de propriedade da OAS uma farsa.*

Reinaldo concluía:

— *A delação de Léo Pinheiro teve papel central na decisão do juiz. E estamos a falar, cumpre lembrar, da sua segunda delação. A primei-*

ra, a que não acusava Lula, foi eliminada, e ninguém sabe até agora por quê.

Antes da condenação, ao comentar as alegações finais do Ministério Público, Reinaldo Azevedo discutira a multa solicitada de 87,6 milhões:

— *Na petição final enviada ao juiz Sérgio Moro no processo sobre o tríplex de Guarujá, o Ministério Público Federal pede a "firme punição" de Lula por corrupção passiva e lavagem de dinheiro. Mas calma! Os rapazes querem mais: também defendem que o petista seja condenado a pagar uma multa de R$ 87,6 milhões. E que comece a cumprir pena em regime fechado.*

Segundo o MPF, no caso em questão, Lula obteve vantagens indevidas da OAS correspondentes a R$ 3,7 milhões. Registraram? Partamos do pressuposto de que o MPF fala a verdade e tem as provas. Que sentido faz a aplicação de uma multa de R$ 87,6 milhões num processo em que se apuram desvios de R$ 3,7 milhões? Resposta: não faz sentido nenhum! É pura maluquice e mistificação.

A verdade é que o Ministério Público Federal foi incompetente para produzir as provas e, então, apela a elementos que não estão no processo para defender a condenação e a aplicação dessa multa pornográfica. Não tendo como provar que o imóvel é de Lula, então os doutores apontam o papel do petista na "orquestração" do esquema criminoso, o que seria evidenciado pela nomeação de Renato Duque e Paulo Roberto Costa para diretorias na Petrobrás. Estamos de volta ao patético PowerPoint de Deltan Dallagnol. Sim, Lula está sendo processado por sua atuação no esquema, mas essa é outra investigação, é outro processo: trata- se do inquérito-mãe, que está no Supremo.

18. O SUICÍDIO DO REITOR

No ranking de todas as universidades brasileiras, públicas e privadas, a Universidade Federal de Santa Catarina (UFSC) ocupa o sexto lugar. Segundo o Censo da Educação Superior de 2016, existem 2.407 instituições de ensino superior (IES) no Brasil — destas, 197 são universidades, 22 só em São Paulo.

A de Santa Catarina situa-se nesse ranking logo depois da Universidade Federal do Rio de Janeiro (UFRJ), da Universidade Estadual de Campinas (Unicamp), da USP (Universidade de São Paulo) e das universidades federais de Minas e do Rio Grande do Sul. Ela está bem à frente das PUCs, as Pontifícias Universidades Católicas do Rio Grande do Sul e do Rio, que são as universidades privadas em melhor posição e figuram respectivamente em 18º e 20º lugar no ranking.

A UFSC tem campi descentralizados em quatro das principais cidades de Santa Catarina — Joinville, Blumenau, Araranguá e Curitibanos — e sede em seu campus de Florianópolis, de 20 milhões de metros quadrados no bairro da Trindade, longe do bulício e do barulho do centro da cidade, um conjunto de edifícios às vezes muito grandes mas saudavelmente de poucos andares, separados por extensas áreas verdes ajardinadas e arborizadas.

Para quem chega lá pela primeira vez, a sensação é de primeiro mundo, embora sua população mostre muitos exemplos da desigualdade terceiro-mundista do Brasil. Não sei se é por causa da política de quotas, mas o visitante ocasional vê pelos gramados e pelos corredores muitos jovens cuja aparência revela sua origem nos estratos sociais mais pobres do país. É como quando nos aviões os passageiros de longa data começaram a ver famílias pobres e negras desfrutando de sua primeira viagem de férias.

Com mais de 80 anos de vida e seguramente mais de sessenta anos de atividade profissional, o jornalista Nilson Lage, professor da área de Comunicação da UFSC, aposentado pela expulsória da idade limite, e antes e por muitos anos profissional de pelo menos dois dos maiores jornais do país, a *Última Hora* e *O Globo*, com a missão, entre outras, de zelar pelo asseio literário da informação jornalística, com tudo isso nas costas Nilson Lage teve de escrever — pela primeira vez na vida — algo que nunca precisara escrever antes, nem a respeito dos tempos mais sombrios e sinistros de nossos vinte anos de ditadura escancarada e assumida.

Em fevereiro de 2018, no blog do colega Marcelo Auler, Nilson escreveu, falando de setembro de 2017:

— *Ora, imaginem o impacto que causou a invasão de um ambiente desses, o campus da Universidade Federal de Santa Catarina, por mais de cem sujeitos com o rosto coberto por balaclavas imitando ninjas e portando armas automáticas de cano longo. A comitiva marciana, despachada pela falta de senso da autoridade policial, ia buscar sete professores, um deles o reitor, acusados de nada, mas, segundo denúncia, envolvidos em conspiração talvez existente para ocultar desvios de verbas públicas de montante desconhecido que teriam ocorrido desde há mais de uma década, em administrações anteriores, em um dos programas da instituição. O choque foi tão grande que o reitor, difamado e submetido a tratamento que se dava a escravos em navios negreiros, suicidou-se. Até agora, a autoridade coatora, que o sistema protege, busca encontrar algo que o incrimine.*

Esse foi o episódio mais dramático do envolvimento das universidades públicas brasileiras em investigações derivadas da Lava Jato e do clima coletivo de revolta incitada pela grande mídia na linha do privatismo-punitivismo do pensamento único neoliberal — contra instituições públicas como o governo, o Congresso, partidos políticos, empresas estatais e, afinal, a universidade pública.

Na atmosfera envenenada de suspeita e punitivismo estimulada pela cobertura da mídia às operações mais espetaculosas da Lava Jato, fomos informados na manhã de quinta-feira, 14 de setembro de 2017, já na abertura do jornal "Bom Dia Brasil" da TV Globo, às 7 da manhã, dos lances iniciais da Operação Ouvidos Moucos, que já levara preso o reitor Luiz Carlos Cancellier, da Universidade Federal de Santa Catarina, e cumpria mandados de prisão e busca e apreensão contra outros seis professores.

A acusação era de desvio de 80 milhões de reais de verbas para bolsas de estudo no programa de educação à distância da universidade. A apresentadora do "Bom Dia" teve de acrescentar a essa informação o protesto que estava em seu *script*: "Pois é, roubalheira p'ra tudo que é lado". A notícia no site Globo.com registraria que o reitor foi preso por suspeita de tentar barrar a investigação, "segundo a PF".

Logo se soube que os tais 80 milhões não tinham sido desviados, eram a verba total que sofrera desvios de valor muito menor e que os desvios ocorreram na gestão anterior, não na do reitor Cancellier, preso apenas por suspeita de tentar barrar a investigação. Não tivemos notícia, naquele momento, de qualquer iniciativa da Polícia Federal para prender ou ao menos localizar o reitor da época dos desvios.

— Ainda não se sabe a extensão dos desvios. Temos que apurar todos que se beneficiaram desse esquema — informou a delegada Erika Marena, chefe da Repressão à Corrupção e Crimes Financeiros da Polícia Federal em Santa Catarina e nova celebridade instantânea da Lava Jato.

Não sabiam a extensão dos desvios? Então o "Bom Dia Brasil" estava errado? Então a "roubalheira p'ra tudo que é lado" não era dos 80 milhões que enfureceram o redator do *script*? Mesmo assim, o reitor e seis outros seis investigados ficaram presos por um dia. Os supostos 80 milhões foram mencionados com indignação em toda a mídia, mas depois se soube — é claro que sem o mesmo alarido — que o montante ainda não comprovado do desvio não passava de 500 mil reais, menos de 1% dos 80 milhões.

Só a operação da PF na universidade pode ter custado mais que isso, pois mobilizou 115 policiais, muitos eles levados de outros estados, com grandes despesas de transporte, hospedagem e alimentação.

Solto no dia seguinte, Cancellier ficou proibido de entrar na universidade e no dia 20 de setembro foi ao escritório de seus advogados para uma entrevista exclusiva a Moacir Pereira, um dos mais importantes, se não o mais importante dos jornalistas políticos de Santa Catarina. Nessa entrevista Cancellier falou muito na universidade e nos sistemas externos de controle nela atuantes, e praticamente nada, com certeza a conselho dos advogados, sobre sua prisão.

A respeito desta, respondeu apenas à pergunta de Moacir sobre como tinha sido seu depoimento na Polícia Federal:

— Foi tranquilo. A Polícia Federal tem um comportamento profissional. O problema é que eles entenderam a denúncia como verdadeira. Mas esta discussão não cabe neste momento.

O depoimento pode ter sido tranquilo, mas as horas que se seguiram foram as piores dos mais de cinquenta anos de vida de Cancellier, um horror inimaginável mesmo para alguém que na juventude enfrentou a ditadura sabendo dos riscos que corria.

Não se sabe por ordem de quem ou se sem ordem nenhuma, Cancellier foi transferido da Polícia Federal para um presídio estadual, onde o algemaram, vestiram-lhe o uniforme laranja dos presidiários e depois o despiram, submeteram ao que foi chamado de "revista íntima" ou vistoria ou inspeção de suas partes íntimas — que a hipocrisia do decoro policial/judiciário chama assim, mas costuma chegar à investigação do interior do ânus que, nos casos de tráfico de drogas, serve para a descoberta de saquinhos de cocaína. Cancellier foi submetido a exame íntimo anal, denunciou discursando em seu velório o desembargador Lédio Andrade, também professor da universidade e membro do Tribunal de Justiça de Santa Catarina.

— O choque foi tão grande — escreveu Nilson Lage — que o reitor, difamado e submetido a tratamento que se dava a escravos em navios negreiros, suicidou-se.

Vou mais longe, Nilson. Nem escravos em navios negreiros devem ter passado pela tal revista íntima. O que esperavam encontrar nessa exibição escancarada de sadismo, se o reitor era acusado apenas de tentar dificultar as investigações — não de se ter apropriado de qualquer parcela dos 80 milhões que não passavam de 500 mil reais? Ou nada pretendiam encontrar e a tal vistoria destinava-se apenas a intimidá-lo e conduzi-lo a alguma confissão ou delação? Joesley Batista, criminoso confesso e espontâneo, não foi tratado assim. Com a cobertura da PF, viajou para Nova York em seu próprio jatinho e de lá mandou buscar seu iate de dez milhões de dólares, que estava em manutenção em Itajaí, na jurisdição catarinense da Polícia Federal, a mesma que prendeu Cancellier e o entregou a um presídio estadual.

Nesse presídio, Cancellier foi submetido a um verdadeiro estupro — essa é que é a verdade. Pela legislação em vigor no Brasil desde 2009 (Lei 12.015), estupro não é mais um crime que só pode ser cometido contra as mulheres. Elas não são mais as vítimas exclusivas desse crime, hoje qualificado de hediondo. Pela legislação anterior, era considerado estupro "constranger a mulher à conjunção carnal mediante violência ou grave ameaça". Pela Lei 12.015, que já tem tempo suficiente — nove anos — de vigência e jurisprudência para que autoridades policiais e penitenciárias não possam cometer equívocos quanto a seu alcance, estupro é constranger alguém, mediante violência ou grave ameaça, a ter conjunção carnal ou a praticar ou permitir que com ele se pratique outro ato libidinoso.

Cancellier, porém — podem dizer os defensores desses métodos — não foi submetido à conjunção carnal nem a outro ato libidinoso. Concordo que os agentes policiais ou penitenciários encarregados da tal "revista íntima" (chamada de exame íntimo anal por um jurista, o desembargador Lédio Andrade) não tinham propósito libidinoso, não eram movidos pelo impulso de um prazer sádico ao qual um certo Dr. Sigmund Freud, de Viena, possivelmente atribuiria considerável componente sexual.

Cancellier passou, no entanto, pelo mesmo sofrimento traumatizante, pelas mesmas sensações de degradação da mulher que no estupro tem seu corpo tocado — e nem é preciso que seja penetrado. Por isso escrevi "verdadeiro estupro".

Há cinquenta anos, metade do Brasil se indignou porque cortaram o cabelo de Caetano Veloso e Gilberto Gil. Agora somos levados a considerar com naturalidade não só cabeças raspadas, mas também presos desnecessariamente algemados e até acorrentados. Nem mesmo um "exame íntimo anal" nos levará a pensar no quanto estamos retrocedendo de marcos civilizatórios nada menos que seculares?

A Lei 12.015, que em 2009 reformou o Código Penal para ampliar o conceito de estupro, introduziu nele um novo título ("Dos crimes contra a dignidade sexual") e um novo capítulo ("Dos crimes contra a liberdade sexual") para adequá-lo aos avanços do processo civilizatório no século quando temos diante dos olhos — e da razão e da consciência — um conceito como dignidade sexual, será que temos o direito de ficar indiferentes ao que aconteceu com o reitor Cancellier?

Na noite de domingo, 1º de outubro, Cancellier, segundo a *Veja*, em reportagem publicada em novembro, chegou ao restaurante Macarronada Italiana, "de onde se avista a deslumbrante Baía Norte de Florianópolis ... à procura de Zé":

— O garçom José de Andrade, de 63 anos, irrompeu no salão e aproximou-se para registrar em seu bloquinho o pedido de sempre do freguês de quase quatro décadas: talharim à bolonhesa.

— Não, Zé, hoje só vim te ver e tomar um café contigo.

O garçom desconfiou, "percebeu um timbre diferente e retrucou":

— Te conheço, Cau. Você está bem?

Cau, como os mais chegados chamavam Cancellier, "não estava bem", mas desconversou.

— Reclinou sua vasta figura de 1,90 metro e 85 quilos sobre o balcão e tomou um expresso em companhia de Zé, que percebeu outra estranheza: o silêncio incomum e prolongado do interlocutor. Dez minutos depois, Cau deu-lhe um abraço apertado, um beijo na bochecha esquerda e se despediu com um "adeus".

Em seguida, segundo a *Veja*, Cancellier foi ao Beiramar Shopping, "uma caixa de concreto de sete andares, subiu até o último piso e andou em torno das escadas rolantes mirando lá embaixo, como quem calcula o território. Caminhou duas, três, cinco vezes ao todo".

A reportagem não diz quem contou isso, mas Cancellier, muito conhecido em Florianópolis, pode ter sido visto por mais de uma pessoa na noite movimentada de domingo no shopping. Ou por não estar com a decisão já tomada em definitivo ou — creio eu — para poupar as muitas pessoas que andavam pelo shopping, inclusive crianças, Cancellier entrou num cinema, de onde saiu no fim do filme e deve ter sido reconhecido de novo.

A *Veja* reconstituiu com muitos detalhes as últimas horas de Cancellier — e por isso sua reportagem exigiu muito tempo de investigação e só ficou pronta um mês depois, em novembro.

No dia seguinte, na última manhã de sua vida, Cau deixou seu apartamento, no bairro de Trindade, e pegou um táxi. No meio do caminho, talvez à espera de que o shopping abrisse as portas, às 10 horas, encerrou a corrida na Praça dos Namorados, onde costumava levar o filho quando pequeno. Sentou-se num banco. Uma conhecida o cumprimentou, ele perguntou as horas. Eram 9H20. Quando o shopping abriu, Cau não demorou a chegar. Cruzou com um estudante universitário, a quem saudou protocolarmente, e tomou o elevador até o 7º andar.

A escolha dos primeiros minutos depois da abertura do shopping na manhã de uma segunda-feira parece confirmar que Cancellier não queria que houvesse muitas testemunhas daquele momento de horror — a visão de sua queda e, depois, de seu corpo. Mas queria que sua morte causasse impacto — um protesto público e político como os que sua geração testemunhara na juventude, contra a guerra do Vietnam, por exemplo, com os monges budistas que se imolavam em fogueiras nas ruas de Saigon.

— *As câmeras de segurança do shopping* — disse a *Veja* — *captaram o momento em que Cau, sem nenhuma hesitação, se postou na escada rolante, colocou as mãos no corrimão de borracha, em seguida subiu ali com os dois pés — e jogou-se no vão da escada, projetando-se no precipício. Despencou de uma altura de 37 metros, a uma velocidade de 97 quilômetros por hora. Seu corpo bateu no chão como se pesasse 458 quilos. Ele morreu na hora, às 10H38 de 2 de outubro de 2017.*

No mesmo dia, o site do *Diário Catarinense* registrou:

— *A PM chegou ao local poucos minutos depois ... O local da queda foi isolado para o trabalho da perícia. Uma tenda foi usada para cobrir o espaço ... O corpo foi retirado do local por volta do meio-dia e levado para o Instituto Médico Legal ... O shopping continuou funcionando normalmente e não há previsão de ser fechado ...*

Amigos e familiares, entre eles o irmão Júlio Cancellier, estiveram no shopping na manhã desta segunda-feira ... Uma mulher chegou a abordar a polícia para saber quem era a pessoa morta. Ela estava preocupada que poderia ser um parente que sofre de depressão ... As unidades acadêmicas estão reunidas para saber se as aulas da graduação e pós-graduação também serão interrompidas.

No dia seguinte, no velório de Cancellier no enorme e repleto auditório da universidade, o professor Lédio Andrade, também desembargador e grande amigo de Cancellier desde o tempo de estudante, fez em poucas palavras a homenagem mais solidária com o protesto que viu no suicídio do Reitor:

— Como professor quero dizer que tenho muito orgulho de pertencer a esta universidade. Como desembargador, tenho vergonha!

Já eram conhecidos os problemas que Cancellier enfrentava na universidade e novos detalhes surgiam a cada momento da trama de denúncias e intrigas cujo resultado foi a PF e uma juíza embarcarem numa aventura irrefletida que teria sido ridícula se não fosse tão trágica.

O blog *Jornalistas Livres* publicou — também com a demora do tempo necessário para completar sua investigação — uma longa reportagem sobre os antecedentes da prisão de Cancellier:

— *Sem poder suportar a demolição moral que sofreu a partir das armadilhas de uma personalidade reincidente na prática da calúnia e da perseguição* — começava a reportagem — *o reitor Luiz Carlos Cancellier morreu aos 59 anos, impossibilitado de encontrar saída para a trama em que foi enredado. O destino do reitor e da universidade poderia ser outro se os antecedentes criminais e o perfil do seu principal acusador tivessem sido levantados e viesse à tona o depoimento das vítimas dentro e fora da universidade.*

— Antes de a Justiça e da Polícia Federal darem crédito à rede de intrigas e acusações que encurralaram o reitor num beco sem saída, sem esperança de reivindicar sua inocência para os "ouvidos moucos" dos aparelhos punitivos, o corregedor geral da UFSC, Rodolfo Hickel do Prado, 58 anos, já respondia por inúmeras denúncias de calúnia, difamação, ameaças e intimidações.

— Em seis processos localizados pela reportagem, nos quais em ao menos dois ele foi condenado em instância criminal e cível, um traço do seu caráter permanece: o abuso de autoridade de quem se aproveita da influência e posição para lançar falso testemunho e intimidar pessoas inocentes.

Hickel, funcionário da Advocacia Geral da União (AGU), foi nomeado corregedor da universidade em 2015, pela ex-reitora Roselane Neckel, seis dias antes do fim de seu mandato, que ela tentara mas não conseguira renovar, derrotada por Cancellier na eleição interna da universidade. Hickel, segundo um ex-procurador da universidade, Nilton Parma, não poderia ser nomeado corregedor, por seus antecedentes de transgressão civil e criminal:

— Com essa ficha corrida, ele nunca poderia ter sido nomeado para cargo nenhum — disse o ex-procurador.

Assim que tomou posse como reitor da universidade, Cancellier começou a ter problemas com Hickel, que o acusou de tentar impedir a investigação de desvios da verba de bolsas de estudo (os tais 80 milhões que não passavam de não-confirmados 500 mil). Na sofreguidão da febre da Lava Jato, a delegada Marena teve autorização de uma juíza para desencadear a operação que prendeu Cancellier.

Em seguida ao suicídio, Hickel foi afastado das funções de corregedor e entrou em licença médica por noventa dias. Mas a então reitora em exercício sentiu-se intimidada e pressionada e revogou o afastamento, o que provocou a renúncia de vários pró-reitores e chefes de departamento — numa revolta coletiva que ameaçava alastrar-se e só não se estendeu aos milhares de alunos da universidade por causa do encerramento do ano letivo. Em fevereiro de 2018, afinal, o corregedor foi definitivamente afastado.

Hickel reassumiu a corregedoria no dia 7 de fevereiro e deu uma entrevista ao *Globo* para dizer que se mantinha no propósito "de apurar todo e qualquer ilícito, doa a quem doer". E que considerava uma "barbaridade" que o grupo do ex-reitor Luiz Carlos Cancellier continue na administração da universidade e nas fundações, onde, segundo ele, estaria "todo o esquema". Depois dessa entrevista, o reitor em exercício, Ubaldo Cesar Balthazar, afastou definitivamente o corregedor.

Fazia quase cinco meses da prisão de Cancellier e nada ainda se provara contra ele.

19. A UNIVERSIDADE AMEAÇADA

Na primeira semana de dezembro de 2017, dois meses depois do suicídio de Cancellier, outra força-tarefa da Polícia Federal entrou com o estrépito de sempre na Universidade Federal de Minas Gerais, em Belo Horizonte, depois de recolher em casa o reitor Jaime Arturo Ramírez. Mas já não levava mandados judiciais com ordens de prisão, apenas de condução coercitiva — homenagem póstuma a Cancellier ou promessa à comunidade da UFMG de que seu reitor e os demais professores conduzidos não teriam o mesmo tratamento recebido pelo reitor morto.

A diferença de tratamento era no mínimo uma derrota ideológica do Santo Ofício de nossa nova Inquisição. Pela lógica do punitivismo, o tratamento a Ramírez deveria ser ainda mais rigoroso: Cancellier fora preso para investigarem desvios de dinheiro público praticados antes de sua gestão. Ramírez, por supostos desvios durante sua gestão. Ao pedir, porém, à Justiça os mandados necessários, os investigadores preferiram dar um passo atrás, para não remexer imprudentemente no caso Cancellier e não associá-lo automaticamente ao caso Ramírez. A associação, no entanto, era inevitável.

Além de Ramírez, foram conduzidos coercitivamente a vice-reitora Sandra Regina Goulart Almeida, o presidente da Fundação de Desenvolvimento e Pesquisa (Fundep), Alfredo Gontijo de Oliveira, as ex-vice-reitoras Rocksane de Carvalho Norton e Heloisa Gurgel Starling e duas funcionárias da Fundep, Silvana Coser e Sandra Regina de Lima.

Esse novo espetáculo midiático, que mobilizou 84 policiais federais e 15 auditores da Controladoria-Geral da União, apurava um suposto desvio de apenas um dígito, 4 milhões de reais, na construção do Memorial da Anistia Política do Brasil. O espetáculo recebeu oficialmente o nome de Operação Esperança Equilibrista, tirado da bela canção de João Bosco e Aldir Blanc, que contribuíra tanto, na época da anistia, para levar o Brasil a reconciliar-se consigo mesmo e recuperar sua autoestima depois daqueles anos de chumbo. Os trovadores encarregados de batizar as operações ligadas direta ou indiretamente à Lava Jato não perceberam, mas com essa escolha tentavam ridicularizar a campanha da anistia no fim da década de 1970 — uma anistia que acabou sendo recíproca, para perseguidores e perseguidos, uma anistia que talvez amanhã tenha de ser pedida de novo, e de novo com os mesmos versos roubados agora num surto espantoso de boçalidade.

Assim como evitara pedidos de prisão e se contentara com ordens de condução coercitiva, a operação procurou não cair no ridículo dos 80 milhões de Florianópolis que não chegavam a 1% disso, e ficou numa estimativa bem modesta e de apenas um dígito.

A assessoria de imprensa da UFMG informou que não poderia manifestar-se "sobre os fatos que motivam a investigação em curso", por se tratar de uma investigação sigilosa. Era de novo a tática da surpresa e meses antes um dos ministros do Supremo tivera de proibir um depoimento de Aécio Neves porque a Polícia Federal não queria que ele e seus advogados tomassem conhecimento de um depoimento no qual ele era acusado. Se situações como essa me conduzem, não-coercitivamente, aos procedimentos da Inquisição, meio milênio antes de nossos dias, conduzem-me também uns oitenta anos atrás, à KGB de Stalin, que ainda devia se chamar de NKVD.

Liberados horas depois, nem o reitor Ramírez nem seu advogado quiseram falar com a imprensa na saída da Polícia Federal. O presidente da Fundep, Alfredo Gontijo, também disse que não iria se pronunciar. Mas a pesquisadora Silvana Coser, contratada da Fundep, negou ter conhecimento de desvio de recursos. Ela disse que foi chamada pela Polícia Federal em casa, às 6 horas da manhã — (eu sei como é ser acordado e levado às seis da manhã) — e prestou depoimento por horas:

— Primeiro — disse Silvana atrevidamente aos inquisidores — estou sabendo deste valor [4 milhões] por vocês. Eu desconheço isso. Até porque eu trabalho em uma instituição íntegra, séria e com 90 anos de história para provar. Não só a instituição é séria como as pessoas envolvidas são sérias. De modo que eu desconheço qualquer desvio.

Já o delegado da Polícia Federal, Leopoldo Lacerda, informou que, segundo o inquérito, até aquele momento teriam sido gastos mais de 19 milhões na construção do memorial e pesquisas de conteúdo. Segundo outras informações da PF, "o único produto aparente é um dos prédios anexos, ainda inacabado" e os quase 4 milhões (as primeiras informações não falavam em "quase"...) teriam sido desviados por meio de fraudes em pagamentos realizados pela Fundep, contratada para realizar as pesquisas de conteúdo e produção de material para a exposição de longa duração que o memorial abrigará.

Enquanto os presos, perdão, os conduzidos coercitivamente prestavam depoimento, professores e funcionários da UFMG foram à sede da Polícia Federal para se manifestar e protestar. Eles pediam que os professores fossem soltos — e no nervosismo do momento cometiam um erro semântico imperdoável em intelectuais portadores de títulos de mestrado, doutorado e outras distinções acadêmicas: um preso pode ser solto, mas um conduzido, segundo a doutrina oficial, não está preso, portanto não é correto falar em soltá-lo.

Os manifestantes comemoraram a saída do reitor, ao ser... Não sei se posso dizer "solto" da Superintendência da PF. A professora Eli Iola Gurgel, da Faculdade de Medicina, declarou:

— Estamos vivendo um momento complexo, delicado, um momento que a gente pode chamar de exceção. Saímos de nossas casas correndo, para vir dizer que nós estamos indignados com isso que ocorreu hoje com a direção da UFMG. É um sinal desse momento que estamos vivendo.

Para a ex-ministra Nilma Lino Gomes, ex-reitora da Universidade da Integração Internacional da Lusofonia Afro-Brasileira e professora da UFMG, a operação foi um ataque à democracia e não é um caso isolado:

— A UFMG resiste e nós resistiremos junto com ela.

A vereadora Áurea Carolina, do PSOL, mestra pela UFMG, considerou a operação uma violência simbólica:

— Eles querem que a população brasileira desconheça a história ditadura militar. Querem apagar as marcas da tortura e da repressão.

Onze ex-reitores e vice-reitores da UFMG assinaram no mesmo dia uma carta de protesto contra a ação da Polícia Federal:

— Repudiamos inteiramente o uso da condução coercitiva e mais ainda a brutalidade e o desrespeito com que foram tratados o reitor e a vice-reitora, as ex-vice-reitoras e outros dirigentes e servidores da UFMG, em atos totalmente ofensivos, gratuitos e desnecessários.

A mídia registrou também o protesto da ANDIFES, a Associação Nacional dos Dirigentes das Instituições Federais de Ensino Superior. Em nome de 63 reitores, a associação manifestou "sua indignação com a violência, determinada por autoridades e praticada pela Polícia".

A Polícia Federal foi a mais acusada nesses protestos, até porque eles aconteciam diante da sede de sua superintendência em Belo Horizonte, Mas a operação e as conduções coercitivas tinham sido realizadas com ordem judicial.

No dia seguinte aos acontecimentos de Belo Horizonte, 7 de dezembro, uma força-tarefa da Polícia Federal em Florianópolis voltou à Universidade Federal de Santa Catarina. Não levava mandados de prisão, que na véspera já tinham sido evitados em Belo Horizonte, para ao menos reduzir, na impossibilidade de banir, a inevitável associação de ideias com a prisão do reitor Cancellier.

Levava, como em Belo Horizonte, mandados de condução coercitiva, em número de seis.

O noticiário registrava, com base em informações da Polícia Federal, que essas conduções coercitivas foram realizadas, mas não dava o nome nem a função dos conduzidos. Ao pesquisar informações para este capítulo não encontrei na internet, três meses depois da operação, o nome de qualquer dos seis, nem acusações ou provas contra quem quer que seja.

A Polícia Federal fez questão, igualmente, de enfatizar que a nova operação, batizada de "Torre de Marfim", nada tinha a ver com os fatos investigados na operação anterior, a "Ouvidos Moucos", que levara preso o reitor Cancellier. Aparentemente a "Ouvidos Moucos" nada avançara em quase três meses desde a prisão de Cancellier e nada provara contra ele.

A nova investigação não tratava do desvio dos supostos 80 milhões logo reduzidos a 500 mil em bolsas de estudo, e sim da aplicação irregular de verbas federais destinadas a projetos de pesquisa desenvolvidos por fundações de apoio da Universidade.

Cerca de 90 agentes da Polícia Federal participaram das diligências, seis a mais que os 84 da véspera em Belo Horizonte e não se sabe quantos levados de outros estados. Curiosamente, a nova investigação era muito velha. Cancellier fora acusado de boicotar a investigação de desvios ocorridos antes de sua investidura como Reitor. Agora a "Torre de Marfim" avançava com uma investigação solicitada três anos antes, em 2014, pela própria reitoria da Universidade Federal de Santa Catarina sobre possíveis desvios de verbas.

Dois dos servidores investigados teriam movimentado cerca de 300 milhões em contratos na coordenação de projetos e convênios entre os anos de 2010 a 2017, mas esse valor, quase quatro vezes maior que os supostos 80 milhões do caso Cancellier, foi informado discretamente, sem os decibéis da "roubalheira p'ra tudo que é lado" do "Bom Dia Brasil".

O pedido de investigações feito em 2014 pela reitoria da Universidade Federal de Santa Catarina passara pelo Tribunal de Contas e pela Controladoria Geral da União (CGU). Segundo a CGU, a Universidade Federal de Santa Catarina é a entidade recordista em recomendações para correção de irregularidades em Santa Catarina, com cerca de 120 recomendações, quase o dobro do segundo colocado.

Diante desse parecer e da origem na própria universidade das investigações que conduziram à Operação Torre de Marfim, será que havia mesmo necessidade de uma força armada de 90 policiais para o retorno desse filhote da Lava Jato à UFSC?

No mesmo dia da invasão da UFMG em Belo Horizonte, o reitor da Universidade Federal do Paraná (UFPR), Ricardo Marcelo Fonseca, publicou um documento de protesto não só contra essa operação, mas também contra as operações "PhD", na Universidade Federal do Rio Grande do Sul, a "Research", na Federal do Paraná, a "Ouvidos Moucos", na de Santa Catarina (a do suicídio do reitor Cancellier) e a Operação Esperança Equilibrista, na Universidade Federal de Minas Gerais. (Entre parênteses, o Dr. Freud, de Viena, muito se perguntaria sobre o elenco de metáforas introjetadas nas operações da Lava Jato. Mas vamos às palavras do reitor do Paraná, que vou reproduzir na íntegra, tal sua importância.)

— Há quase um ano, no dia 9 de dezembro de 2016, a Polícia Federal irrompeu na UFRGS, *em vista de uma suspeita de fraude em um programa de extensão. A Polícia Federal batizou todo o movimento de Operação PhD.*

— Pouco tempo depois, em 13 de fevereiro de 2017, algo similar aconteceu na nossa Universidade: numa operação (batizada de "Research"), foram envolvidos mais de 180 agentes federais, cumprindo vários mandados de prisão e oito conduções coercitivas.

— Mas o pior estava por vir: no dia 14 de setembro de 2017, numa operação batizada de "Ouvidos Moucos" (em alusão direta à suposta falta de respostas da universidade aos órgãos de controle), a polícia chega na UFSC *para cumprir sete mandados de prisão temporária e cinco de condução coercitiva. Mais de 115 policiais foram envolvidos na operação — que vieram inclusive de outros estados.*

— Nesse caso, porém, houve um fato grave adicional: o próprio reitor da UFSC *— Luiz Cancellier de Olivo — foi preso "por obstruir investigações". Os supostos desvios (ainda em fase de investigação e apuração) teriam ocorrido na gestão anterior à dele. Levado a um presídio, algemado, submetido à revista íntima e solto logo depois, mas impedido por ordem judicial de colocar os pés na universidade que o elegeu, Cancellier cometeu suicídio no dia 2 de outubro de 2017.*

— Para quem imaginava que esta tragédia serviria para que a escalada contra as universidades fosse objeto de reflexão e cuidado, hoje, dia 6 de dezembro de 2017, vem outro grande choque: o alvo foi a UFMG. *Outra operação policial, com 84 policiais federais, 15 auditores da* CGU *e dois do* TCU *cumpriu oito mandados de condução coercitiva e onze de busca e apreensão. A operação — não sem certo mau gosto irônico — foi intitulada "Esperança Equilibrista" (numa referência direta a uma canção símbolo da época da redemocratização brasileira, "O bêbado e a equilibrista"). Foram conduzidos coercitivamente os atuais reitor e vice-reitora da* UFMG *(Jaime Ramírez e Sandra Almeida), além de servidores e dirigentes das gestões anteriores.*

— Como se viu, em pouco menos de um ano, 4 das maiores universidades federais do Brasil (UFMG, UFSC, UFRGS e UFPR) sofreram impactantes operações policiais, com quantidade de agentes (geralmente também acompanhados de auditores de órgão de controle) suficientes para um conflito armado. Todas com imensa e desmedida repercussão midiática. Em alguns desses casos, com prisão ou condução coercitiva das autoridades máximas — no planos administrativo e simbólico — das instituições universitárias. Nunca se viu um cenário desses antes.

— As universidades, seus professores, servidores técnicos e pesquisadores teriam se pervertido tanto assim em um ano? Teriam se transformado de repente em ninhos de bandidos? E se perceba: se está falando de instituições tradicionais — a nossa UFPR é centenária — que durante décadas foram vistas como celeiros do conhecimento brasileiro e da formação de gerações. As universidades não são perfeitas, como nenhuma instituição pública ou privada o é, mas seguramente não são esse antro de corrupção, descontrole e ineficiência que as ações policiais sugerem e que a mídia propaga.

— Se é assim, é melhor olhar com certa frieza para o que há de comum nesse triste contexto. Primeiro, operações policiais e órgãos de controle têm elegido as universidades públicas como principais focos de sua atenção. Não são os ministérios, autarquias ou os demais órgãos federais — seguramente nenhum deles berços infalíveis de virtudes infinitas; agora os olhos do controle e da repressão se voltam para as universidades públicas.

— Segundo: de repente — mais do que em qualquer outro tempo — a imprensa se concentra no que acontece nas universidades. Mas não para falar sobre os milagres cotidianos que operamos (na formação das pessoas, na ciência, na tecnologia, na inovação ou na inclusão social), mas naquilo que, aos seus olhos, lhe parece suspeito, mesmo que ainda não haja investigação ou decisão definitiva sobre o que se noticia.

— Terceiro: todas essas confusões — todas — são feitas sem que haja um juízo condenatório definitivo: o escarcéu repressivo e midiático acontece antes e a apuração de responsabilidades vem depois.

— Quarto: parece que houve uma suspensão de alguns direitos no Brasil, como a presunção de inocência, o devido processo legal e a dignidade da pessoa humana. O clima policialesco e a mentalidade inquisitória parecem ter definitivamente suplantado uma cultura de direitos que valorizava a liberdade. Em nome de um certo moralismo administrativo e de uma sanha punitivista, garantias e direitos individuais são colocados como detalhes incômodos e inconvenientes.

— Quinto: o princípio da autonomia universitária (prevista no art. 207 da Constituição), por todas as razões antes já mencionadas, hoje foi reduzido a pó e a letra morta.

— O momento é de fato grave: enquanto deputados ou senadores filmados em flagrante delito por graves desvios são soltos pelos seus pares, reitores têm sua liberdade cassada. A sociedade deve, com muita premência, pensar que tipo de mundo pretende construir quando instituições como as universidades públicas (responsáveis por cerca de 90% da ciência e tecnologia do Brasil) são demonizadas, expostas, desrespeitadas e quando seus dirigentes são imolados publicamente.

— O Brasil precisa pensar em que tipo de futuro quer apostar. E para mim a resposta só pode ser essa: é momento de resistir e defender a universidade pública. Viva a UFRGS! Viva a UFSC! Viva a UFMG! Viva a UFPR!

Esse foi o texto assinado por Ricardo Marcelo Fonseca, reitor da UFPR.

Segundo o noticiário, a PF, perguntada sobre o documento do reitor do Paraná, informou que não deve se posicionar sobre o assunto. Se a PF não se manifestou sobre o suicídio do reitor Cancellier, não se poderia mesmo esperar que se manifestasse sobre o documento do reitor do Paraná.

A este eu gostara de pedir licença para discutir o penúltimo parágrafo de seu documento, aquele em que ele diz: "enquanto deputados ou senadores filmados em flagrante delito por graves desvios são soltos pelos seus pares, reitores têm sua liberdade cassada".

Não sei se tantos deputados ou senadores foram soltos pelos próprios pares. O Congresso atual é péssimo, pior que os anteriores, mas isso se deve sobretudo à farra da criação de partidos, que o Congresso tentou evitar, adotando uma cláusula de barreira, mas o Supremo considerou inconstitucional. Parlamentares e ex-parlamentares têm sido mais beneficiados pela Justiça, sobretudo em decisões monocráticas de ministros do Supremo, que pelo Congresso.

Por pior que seja o Congresso, o simples fato de ainda existir e funcionar garante o que ainda temos de autonomia da universidade. Bem ou mal, o Congresso não aprovou as dez medidas contra a corrupção que os xiitas do Ministério Público exigiriam e que restringiriam o *habeas corpus* bem ao estilo do AI-5. Pressionado como ele está para acabar com as imunidades parlamentares, é ao Congresso que temos de pedir, como a ANDIFES cobrou, em nome de 63 reitores pediu, em seu manifesto contra a invasão da UFMG, uma lei de abusos de autoridade que impeça a repetição de episódios como a prisão do reitor Cancellier.

Até agora as ameaças à universidade concentraram-se na intimidação por meio de investigações de corrupção. Que certeza podemos ter de que amanhã não tentarão intervir na liberdade pedagógica das universidades que estão decidindo, em número cada vez maior, oferecer cursos facultativos sobre o impeachment da presidente Dilma Rousseff?

No avanço do ativismo judicial a que temos sido empurrados pela exploração midiática dos eventos da Lava Jato, o próprio Supremo mantém em sua agenda a possibilidade de legislar sobre imunidades parlamentares, a pretexto de impedir sua utilização como instrumento garantidor da impunidade de corruptos. Nesse avanço, a própria inviolabilidade do mandato popular fica ameaçada.

Por isso quero sugerir um acréscimo ao pedido da ANDIFES para que o Congresso retome a votação de lei de abuso de autoridade já aprovada pelo Senado graças ao trabalho desassombrado do senador Roberto Requião.

Não sei se alguém já fez proposta idêntica, mas nunca vivemos, pelo menos desde o fim do regime de 1964, há mais de trinta anos, qualquer situação que exigisse equiparar o mandato de reitor de uma universidade ao mandato popular de um legislador.

Se não tiver imunidades, que independência terá um senador ou deputado para votar, digamos, já que o tema foi levantado pela ANDIFES, uma lei de abusos de autoridade que proíba operações como as conduzidas contra quatro das maiores universidades federais do país?

E um reitor? Ele é titular de um mandato conferido por sua comunidade, em eleição direta, pelo voto democrático e ponderado de todos os segmentos dessa comunidade, de professores com PhD à faxineira que exerce a honrada tarefa de manter limpas as privadas e os mictórios. Um reitor não deveria ter garantias que protejam o exercício de seu mandato contra as reações e investidas de grupos e forças empenhados em travar o avanço do conhecimento científico? Ou contra os transbordamentos do projeto de privatização da universidade pública?

Foi há mais de cinquenta anos, em 1966, um ano e meio antes dos acontecimentos mais importantes do ano que não terminou, 1968, o ano do AI-5 no Brasil, dos protestos estudantis em Paris e em boa parte da Europa, da Primavera de Praga e do filme de horror dos tanques soviéticos na então Tchecoslováquia, da revolta dos jovens americanos contra a Guerra do Vietnam e do assassinato de Bob Kennedy e Martin Luther King. Foi pouco antes do primeiro transplante de coração, realizado em 1967 na África do Sul, onde Nelson Mandela continuava preso, condenado à prisão perpétua. E dois anos antes do Festival de Woodstock e do desembarque dos primeiros homens na Lua em 1969.

Mesmo condenada ao esquecimento por todos esses acontecimentos, uma frase bem-humorada, mas dissolvente e desmoralizante como toda boa ironia contra os abusos do poder, não foi esquecida pelos que souberam dela quando aconteceu. O Brasil vivia sob o segundo Ato Institucional do regime militar e os estudantes protestavam pela volta das liberdades públicas e contra os acordos chamados de MEC-USAID, entre o Ministério da Educação e Cultura do Brasil e a USAID, a United States Agency for International Develepment (Agência dos Estados Unidos para o Desenvolvimento Internacional) — acordos que, a pretexto de dar ajuda, entre outros, permitiriam a intervenção norte-americana nas universidades brasileiras.

O mundo estava dividido pela Guerra Fria e a oposição dos estudantes ao Acordo MEC-USAID era apontada como a nova ofensiva da conspiração comunista internacional contra a civilização ocidental-cristã. Em nome desta, a polícia reprimia as manifestações estudantis e em agosto de 1966 o campus da Universidade Federal do Rio de Janeiro na Praia Vermelha, perto do Pão de Açúcar, no coração turístico do Rio, foi cercado por unidades da Polícia Militar carioca. O reitor da universidade era um conservador simpático e culto, o professor Pedro Calmon, da cadeira de Direito Constitucional da faculdade de Direito, que se entendia bem com os estudantes e chegava a emprestar sua cumplicidade à travessura anual dos alunos dessa faculdade.

No dia 11 de agosto, aniversário da instalação dos cursos jurídicos no Brasil-Império, grupos de estudantes almoçavam ou jantavam em vários restaurantes e depois ordenavam que a conta fosse mandada ao reitor. Era o "Dia do Pendura" e alguns donos de restaurantes nem os abriam nesse dia. Calmon, se não pagava as contas (em restaurantes populares e baratos), dava sempre um jeito de acomodar as coisas.

Com a universidade cercada e ameaçada de invasão, Calmon foi conversar com o comandante da força-tarefa policial-militar. Naturalmente o reitor queria evitar a invasão, a inevitável resistência dos estudantes e as violências e prisões desse confronto. Mas o comandante recebera ordens expressas para reprimir as manifestações. Não me lembro o que os jornais da época escreveram sobre a conversa, mas nunca vou esquecer a frase com que o reitor fez seu protesto e seu aceno de simpatia aos estudantes:

— Bem, como o senhor sabe, na universidade só se entra com vestibular...

A frase paralisou o comandante e imobilizou a tropa. Até que os escalões superiores tomaram conhecimento da impugnação do reitor, devem ter consultado os escalões supremos, a ordem foi reiterada, a universidade invadida e pelo menos seiscentos estudantes espancados — muitos deles num corredor polonês pelo qual foram obrigados a deixar o campus debaixo de borrachadas.

Mas no outro dia o Brasil inteiro ria dos invasores, completamente cúmplice, curtindo a frase do reitor.

20. CABRAL ACORRENTADO

Quando, dois anos antes, no início de 2016, determinou a condução coercitiva de Lula a pedido do Ministério Público, o juiz Sérgio Moro proibiu expressamente o uso de algemas e a realização de filmagens. As proibições foram enfáticas e Moro escreveu NÃO, em maiúsculas, duas vezes, para as algemas e para as filmagens. A proibição de algemas foi respeitada, a de filmagens, não.

No início de 2018, na transferência de Sérgio Cabral do Rio para Curitiba, a proibição não deve ter sido repetida: os condutores da Polícia Federal, fortemente armados e com aquelas toucas de ninja que mal deixam abertura para os olhos, não só o algemaram como o acorrentaram pelos tornozelos.

O cuidado em relação a Lula só pode ter sido por medo das reações populares, tanto que, depois de buscá-lo em seu apartamento em São Bernardo do Campo, não o levaram para a delegacia policial nem para o fórum da cidade. Foram interrogá-lo numa escondida repartição policial no Aeroporto de Congonhas, na cidade de São Paulo. Lula tinha sido presidente duas vezes, saíra com altos índices de aprovação, elegera e reelegera sua sucessora e surgia, mais de dois anos antes da eleição seguinte, com índices cada vez maiores nas pesquisas de opinião.

Sérgio Cabral, ao contrário, caíra muito na estima popular depois de se reeleger e eleger o sucessor, Luiz Fernando Pezão. Este não conseguiu manter em dia os salários do funcionalismo estadual, situação que se prolongou por tanto tempo que a crise do estado do Rio foi a mais longa e a mais profunda de todos os estados. Para a maioria das pessoas, a causa única da crise seria a corrupção dos dois governos de Sérgio Cabral, mas a queda nos preços internacionais do petróleo pesara muito nos dividendos pagos ao estado do Rio. Já a farra do famoso jantar em Paris, em que os amigos de Cabral e ele próprio se fizeram fotografar com cabeça coberta pelos guardanapos do restaurante, acrescentara mais revolta à revolta dos que sentiam lesados pelo caos da economia estadual.

Quando, afinal, vieram a acontecer, a prisão de Cabral e depois a de sua mulher, Adriana Ancelmo, foram recebidas com aplausos, os dois vaiados ao sair de casa conduzidos pela Polícia Federal e ao chegar ao presídio. Aparentemente não havia perigo, mesmo com as manifestações hostis, tanto que não usaram nem algemas, quanto mais corrente nas pernas.

O jornalista Reinaldo Azevedo foi, mais uma vez, quem protestou primeiro e com mais indignação. Reinaldo, um conservador que antes a esquerda não suportava, vinha enfrentando até a hostilidade de seus adeptos originais, pelas posições críticas que assumia, ecumenicamente, em defesa de vítimas de todas as tendências dos abusos que se sucediam em nome da Lava Jato — de Lula a Aécio e Andrea Neves, de Temer a Sérgio Cabral. E ninguém contestou mais que ele as decisões e atitudes de Sérgio Moro, dos procuradores, do Tribunal de Porto Alegre e de ministros do Supremo, de Fachin à presidente Cármen Lúcia.

Com o tempo, os blogs de esquerda passaram a reproduzir os protestos de Reinaldo e Lula chegou a aconselhar os defensores de sua condenação por Sérgio Moro a fazer o que Reinaldo tinha feito: ler a sentença.

Assim que a TV e os jornais mostraram a imagem em movimento e as fotos de Sérgio Cabral descendo de um camburão da PF com os tornozelos acorrentados e as mãos algemadas e presas a um cinturão (não dava para ver se também presas com correntes), Reinaldo escreveu:

A imagem de Sérgio Cabral em Curitiba, com os pés acorrentados, cercado de agentes federais com o rosto coberto, atinge o paroxismo da violência moral, da ilegalidade, do ato atrabiliário, do fascismo dos meios para a suposta virtude dos fins.

Há quanto tempo tenho chamado a atenção para os abusos praticados pela Operação Lava Jato? Infelizmente, importantes setores da imprensa têm sido coniventes com eles. Já nem se diga a OAB nacional, rotineiramente de uma omissão escandalosa. Quando protesta, o faz de maneira tão frágil e covarde que melhor seria calar-se.

O "novelão" que culminaria com a exibição de Sérgio Cabral acorrentado em Curitiba, digno dos horários mais melodramáticos da TV, começou logo depois de sua prisão no Rio, com a denúncia de mordomias acessíveis a ele nos presídios cariocas: visitas fora do horário do filho Marco Antonio, que é deputado estadual e se prevalecia da prerrogativa de fiscalizar os estabelecimentos do sistema penitenciário do Estado; compras além do limite numa lanchonete do presídio; contrabando de queijos franceses e outros artigos do estoque de alguma delicatessen; remédios sem as respectivas receitas; recebimento de um televisor de última geração, um verdadeiro *home theater*, supostamente doado por uma igreja; e, praticamente omitido dos protestos da mídia televisiva, que repetia em cada jornal a mesma notícia do jornal anterior, o fato de Cabral pagar a outro preso pela limpeza que lhe tocava na higiene coletiva da cela.

Um incidente entre Sérgio Cabral e o juiz Marcelo Bretas, que já despontava como o Sérgio Moro do Rio, levou o Ministério Público a pedir a transferência de Cabral para um presídio federal de segurança máxima em Mato Grosso do Sul. Numa audiência, Bretas perguntou sobre compras de joias com dinheiro de propina e Cabral respondeu que eram apenas bijuterias.

—Eu estou sendo injustiçado — acrescentou. — O senhor está encontrando em mim uma possibilidade de gerar uma projeção pessoal, e me fazendo um calvário, claramente.

Em seguida, disse que Bretas deve conhecer o assunto já que sua família tem negócios no ramo de bijuterias.

Bretas e o Ministério Público viram nessa alusão uma ameaça velada:

— Não me senti confortável com acusado dizendo que minha família trabalha com bijuteria. Pode ser entendido de alguma forma como ameaça — comentaria Bretas. — Não recebo isso com bons olhos. Se a ideia é criar algum tipo de suspeição, quero lembrar que a lei veda que acusado crie suspeição, isso é muito óbvio.

A transferência de Cabral para o presídio federal de segurança máxima não se consumou porque o ministro Gilmar Mendes, do Supremo, impediu. O noticiário da época registrava que nesse presídio Cabral correria risco de vida se fosse confinado junto a presos perigosos, chefes de grupos do crime organizado.

Em novembro, superado legalmente esse episódio, uma vistoria do Ministério Público Estadual na Cadeia Pública José Frederico Marques, em Benfica, zona norte do Rio, encontrou alimentos supostamente proibidos na cela de Cabral. Havia camarão, bolinhos de bacalhau e queijos, além de castanhas, frios, iogurtes e refrigerantes. O noticiário da televisão deu ênfase à presença de artigos de delicatessen nesse estoque, mas a Secretaria de Administração Penitenciária, responsável pelos presídios, informou que, pelos regulamentos em vigor, cada visitante leve ao preso visitado até três sacolas de supermercado com alimentos ou produtos de higiene pessoal.

As restrições — segundo um comunicado da Secretaria — são para alimentos ou produtos de higiene que dificultem a fiscalização dos mesmos. Os internos ao receberem os alimentos podem optar por consumi-los na hora da visita ou mesmo levá-los para serem consumidos na cela em momentos posteriores.

Ou seja, o visitante tem o direito de levar o que escolher, desde que sem atrapalhar a fiscalização. Então o preso tem o direito de receber um queijo camembert em vez de uma lata de goiabada cascão ou um perfume francês em vez de um vidro de seiva de alfazema nativo. E a vistoria encontrou alimentos e artigos destinados a outros presos, como os deputados Jorge Picciani e Paulo Mello, da Assembleia Legislativa do Rio.

Em janeiro, as forças-tarefa carioca e curitibana do Ministério Publico junto à Lava Jato pediram a transferência de Cabral para o Complexo Médico-Penal de Pinhais, na Grande Curitiba, alegando que, em função de sua influência política no governo do Rio, "vêm sendo cometidas irregularidades na unidade prisional, como a ausência de fiscalização de visitas, a falta de controle de entrada e saída de objetos e a instalação de uma sala de cinema dentro da prisão".

As forças-tarefa não alegaram como razão do pedido os queijos, castanhas e iogurtes, porque eles não são proibidos, embora apresentados na TV como um escândalo. No dia 18 de janeiro, Sérgio Moro e a juíza substituta Caroline Vieira Figueiredo, da 7ª Vara Federal do Rio, aceitaram o pedido.

Moro, em seu despacho, escreveu que existe "um risco concreto" de que Cabral utilize suas ligações políticas para "continuamente, obter ou tentar obter privilégios no cárcere". E argumentou que pode decidir sobre a transferência porque Sérgio Cabral é investigado em inquérito que apura supostas propinas pagas a ele pela Odebrecht a partir de contratos com a Petrobrás.

No dia seguinte, já em Curitiba, Sérgio Cabral foi levado a exame de corpo de delito no Instituto Médico Legal e desceu do compartimento traseiro do camburão da Polícia Federal acorrentado pelos tornozelos e com as mão algemadas e presas a um cinturão. Muita gente, no Rio e em todo o país, pode ter achado um castigo merecido. O blog *O Antagonista*, furiosamente de direita, pode ter refletido essa atitude ao escrever, imediatamente:

— *Sérgio Cabral tanto fez que agora precisa andar de algemas nos punhos e também nos tornozelos. O vídeo de sua saída do* IML *de Curitiba é impactante e tem caráter pedagógico. Não há ressocialização para a velha política brasileira.*

O escritor Diogo Mainardi é a maior estrela do *Antagonista*, mas esse comentário não pode ter sido escrito por ele, nem deve ter sido publicado com seu conhecimento, tão distante se revela de sua envergadura intelectual. Pedagógico? É assim que vamos, daqui para a frente, educar tanto a nossa própria quanto as próximas gerações?

Tão conservador quanto Mainardi, do ponto de vista das ideias políticas e econômicas, mas sem o mau humor e longe do estilo emburrado do *Antagonista*, Reinaldo Azevedo advertiu:

— *Não seja idiota, leitor amigo! Aplaudir a humilhação a que foi submetido Cabral corresponde a dar ao guarda do bafômetro a licença de lhe dar uns petelecos. Atenção! Inexiste país que maltrate seus presos e trate bem os cidadãos comuns. Assim, a Lava Jato mandava um recado: "Não ousem discordar de nós ou nos criticar. Isso poderá custar caro".*

O protesto de Reinaldo Azevedo foi bem mais longo que seus artigos habituais. A certa altura ele escreveu:

— *"Tá com peninha de Cabral?", vomitam os idiotas. Não! Estou preocupado justamente é com esse fascismo dos meios que tem constituído a pedra de toque da Lava Jato. Ora, bolas! Fui ou não o primeiro a apontar que pelo menos quatro das dez medidas de Deltan Dallagnol contra a corrupção não faziam inveja a um regime fascista ou comunista? Fui ou não fui o primeiro na imprensa a bradar contra as pri-*

sões preventivas em avalanche, tornadas instrumentos de pressão para a delação premiada? Fui ou não fui o primeiro a protestar contra as conduções coercitivas, inclusive a de Lula, que, também elas, buscavam antes o ritual de humilhação do que a eficiência da operação?

— *Ao repetir aqui o "fui ou não fui o primeiro"* — prossegue Reinaldo — *não estou reivindicando primazias e heroísmos. É que sei bem o que isso tudo me custou e me custa. Ou também não é sob saraivada de balas que escrevo sobre as aberrações da sentença de Sergio Moro na condenação de Lula? Afinal, não sou de direita? Não sou antiesquerdista? Não sou um dos mais antigos críticos do* PT*? ... Infelizmente, o pouco que havia ou se desenvolveu de pensamento liberal e conservador no país se deixou sequestrar por essa lógica incivilizada, bruta no limite, homicida, amoral.*

No mesmo dia, 19 de janeiro, a Polícia Federal informou ter seguido, rigorosamente "todos os parâmetros legais" na condução de Sérgio Cabral com as mãos algemadas e os pés acorrentados. Segundo a assessoria da Diretoria-Geral da PF, quem define as condições da condução é quem a executa — os agentes que faziam a escolta — e "não há nenhum reparo a ser feito", porque "tudo foi realizado dentro dos parâmetros e do protocolo de segurança". A assessoria declarou ainda que a cautela era exigida, diante do "ânimo da população" em relação a condenados por corrupção como Cabral, e não pode abrir mão da segurança do prisioneiro em um ambiente público. Além disso, a forte escolta se fazia necessária até para assegurar a integridade do prisioneiro: o IML de Curitiba é "um ambiente público em um local vulnerável, com fácil aproximação (de pessoas)".

O ânimo coletivo em relação a Sérgio Cabral de fato não é nada pacífico, mas, se tentassem agredi-lo ou — admitamos — linchá-lo, a integridade física dele em nada dependeria da corrente prendendo suas pernas e das algemas imobilizando suas mãos e seus braços junto à cintura. A integridade física de Cabral dependeria exclusivamente da competência, da disposição e das armas dos vários agentes de toucas ninja que o conduziam. Caso fosse necessário levá-lo a algum refúgio, a corrente e as algemas só atrapalhariam.

Dois anos antes, ao determinar a condução coercitiva de Lula, Moro proibira enfaticamente, com a palavra NÃO grafada assim, em maiúsculas, o uso de algemas. O "ânimo da população" em torno de seu prédio em São Bernardo do Campo era inteiramente favorável a Lula, eram quase exclusivamente adeptos seus que se reuniam ali para protestar contra a condução. O perigo não era alguns aloprados tentarem agredir Lula, o perigo era tentarem agredir os agentes da PF ou resgatar Lula insurrecionalmente. Ainda assim, Moro proibiu terminantemente o uso de algemas.

Dois anos depois, Moro e a juíza do Rio nada proibiram ou nada puderam proibir, porque vigorava uma regra que aparentemente não existia antes: a de que cabe aos condutores decidir sobre as medidas de segurança. Essa doutrina, pelo jeito, cassou os poderes antes exercidos pelo grande caçador e cassador de corruptos. Dali para a frente, Moro não teria mais a prerrogativa de proibir algemas e, portanto, correntes?

Naquele momento, a hipótese de prisão de Lula dependia do julgamento de seus embargos de declaração no tribunal de Porto Alegre, de seu *habeas corpus* no STJ e de o Supremo reexaminar ou não, em tese, a questão da prisão em segunda instância — eventos previstos para acontecer antes do fim de março.

Supondo que Moro tivesse de determinar em seguida a prisão de Lula para cumprir a sentença confirmada pelo tribunal de Porto Alegre, ele já não poderia estabelecer os critérios que estabeleceu em 2016 para a condução coercitiva? Caberia exclusivamente aos ninjas destacados para a missão decidir se Lula seria algemado ou acorrentado? O diretor da Policia Federal poderia dar algum palpite? E o Ministro da Segurança Pública, Raul Jungmann, agora responsável por nomear e desnomear o diretor da PF, também teria de submeter-se a essa nova doutrina, de poder decisório tão irrecorrível quanto a doutrina de segurança nacional da ditadura militar?

O ministro Marco Aurélio, do Supremo, já havia declarado que prender Lula incendiaria o país. Mas antes, ao soltar o goleiro Bruno, ele observara que o agora chamado "ânimo da população" o clamor das ruas, "queria sangue". Essas questões certamente perturbavam Moro, porque ele, já no dia 22, intimou a Polícia Federal a explicar as razões pelas quais "utilizou algemas nas mãos e nos pés" de Sérgio Cabral.

Num raro surto de timidez, Moro evitou nesse despacho mencionar por seu nome a corrente que vimos arrastada pelo chão e presa aos tornozelos de Cabral. Talvez a doutrina agora em vigor adote como definição técnica o termo algemas para os dois casos. Mas o que vimos pela TV foi uma corrente, com o mesmo design das que mantinham em seu lugar os escravos no navio negreiro a que a literatura, o jornalismo e a poesia abolicionista chamavam de grilhões.

Era, formalmente, uma intimação, mas mostrava compreensão e tolerância:

— Na sexta-feira — dizia Moro — o preso, levado por escolta policial para exames de praxe no IML, foi conduzido com algemas nas mãos e nos pés, conforme foi amplamente noticiado.

Cabe à escolta policial avaliar os riscos e decidir sobre os melhores procedimentos de segurança para a condução de presos. Não raramente rege a decisão o princípio da precaução, com o que, compreensivelmente, prefere-se exagerar nas cautelas do que incorrer em riscos desnecessários.

Nessa perspectiva, entendo que a autoridade judicial deve evitar interferências excessivas em situações para as quais o agente encarregado da execução da diligência está melhor preparado para avaliar e decidir. De todo modo, em conduções anteriores de presos no âmbito da Operação Lava Jato, inclusive de Sérgio de Oliveira Cabral Santos Filho, vinha a Polícia Federal evitando o uso de algemas em pés e mãos. Não raramente presos foram conduzidos até mesmo sem algemas. Teve presente a autoridade policial a orientação contida na conhecida Súmula vinculante 11 do Supremo Tribunal Federal. Assim, intime-se a autoridade policial para, em contato com a escolta, esclarecer o ocorrido e os motivos da utilização das algemas nas mãos e pés do condenado em questão naquele episódio. Recomenda-se ainda que a escolta seja novamente orientada, o que provavelmente já ocorreu por iniciativa própria da autoridade policial, à observância da Súmula 11.

Depois, Moro informou ao Supremo que considera bastante improvável o episódio se repetir.

21. O AUXÍLIO-MORADIA DOS JUÍZES E PROCURADORES

Encontrei pela primeira vez o nome do juiz Marcelo Bretas como protagonista da Lava Jato quando ele mandou prender Eike Batista no fim de janeiro de 2017. Reencontrei seu nome várias vezes, à medida que evoluíam os processos contra Sérgio Cabral e o também ex-governador Anthony Garotinho. Mas seu nome reapareceu espetacularmente no dia 29 de janeiro de 2018, um ano depois da prisão de Eike e dez dias depois de Sérgio Cabral ser acorrentado. Reapareceu como estrela maior das revelações sobre o auxílio-moradia de mais de 4 mil reais por mês a juízes e procuradores que têm casa própria.

O explosivo punitivismo desencadeado pela fusão dos elementos radiativos da Lava Jato com as travessuras de aprendiz de feiticeiro de alguns de seus protagonistas, caiu com fúria, com a avassaladora cobertura da mídia, sobre os beneficiários do auxílio-moradia a juízes e membros do Ministério Público, assim que se soube que essa mordomiazinha de mais de 4 mil reais por mês era paga também a quem tinha imóvel próprio de moradia na cidade onde trabalha.

Logo apareceu um desembargador de São Paulo dono de sessenta imóveis na cidade e recebedor do benefício. Depois se soube (reportagem de Mônica Bergamo, da *Folha de S. Paulo*) que o procurador Deltan Dallagnol, coordenador da força-tarefa do Ministério Público Federal na Operação Lava Jato, recebe R$ 6.659,73 de verbas indenizatórias por mês.

Esse tipo de benefício, que inclui auxílio-alimentação, auxílio--transporte e auxílio-moradia — dizia a reportagem — não está sujeito ao teto constitucional. Desse valor, R$ 4.377,73 são de auxílio--moradia. Segundo assessoria do MPF, o procurador possui imóvel próprio em Curitiba, onde mora. A assessoria afirma que o pagamento do benefício está "amparado em uma liminar e em regulamentações internas que não trazem entre as vedações o fato de a pessoa possuir imóvel". O MPF também diz que "a norma permite o pagamento a todos". O restante do pagamento é composto por R$ 884,00 de auxílio-alimentação e R$ 1.398,00 de auxílio-pré-escola (o MPF paga R$ 699 por filho de até seis anos). Ele também chegou a comprar dois apartamentos em um prédio do Minha Casa, Minha Vida, programa do governo federal de financiamento de imóveis com juros mais baixos. Os imóveis foram comprados à vista, sem financiamento do programa.

O juiz Sérgio Moro também recebe auxílio-moradia, apesar de possuir imóvel próprio em Curitiba. Ele afirmou que o benefício "compensa a falta de reajuste dos vencimentos" de magistrados. O juiz Marcelo Bretas, responsável pela Lava Jato no Rio de Janeiro, moveu uma ação para que ele e a mulher, que é membro da mesma categoria, recebessem um benefício cada um, apesar de uma resolução do CNJ que proíbe o pagamento em dobro. Segundo a ONG Contas Abertas, desde 2014 já foram empenhados R$ 5,4 bilhões com o benefício para membros do Judiciário e do Ministério Público em todo o país.

Bretas foi o mais vitimizado, porque ele e a mulher, também juíza, recebem pagamento em dobro (mais de 8 mil por mês), embora sejam proprietários do apartamento em que moram, na Praia do Flamengo, com vista privilegiada para a paisagem que o Pão de Açúcar domina. E porque esse belo apartamento foi, há algum tempo, objeto de reportagem com grandes fotos a cor, em uma revista de decoração, como exemplo de luxo, bom gosto e beleza.

Bretas, no entanto, estava coberto de razões legais, como tentou demonstrar na mensagem irônica com que se defendeu nos poucos caracteres permitidos no Twitter.

— É porque eu tenho o hábito — respondeu Bretas — de recorrer à Justiça quando acho que tenho algum direito...

Na Justiça, Bretas teve ganho de causa e com isso a responsabilidade pelo pagamento em dobro ficou sendo da Justiça, não dele. Essa questão da responsabilidade foi posta à luz do dia por Jânio de Freitas em sua coluna na *Folha*, a 8 de fevereiro:

O auxílio-moradia dos juízes ganhou a dimensão de escândalo por uma causa que está obscurecida. Quem o recebe é porque, tendo ou não imóvel próprio, o requereu. Nisso há um componente ético ou moral, variável segundo a razão de cada requerente do privilégio. Apesar disso, todos os recebimentos se igualam em um ponto: ao inverso do que o noticiário permite deduzir, são todos legais. Autorizados pelo Supremo, por intermédio de uma liminar do ministro Luiz Fux beneficiando "todos os juízes federais", "inclusive nos casos de acumulação" de posse de imóvel e auxílio-moradia. A partir daí, começa o problema adicional.

Realce importante — acrescentava Jânio: — *a concessão geral foi por liminar, uma decisão provisória — preliminar — a ser levada à confirmação, reforma ou recusa do tribunal. Luiz Fux não permitiu ao auxílio-moradia esse passo legal. Enfurnou a ação e a liminar desde 2014.*

No mesmo dia o *Brasil 247* noticiava:

Estão causando indignação de fiéis Brasil afora os pagamentos de auxílio-moradia a juízes e membros do Ministério Público que têm imóveis próprios. Em missa na Igreja São Miguel Arcanjo, no bairro da Mooca, em São Paulo, o padre Júlio Lancelotti criticou as mordomias em meio à situação de grave crise social e econômica que vive o País. "Nestes dias, todo o Brasil se pergunta: por que tanta gente não tem onde morar e os juízes recebem 4.700 reais de auxílio-moradia? Até o juiz que é casado com uma juíza, que se acha a última trincheira da moralidade, moram em casa própria e os dois recebem."

E o Presidente da Câmara, Rodrigo Maia, dizia que o Congresso ia discutir a regulamentação de pagamentos de auxílio-moradia e outros penduricalhos nos três poderes, com o objetivo de coibir excessos.

Assim como Sérgio Moro, os demais defensores do auxílio-moradia justificavam-no como compensação pelo não-reajustamento dos salários da magistratura. Só que essa compensação foi imposta porque, nesse como em outros casos, o Poder Judiciário fez ele próprio a lei que beneficiou seus integrantes, enquanto outras categorias não tiveram o mesmo privilégio. Os oficiais das Forças Armadas também se sentem prejudicados pelo não-reajustamento de sua remuneração e os comandantes da Marinha e do Exército já pediram, sem ser atendidos, o restabelecimento do auxílio-moradia dos militares, extinto há anos.

No caso dos juízes, o ministro Luiz Fux, do Supremo, concedeu uma liminar em 2014, estendendo a todos eles o auxílio-moradia, e essa liminar vigorou como lei nos quatro anos seguintes. No caso dos militares, nenhum de seus comandantes tem o mesmo poder de assinar uma ordem com o mesmo efeito. Se o fizesse, estaria dando início a um golpe de Estado. Desde o fim do governo militar em 1985, com a eleição de Tancredo Neves e a posse do presidente José Sarney, a conduta das Forças Armadas tem sido exemplar no respeito à Constituição e não se denunciou qualquer caso de militares ganhando acima do teto constitucional.

Quase dois meses depois das primeiras revelações sobre o auxílio-moradia, e com a onda já bem menos encrespada, surgiram as primeiras notícias de uma possível greve de juízes. A 22 de fevereiro, a coluna "Painel", da *Folha de S. Paulo*, informava:

— *Cerca de 100 magistrados federais iniciaram movimento para convencer colegas a iniciar uma paralisação. O grupo ficou revoltado com o fato de a presidente do* STF, *Cármen Lúcia, ter marcado para 22 de março o julgamento que pode extinguir o auxílio-moradia.*

A Associação de Juízes Federais do Brasil (Ajufe), em nota à imprensa, dizia questionar apenas o fato de a ação pautada pelo STF tratar exclusivamente do auxílio-moradia aos magistrados federais. Em sua opinião, os benefícios pagos aos juízes estaduais também deveriam ser analisados.

Segundo a nota, o auxílio-moradia só passou a ser questionado devido à atuação dos juízes, "imparcial e combativa, contra a corrupção".

Na madrugada do próprio dia 22, a diretoria da Ajufe decidiu convocar uma greve para o dia 15 de março, a ser referendada em votação virtual, pela internet, de seus dois mil associados.

Decidiu também marcar uma assembleia extraordinária para deliberar sobre uma greve por tempo indeterminado a partir de 3 de abril. A assembleia aconteceria a 23 de março, um dia depois do julgamento no STF.

Enquanto a Ajufe se mobilizava em direção à greve, o juiz Marcelo Bretas, aparentemente alheio ao movimento, reunia-se no Rio — segundo a colunista Mônica Bergamo, da *Folha de S. Paulo* — com o produtor do filme *Polícia Federal - A Lei é Para Todos*, Tomislav Blazic. O produtor informou que tem planos de realizar um novo longa-metragem, continuação do primeiro, e que o roteiro já está sendo preparado:

— Conversei com Bretas — disse Blazic — sobre o Cabral e o Jacob Barata e esse foi o primeiro de alguns encontros com o juiz.

Cabral é Sérgio Cabral e Barata é um empresário do Rio, dono de frotas de ônibus e táxis, também preso num dos desdobramentos da Lava Jato.

A Ajufe certamente não percebeu, mas a máquina midiática montada para desconstruir e moer personagens como Lula não dispunha de dispositivo de frenagem. Era como o monstro de Frankenstein, incontrolável, e voltou-se contra os juízes, naquele momento a presa mais próxima. Menos de uma semana depois, *O Globo* dizia:

— *O Tribunal de Justiça do Rio de Janeiro é o que mais gasta anualmente com auxílio-alimentação entre todos os tribunais do país. Em 2017, os magistrados fluminenses receberam mais de* R$ *18,8 milhões para subsidiar refeições. Cada juiz recebe mensalmente* R$ *1.825, o que, dividido pelo número de dias úteis do mês daria, em média,* R$ *82,95 por dia. Esse é um dos benefícios adicionais que permitem aos magistrados fluminenses receber salários acima do teto constitucional.*

A "paralisação" no dia 15 de março, na verdade uma greve de advertência, como as da CUT e outras centrais sindicais, foi aprovada por 81% dos 1.300 juízes que responderam à consulta da Ajufe pela internet.

Em nota-manifesto que divulgou no dia 1º de março, ao anunciar o resultado de sua consulta, a Ajufe qualificou de "ampla maioria" a dos pouco mais de mil votantes num universo de dois mil.

No dia seguinte, em Nova York, ao ser homenageado num evento da *American Society/Council of the Americas*, o juiz Sérgio Moro não quis falar sobre o auxílio-moradia que recebe, embora seja proprietário do apartamento onde mora, em Curitiba. E não podia adivinhar que uma de suas frases sobre a Lava Jato, citada isoladamente e fora de contexto nos títulos de jornal no dia seguinte, poderia ser interpretada contra ele mesmo:

— As pessoas têm ilusões de seus ídolos, mas é hora de ver a verdade.

Menos de uma semana depois, a 6 de março — segundo *O Globo* — o Conselho Nacional de Justiça restabeleceu o adicional de R$ 9,6 mil pago a juízes do Rio que conduzem audiências de custódia. Esse adicional tinha sido concedido em 2015 pelo Tribunal de Justiça estadual, ao regulamentar as audiências de custódia que garantem ao preso em flagrante o direito de ser ouvido por um juiz, geralmente em até 24 horas.

O relator do processo, conselheiro Márcio Schiefler, votou contra o adicional, por entender que juízes não podem ser indenizados por exercer suas funções, mas foi derrotado pela maioria. Apenas ele e o conselheiro Valdetário Monteiro foram contra o restabelecimento do adicional de 9,6 mil, que estava suspenso por uma limitar de Schiefler. Votaram a favor do adicional, segundo *O Globo*, os conselheiros Aloysio Corrêa da Veiga, João Otávio de Noronha, Valtércio de Oliveira, Daldice Santana, Iracema Vale, Arnaldo Hossepian, Rogério Nascimento, Luciano Frota, Fernando Matos e a presidente do Conselho, ministra Cármen Lúcia.

A deliberação do Supremo sobre o auxílio-moradia dos juízes e membros do Ministério Público foi suspensa na véspera da sessão em que ocorreria. Na tarde de 21 de março, o ministro Luiz Fux, autor da liminar que quatro anos antes estendera esse benefício a todos os juízes, decidiu encaminhar o caso a uma comissão de arbitragem da Advocacia-Geral da União, que ficaria encarregada de buscar uma solução negociada para o problema da remuneração da magistratura. O noticiário a respeito não esclareceu se o auxílio continuaria a ser pago durante as negociações.

22. OS TRIBUNAIS CONTRA LULA

Condenado em junho de 2017, pelo juiz Sérgio Moro, no caso do tríplex de Guarujá, a expectativa geral era que o recurso de Lula ao Tribunal Regional Federal de Porto Alegre fosse julgado um ano depois. Era essa a demora previsível num caso como o dele, mas o tribunal conseguiu aprontar o processo em apenas seis meses e marcou a decisão sobre o recurso para 24 de janeiro de 2018.

O clima em Porto Alegre na semana anterior ao julgamento era de muita tensão, nervosismo e medo. Estive na cidade, a trabalho, cinco dias antes do julgamento, e na última noite, no hotel, topei na televisão com um curioso e furioso programa de debates, no qual todos os debatedores, cinco ou seis, tinham o mesmo ponto de vista, de extrema direita, com graus variáveis de ferocidade.

Um deles que me pareceu advogado, dizia que a cidade de Porto Alegre poderia ser incendiada pelo PT. Outro, psicanalista ou psiquiatra, contava já ter perdido metade da clientela, porque vinha aconselhando os pacientes a se mudarem de Porto Alegre para algum lugar mais seguro, por exemplo Punta Del Este, o resort chiquérrimo do litoral uruguaio. Ao fim do programa, a TV que o transmitira exibiu um cartaz informando que o programa era uma produção independente, de responsabilidade exclusiva de seus promotores.

O prefeito de Porto Alegre, Nelson Marchezan Júnior., ligado ao MBL, Movimento Brasil Livre, de extrema-direita, chegou a pedir tropas federais para a proteção da cidade contra os esperados atos de vandalismo e violência dos partidários de Lula e das caravanas que chegavam de outros estados e do interior do Rio Grande do Sul, especialmente as organizadas pelo MST, o Movimento dos Sem Terra.

Mas o Secretário de Segurança do Estado, Cezar Schirmer, contestou o pedido. Não era à prefeitura, era ao governo do Estado que caberia pedir tropas federais. E o governo do Estado não via razões para isso, nem temia as violências da fantasia infanto-juvenil do MBL, encampadas pela sofreguidão política do prefeito.

Na véspera do julgamento, à noite, Lula falou para 70 mil pessoas, num comício que foi comparado aos da campanha das Diretas Já, mais de trinta anos antes. No comício não houve incidentes maiores nem qualquer violência ou vandalismo.

O esquema de segurança organizado para o julgamento era rigoroso, as ruas próximas ao tribunal foram interditadas e os juízes tiveram de ser levados de helicóptero ao topo do edifício. O julgamento foi longo e a decisão, unânime contra Lula, que ainda teve a pena aumentada de 9 para 12 anos de prisão.

O advogado britânico Geoffrey Robertson, referência mundial em direitos humanos e defensor de Lula na Comissão de Direitos Humanos da ONU, assistiu ao julgamento no TRF-4 e saiu "estarrecido", como disse, por ter verificado que no Brasil "não há presunção de inocência".

Falando num debate na PUC de São Paulo dias depois, Robertson fez outras objeções ao julgamento:

Ninguém estava ouvindo a defesa, pois os juízes já tinham seus votos escritos. Nada do que pudesse ser dito teria algum efeito. É um exemplo de como o processo legal no Brasil é surpreendente para visitantes da Europa.

O procurador-regional da República, Maurício Gerum, que estava sentado ao lado do desembargador-presidente da 8ª Turma do TRF-4, Leandro Paulsen, falou várias vezes com os julgadores e, no intervalo do julgamento, almoçou com eles. Isso "mostrou, fotograficamente, o viés da Corte".

No início do julgamento, Robertson pensou que eram quatro e não três os juízes, dada a proximidade do procurador: "Estava comendo com eles, cochichando com eles. Isso é incrível para mim. E tudo foi piorando. Estávamos em um julgamento de recurso, mas ninguém ouviu ninguém. Os juízes entraram no tribunal com os votos já prontos, digitados."

O princípio da presunção de inocência está presente em todos os tratados de direitos humanos do mundo. Seja Lula inocente ou culpado, o fato é que seus direitos foram violados.

O presidente do TRF-4, Carlos Eduardo Thompson Flores Lenz, considerou "irrepreensível" a sentença de Sérgio Moro, meses antes do julgamento. A chefe de gabinete de Thompson Flores, Daniela Kreling Lau, manifestou-se publicamente a favor da prisão de Lula, sem ser advertida.

Em um julgamento assim, os magistrados precisam ouvir os argumentos das partes antes de tomar uma decisão — e não já ter seus votos prontos antecipadamente. "Não foi uma oitiva, uma audiência justa. Isso não poderia acontecer na Europa."

Robertson também criticou o procurador Deltan Dallagnol, coordenador da força-tarefa da Operação Lava Jato.

Parece que nada pode deter o sr. Dallagnol. Na Grã-Bretanha, ele seria preso. Ele escreveu um livro e difamou Lula no meio do julgamento.

Outra crítica foi ao método usado para obter delações:

Aprisionar os acusados sem julgamento até que eles decidam dizer aquilo que os promotores querem ouvir. Essa foi uma característica do caso Lula. É errado prender pessoas para forçá-las a fazer acusações, porque essas acusações podem ser falsas.

Lula nunca foi dono do tríplex e não houve contrapartida à OAS, em episódio que, além disso, ocorreu anos depois de sua saída da Presidência da República. Nenhum juiz em nenhum país da Europa aceitaria essa acusação.

Lula acabou condenado em Porto Alegre e a multidão de apoiadores que foi a Porto Alegre apoiá-lo se manteve em absoluta calma e obediência durante o julgamento, assim como partiu de lá logo após o último voto, em paz, apesar do resultado frustrante. Quando voltou ao estado em caravana, Lula teve dos opositores um comportamento muito diverso. Muito mesmo.

Para a professora Carol Froner, da Universidade Federal do Rio de Janeiro e doutora em Direito, que acompanhou o julgamento e antes participara de um encontro de juristas na Espanha, a opinião pública estrangeira recebeu muito mal o resultado do julgamento:

Jornais como o New York Times *e* Le Monde Diplomatique *fizeram questão de ressaltar a falta de princípios estruturantes do mínimo do que seria um processo considerado justo. Dos 300 jornalistas que estavam em Porto Alegre acompanhando o julgamento, mais de 50 eram jornalistas estrangeiros. No* New York Times *e no* Le Monde Diplomatique, *logo depois da sessão, foi destaque o primarismo desse julgamento em relação aos direitos de defesa do réu, da própria defesa, a violação das prerrogativas, o uso de provas ilegais, ilícitas, enfim, a questão da paridade das armas, uma série de princípios estruturantes do mínimo do que seria um processo considerado justo.*

O Geoffrey Robertson já tinha conhecimento do caso, mas quis estar presente observando daquela sala destinada às autoridades e saiu escandalizado pelo que viu.

A gente acabou de voltar de um seminário internacional que falou da pós-democracia, ou do chamado capitalismo neoliberal pós-democrático. Estamos vivendo, no mundo inteiro, um capitalismo tão agressivo que já não precisa de instrumentos democráticos.

Como o voto da 8ª Turma foi unânime, a defesa de Lula só poderia recorrer apresentando embargos de declaração, destinados apenas a esclarecer pontos ambíguos ou obscuros da decisão. Na verdade, o objetivo da defesa com os embargos era apenas ganhar tempo, na expectativa de um eventual reexame, pelo Supremo, de sua decisão de 2016 que autorizara a prisão para cumprimento da pena imediatamente depois de esgotada a segunda instância.

Também para ganhar tempo, a defesa entrou com pedidos de *habeas corpus* no Superior Tribunal de Justiça e no Supremo. O do STJ foi rejeitado. O do Supremo, dirigido ao ministro Edson Fachin, como relator dos casos da Lava Jato, teve a liminar rejeitada e foi encaminhado do plenário do tribunal. Mas a presidente do Supremo, ministra Cármen Lúcia, recusou-se a pô-lo em pauta e submetê-lo a julgamento, e da mesma forma impediu que o tribunal deliberasse sobre duas ações diretas de constitucionalidade sobre a prisão em segunda instância, por entender que isso apequenaria o tribunal.

Já em fevereiro o novo presidente, recém-empossado, do Tribunal Superior Eleitoral, ministro Luiz Fux, abriu nova frente de combate a Lula, anunciando que o plenário desse tribunal vai decidir se um juiz eleitoral poderá barrar o registro de um candidato enquadrado na Lei da Ficha Limpa, mesmo sem provocação do Ministério Público ou de partidos e coligações.

Juízes poderiam barrar por iniciativa própria apenas candidaturas locais, não o registro de uma candidatura, como a de Lula, à Presidência da República. Se, entretanto, o mecanismo da cassação automática de candidaturas fosse adotado como norma geral e pudesse prevalecer independente de impugnação pelo Ministério Público ou por algum partido ou coligação, o Tribunal Superior Eleitoral ou seu presidente não poderiam fazer o mesmo com a candidatura de Lula?

A presidente do PT, senadora Gleisi Hoffmann, reagiu: *Como é?! Os senhores vão alterar uma lei na sessão do TSE? Ministro, com todo respeito, quem faz lei é o Legislativo. Ao Judiciário cabe aplicá-la.*

A grande mídia, nessa altura, já dizia que Lula estava automaticamente fora da eleição, com base na Lei da Ficha Limpa, por ter sido condenado em segunda instância no TRF-4. Nada disso, respondeu o ex-Ministro da Justiça José Eduardo Cardozo, que era deputado na época da votação da Lei da Ficha Limpa e foi seu relator:

A lei veio de elaboração popular e eu sugeri técnicas redacionais. Tanto eu quanto o governador Flávio Dino, na época deputado, detectamos o seguinte: uma condenação em segunda instância pode ser abusiva. Juízes são seres humanos, podem errar, podem estar submetidos ao calor do momento, pressão local, uma série de contingências. Por isso, incluímos na lei que se pode recorrer a tribunal superior, e se o tribunal considerar que há plausibilidade no pedido, concede uma medida cautelar com efeito suspensivo, para que a pessoa seja candidata. Nós incluímos porque antevíamos que havia essa possibilidade.

Nesse caso, se o STJ considerar que o recurso do ex-presidente Lula tem plausibilidade, ele pode dar uma medida cautelar que permita a candidatura. A condenação foi fragilíssima e uma decisão política.

Duas novas revelações nesse momento sobre a Lava Jato passaram despercebidas, omitidas nas manchetes ou escondidas pela grande mídia. A primeira, sobre o ex-procurador Marcello Miller, foi registrada sumariamente pela coluna "Painel", da *Folha de S.Paulo*. Pelo menos desde a época das gravações de Joesley Batista, os redatores do "Painel" conseguiam contrabandear para essa coluna notícias explosivas que o jornal não publicava na primeira página.

Novos dados que vieram a público — escreveu Reinaldo Azevedo a 16 de fevereiro — *eliminam qualquer dúvida sobre a dupla militância do então procurador Marcello Miller: atuou, ao mesmo tempo, na Procuradoria Geral da República, como braço-direito de Rodrigo Janot, e como futuro integrante da banca de advogados do escritório Trench, Rossi e Watanabe, que chegou a fechar o acordo de leniência da JBS, retirando-se depois do caso. Em conversas com Esther Flesch, ex-sócia do escritório, o valente promete levar para a banca um grande cliente: justamente a JBS. Tais dados constam do telefone funcional de Flesch e foram juntados aos autos a pedido da PGR e por determinação do ministro Edson Fachin, do Supremo.*

Nas mensagens, segundo informa o "Painel" da Folha, Miller trata o contato com os irmãos Joesley e Wesley Batista como um trunfo para negociar bônus mais vantajosos, por meio de Flesch, com o escritório. A conversa ocorre em fevereiro de 2017. Miller estava ainda na PGR.

Estava na Procuradoria como assessor de confiança do Procurador-Geral Rodrigo Janot e se oferecia a um grande escritório de advocacia para conseguir um grande cliente, Joesley Batista, que sua turma na Procuradoria apertasse o orientasse para gravar conversas comprometedoras com o Presidente da República e o senador Aécio Neves.

Não resisto à associação de ideias, porque como sabem os espanhóis, o diabo é muito mais diabo por ser velho do que por ser diabo: coisa do mesmo estilo, mas envolvendo muito menos dinheiro e personagens muito menos importantes , acontecia nos piores anos da ditadura militar, no governo Médici, e de sua lei antitóxico.

A lei antitóxico exigia que os colégios notificassem a não sei que autoridade os casos de alunos surpreendidos com maconha ou algum tóxico e essa informação chegava à polícia: bastava um "baseado" na mochila e o garoto poderia ser submetido à internação compulsória em estabelecimento público — certamente parecido com a cela de prisão em que Eike Batista teria de fazer cocô com muita pontaria, agachado sobre um buraco no chão.

Na polícia do Rio funcionava um grupo de detetives batizados como "Os 12 Homens de Ouro" — alguns, se não todos, ligados a algum Esquadrão da Morte, e levados a esse estrelato por algum Secretário de Segurança de origem militar e sem a menor malícia para sequer desconfiar da inventividade dos malandros da corporação policial. Um dos homens de ouro era o detetive Nelson Duarte, que se associou a um grupo de colegas e montou um negócio altamente lucrativo.

Eles alugaram um sítio em Miguel Pereira, na encosta da montanha, o mesmo que depois seria o famoso sítio do embaixador José Aparecido, onde cassados e coronéis confraternizavam e às vezes conspiravam. O sítio era o que sobrara de uma grande fazenda de café do tempo do Império, e sua casa principal dispunha de 16 suítes, quartos com banheiro, e ficava no meio de um gramado com piscina.

O detetive-empreendedor Nelson Duarte e seus sócios improvisaram nessa casa uma clínica para jovens dependentes de drogas. Quando alguma notificação oriunda de um bom colégio do Rio chegava à policia, um dos sócios de Nelson Duarte ou ele próprio procurava os pais do garoto para avisar da próxima internação do filho e oferecer a clínica de Miguel Pereira como local de internação voluntária, que podia substituir a internação compulsória. Naturalmente a clínica tinha todo conforto, os banheiros eram limpíssimos, a comida farta, saudável e de ótima qualidade e o pessoal bem treinado para tratar com toda deferência uma clientela de elite. Mal comparando, era uma clínica cinco estrelas — e os preços, compatíveis com a qualidade dos serviços.

Tanto tempo depois do fim do poder militar, um alto funcionário do poder togado, o ainda procurador Marcello Miller, ofereceu a um grande escritório de advocacia, naturalmente em outra escala, o mesmo serviço cinco estrelas que o detetive Nelson Duarte oferecia à família de adolescentes sujeitos à internação compulsória pela lei antitóxico. Mas a tabela de preços do detetive era enunciada em milhares de cruzeiros ou cruzeiros novos, não sei qual era a moeda brasileira da época. Já a tabela do procurador começava em milhões... De dólares.

Pouco depois do breve registro do "Painel" e do post de Reinaldo Azevedo, a *Folha* publicou uma reportagem com informações que Reinaldo, de novo, escancarou em seu blog, ao colocar os fatos no contexto:

— *Não há mais meias-palavras. O que vai abaixo, relatado em reportagem de Daniela Lima, na* Folha, *é o roteiro de uma ação criminosa da qual participaram o ex-procurador Marcello Miller, o então Procurador-Geral da República, Rodrigo Janot; o relator da Lava Jato no Supremo, Edson Fachin; a presidente do tribunal, Cármen Lúcia e setores da imprensa.*

— *Como vocês sabem, desde o começo chamei a atenção para o fato de que a urdidura toda tinha cheiro e jeito de flagrante armado. A esta altura, parece não restar mais dúvidas. Eis aí a qualidade dos patriotas que falam em moralização da vida pública nacional.*

A seguir Reinaldo transcreve trechos da reportagem de Daniela Lima:

— *O ex-procurador Marcello Miller recebeu com ao menos um dia de antecedência, e quando já atuava como advogado da J&F, a informação de que a força tarefa da Lava Jato deflagraria uma de suas mais importantes operações: a que levou à prisão de Andrea Neves, irmã do senador Aécio Neves, e do primo deles, o empresário Frederico Pacheco. O vazamento foi registrado por ele mesmo* [Marcello Miller], *em mensagem a uma advogada que era sua parceira no caso. Miller discutia com Esther Flesch um contrato que ampliaria os valores de honorários pagos pela JBS à dupla.*

— *Está lá, interrompo Daniela: Marcello Miller sabia com antecedência que Andrea Neves seria presa e tentava — atuando dos dois lados — apressar um contrato que aumentaria seus honorários na negociação do acordo de leniência de Joesley Batista. O diligente detetive Nelson Duarte, que se saiba, não negociava aumentos de preço, apenas as diárias normais de sua clínica, quando sabia antecipadamente de alguma internação compulsória. Mas volto a Daniela:*

— *Às 8H15 de 17 de maio de 2017, o ex-procurador foi informado de que o escritório Trench Rossi Watanabe, no qual estava atuando, não aceitaria os termos propostos por ele numa minuta do trato. Neste momento, ele diz a Esther que ela deveria readequar a proposta, e avisa: "Vamos correr, porque a informação insider é a de que a operação pode ser deflagrada amanhã." Às 19H30 do mesmo dia, o jornal* O Globo *publicou em seu site a informação de que os donos da JBS haviam fechado um acordo de delação premiada. A matéria dizia que Joesley Batista havia gravado uma conversa com o presidente Michel Temer e que o empresário também havia apresentado grampos de um encontro em que Aécio pedia R$ 2 milhões a ele.*

— *Às 6H do dia seguinte, 18, a Lava Jato deflagrou a Operação Patmos, prendendo a irmã do tucano* [Andrea Neves], *o primo deles e um assessor do senador Zezé Perrela (MDB-MG) sob a acusação de que teriam ajudado Aécio a obter o dinheiro. A Patmos disparou 41 mandados de busca e apreensão em quatro Estados. A irmã do doleiro Lúcio Funaro também foi encarcerada. Já Aécio foi afastado do mandato pelo ministro Edson Fachin.*

— *A conversa que registra o vazamento de informação da Lava Jato foi obtida em mensagens de WhatsApp trocadas por Miller e Flesch. Os dados foram coletados em um telefone funcional da advogada pelo Trench Rossi Watanabe. Fachin autorizou a quebra do sigilo telefônico. Na mensagem à colega, Miller não diz quem lhe repassou a informação de que a operação seria deflagrada. Mas ao usar o termo "insider", o ex-procurador dá a entender que obteve o relato junto aos investigadores* — conclui Reinaldo Azevedo.

A outra revelação desses dias dizia respeito ao acordo de delação premiada do doleiro Alberto Youssef, surgiu num interrogatório de

Youssef presidido por Sérgio Moro e noticiado — inclusive com um vídeo — a partir do blog do jornalista Esmael Morais:

— *O delator Alberto Youssef tinha "cláusula de sucesso" na Lava Jato. A pérola foi descoberta pelo advogado Cristiano Zanin Martins, da defesa de Lula, durante interrogatório do doleiro.*

— *Pela cláusula de performance* — explicava o blog de Esmael — *Youssef tinha direito a 1/50 avos do patrimônio recuperado pela força-tarefa no Brasil e no exterior. O delator jurou durante o depoimento que abriu mão da "taxa de sucesso", mas, estranhamente, os aditivos não constavam nos autos. Portanto, a "delação premiada" literalmente é "premiada". Por exemplo, se a Lava Jato recuperasse R$ 2 bilhões, Youssef teria direito a R$ 40 milhões.*

Cláusulas de sucesso ou de performance são comuns na vida empresarial, na vida profissional e até na advocacia. Se uma agência de propaganda é contratada, por exemplo, para o lançamento de um novo sabonete, ela pode combinar em contrato que terá tantos por cento a mais se a venda do sabonete explodir e passar, digamos, de um milhão de unidades em uma semana. As novelas de TV têm cláusula de sucesso: se o ibope for além de tantos por cento, os comerciais do intervalo pagarão tantos reais a mais por ponto de avanço. O executivo que vai salvar uma empresa falida ganhará tantos por cento a mais se a empresa, além de sobreviver, começa a ganhar dinheiro.

Na advocacia, a cláusula de sucesso é perfeitamente legítima numa questão que envolva interesses financeiros para o cliente — uma questão comercial, civil e até administrativa ou tributária. Eu não sabia, porém, da existência de cláusulas de sucesso em questões criminais.

Bem, a delação premiada é um pouco isso. O araponga Sérgio Machado, que confessou ter metido a mão no dinheiro de contratações e contribuições eleitorais, conseguiu, não por ter confessado, mas por ter grampeado conversas com Sarney e outros políticos, e por ter mentido, pelo menos a respeito de Sarney, conseguiu os benefícios de uma espécie de taxa de performance: reduziu uma condenação certa a mais de vinte anos a cerca de dois em prisão domiciliar e teve a garantia de que seus filhos cúmplices não seriam sequer processados.

Mas a confissão do doleiro Youssef sobre o prêmio de 1/50 avos do dinheiro recuperado pela Lava Jato em função de suas delações era novidade absoluta, se bem que relativizada pelo fato de o procurador Marcello Miller ter pedido um aumento de honorários ao fornecer a informação antecipada sobre a prisão de Andrea Neves e o desencadeamento da enorme Operação Patmos.

Os 1/50 avos assegurados a Youssef suscitam, inevitavelmente, uma associação de ideias com a Inquisição. A mesma associação de ideias, mas em proporção bem menor, me ocorreu quando tomei conhecimento da notícia de que numa palestra na Petrobrás, o juiz Sérgio Moro propôs que a instituição desse prêmios em dinheiro para funcionários que denunciassem atos de corrupção.

Na Inquisição era assim: seu vizinho fofoqueiro e mau caráter conta ao visitador do Santo Ofício que viu, pela fresta da janela, a celebração da missa negra em sua casa ou sua mulher sair voando pela janela montada numa vassoura de feiticeira. Ele só precisa esperar que vocês dois vão para a fogueira. No dia seguinte ele receberá como prêmio a propriedade de sua casa, com tudo que estiver dentro.

Exagero? Claro, os sonhos e associações de ideias costumam ser malcomportados, mas, descontada a desproporção, constituem explosões do inconsciente que nos dizem alguma coisa. E o doleiro Youssef confirmou, respondendo a uma pergunta do advogado Zanin, que seu acordo de delação lhe dava o direito de receber 1/50 anos do que a Lava Jato recuperasse.

No fim de fevereiro a 10ª Câmara Criminal do Tribunal de Justiça de São Paulo deu novas razões, talvez sem querer, à defesa de Lula. Ela confirmou, por unanimidade, a absolvição de todos os acusados no processo sobre o edifício na praia de Guarujá, no litoral de São Paulo, no qual fica o tríplex pelo qual Lula foi condenado pelo juiz Sérgio Moro.

— *O processo que resultou na condenação de Lula pelo juiz Sérgio Moro* — escreveu o jornalista Fernando Brito no blog *Tijolaço* — *é parte de uma ação, iniciada, investigada e julgada pela Justiça paulista. Apenas foi desmembrada e a parte relativa ao ex-presidente enviada a Curitiba. Os 11 acusados no processo original, entre eles João Vaccari, tesoureiro do PT e ex-presidente da cooperativa que lançou o empreendimento ... já tinham sido absolvidos em primeira instância. Agora, depois de um recurso do Ministério Público, tiveram a inocência confirmada pelo Tribunal de Justiça paulista.*

— *Por unanimidade, os desembargadores da 10ª Câmara Criminal do TJ de São Paulo decidiram pela absolvição sumária dos réus — dentre os quais inicialmente figurava Lula, até que fosse apartado e mandado para o matamoro de Curitiba.*

— *Se a Justiça* — acrescentou Fernando Brito — *tivesse seguido seu curso normal é certo que Lula estaria entre os que foram absolvidos definitivamente ... Mas era preciso condenar Lula ... Foram absolvidos também o empreiteiro Léo Pinheiro, da OAS, e mais dez acusados pelo Ministério Público Estadual por suposto crime de estelionato em quatro grandes empreendimentos da Cooperativa, entre eles o Condomínio Solaris, onde fica o tríplex atribuído a Lula, mas que, pelos documentos, pertencia à OAS até o leilão, que aconteceu depois da condenação.*

Foi com base apenas num segundo depoimento de Léo Pinheiro que Lula acabou condenado em Curitiba.

Uma pesquisa da Vox Populi revelava que para 56% dos entrevistados a condenação de Lula foi política. Para 32%, o processo foi normal, sem misturar questões jurídicas com políticas, e 13% não souberam ou não responderam. Para 40% dos entrevistados, os juízes do TRF-4 não provaram nada contra Lula, 34% acham que os juízes provaram e 27% não souberam ou não quiseram responder.

Entre dezembro e fevereiro de 2018 aumentou de 40% para 46% o percentual dos entrevistados que acham que os juízes tratam Lula de maneira mais dura, se comparada ao tratamento que dão a outros políticos, como Michel Temer. O percentual dos que acreditam que Lula é tratado com o mesmo rigor que os outros, caiu de 43% para 40% no mesmo período.

A ministra Cármen Lúcia, presidente do Supremo, também viu sua rejeição chegar a 49%. No próprio Supremo, mesmo ministros que votariam pela prisão em segunda instância estavam contra a intransigência de Cármen Lúcia. Na noite de 20 de março o Supremo estava à beira da maior crise de sua história desde os conflitos com o Marechal Floriano Peixoto, no início da República, ainda no século 19. Na sessão plenária do dia seguinte, o ministro Marco Aurélio levantaria em questão de ordem, pedindo a imediata colocação em pauta das ações de constitucionalidade sobre a prisão em segunda instância.

Qual seria a reação de Cármen Lúcia, desautorada pelos colegas? Renunciar à presidência do Supremo? Pedir aposentadoria do tribunal?

23. A CRISE DO SUPREMO

Quando a crise do Supremo se escancarou, ao longo da terça-feira, 20 de março de 2018, Lula estava em Santa Maria, no Rio Grande do Sul, no segundo dia de uma caravana pré-eleitoral que na quarta-feira o levaria a São Borja, para homenagear Getúlio Vargas e João Goulart, e, nos dias seguintes, a outras cidades gaúchas e à Santa Catarina e ao Paraná, onde terminaria em Curitiba, a sede da Lava Jato.

Pouco antes do meio-dia da quarta-feira, 21, o Tribunal Regional Federal de Porto Alegre marcou oficialmente para a segunda-feira seguinte, 26 de março, o julgamento dos embargos de Lula, que certamente seriam rejeitados. No fim dessa tarde, o tribunal poderia determinar ao juiz Sérgio Moro a prisão de Lula, que estaria na cidade paranaense de Laranjeiras do Sul.

Em janeiro, ao confirmar a condenação de Lula e aumentar de 9 para 12 anos e um mês a pena de prisão que lhe fora imposta, o tribunal de Porto Alegre deixou claro que Sérgio Moro deveria ordenar a prisão de Lula assim que julgados os recursos ainda cabíveis em segunda instância, ou seja, assim que decididos esses embargos.

Mesmo na expectativa da reunião que Cármen Lúcia teria na terça-feira com os demais ministros do Supremo, para tratar das ações sobre a prisão em segunda instância, Moro, na segunda-feira, determinou a prisão do empresário Gerson Almada, da Engevix, que recorria em liberdade contra sua condenação nessa instância.

Era um recado ou ultimato a Cármen Lúcia — e nem tentou ser dissimulado, pois Moro escreveu em seu despacho que seria um desastre a rediscussão desse tema pelo Supremo, pois jogaria fora muitos avanços da Lava Jato. Foi também um aviso público de que Lula seria preso no mesmo dia da decisão do tribunal de Porto Alegre ou no dia seguinte, mas com um detalhe cujo alcance a mídia não explicou: Moro deu prazo até o dia seguinte para Almada se apresentar preso na carceragem da Polícia Federal em Curitiba.

A prevalecer o mesmo critério como regra geral em casos futuros, os encarregados da prisão de Lula não precisariam ir buscá-lo em algum evento da caravana, nem, por questão de segurança, algemá-lo ou acorrentá-lo. Mas a apresentação de Lula na carceragem da Polícia Federal em Curitiba arrastaria para o entorno desse endereço grande número de manifestantes a seu favor, muitos deles ou quase todos eles recém-saídos das manifestações desencadeadas em Curitiba, assim como em todo o país, pelo assassinato, verdadeira execução ou justiçamento, da vereadora carioca, negra e ex-favelada Marielle Franco.

O caso Marielle dominava o noticiário e mobilizava o país inteiro em protestos que logo passaram a ser duplos — contra o assassinato e também contra a campanha de difamação desencadeada nas redes sociais por movimentos de extrema-direita e também por pessoas que deveriam ter um pouco mais de juízo, como uma desembargadora do Rio que repassou em seu Twitter a acusação póstuma, venenosa e cruel, de que Marielle fora eleita pelo tráfico e seu Comando Vermelho.

A mesma desembargadora, incontrolável em sua tagarelice eletrônica, ganhou celebridade ainda maior ao postar nas redes um comentário preconceituoso e brutal sobre uma portadora da síndrome de Down que havia conseguido tornar-se professora. A desembargadora soube disso pelo rádio do carro — ao voltar para casa, depois de um dia de trabalho tomando decisões, em seu tribunal, sobre a vida de outras pessoas — e, incontinente, digitou *urbi et orbi*, de imediato, a pergunta: *o que será que essa professora ensina e a quem????* (Assim, com a arrogância de quatro pontos de interrogação.)

A professora, Débora Araújo Seabra, 36 anos, respondeu, também pelas redes sociais:

— Eu ensino muitas coisas para as crianças. A principal é que elas sejam educadas, tenham respeito pelas outras, aceitem as diferenças de cada uma...

Ela poderia ter dito também — e não disse, com certeza por modéstia, qualidade hoje tão menosprezada num modelo econômico intoxicado por overdoses de narcisismo — que trabalha há 13 anos como professora auxiliar em uma escola particular de Natal e é autora do livro infantil *Débora Conta Histórias*, publicado em 2013 pela Alfaguara Brasil, uma editora das mais importantes e exigentes de nossa indústria livreira. Poderia ter dito, igualmente, que recebeu em 2015 o Prêmio Darcy Ribeiro de Educação, por ser considerada exemplo no desenvolvimento de ações educativas no país.

Nesse clima, uma revelação do *Wall Street Journal* não chega a causar espanto nem a ser recebida com incredulidade: o Brasil, que importava por ano a média de 16 frascos de sêmen de homens loiros e de olhos azuis, passou, em 2017, a importar 500 frascos. Sem comentários, não é?

A crise do Supremo avançava para um ponto de não-retorno e o ministro Marco Aurélio Mello estava disposto, ao ser aberta a sessão de 21 de março, a levantar uma questão de ordem sem precedentes na história do Supremo, na qual pediria a marcação imediata de data para o tribunal deliberar sobre duas ações diretas de constitucionalidade a respeito da prisão em seguida à confirmação em segunda instância de uma sentença condenatória, permitida em 2016, mas causadora de enorme confusão no Judiciário.

O Supremo decidira, por 6 votos a 5, que a prisão em segunda instância estava autorizada, não que deveria obrigatoriamente acontecer. No Supremo alguns ministros concediam *habeas corpus* a condenados em segunda instância, outros negavam. O próprio Sérgio Moro, dias antes, na véspera da reunião que Cármen Lúcia teria com os outros ministros do Supremo, mandara prender o empresário Gerson Almada, da Engevix, cuja condenação tinha sido confirmada em segunda instância ainda em 2017.

Antes que Marco Aurélio pudesse pedir a palavra para apresentar sua questão de ordem, Cármen Lúcia anunciou já na abertura da sessão que no dia seguinte colocaria em julgamento o *habeas corpus* de Lula. Marco Aurélio respondeu:

— Não vou fazer a questão de ordem diante do anúncio de Vossa Excelência, porque poderemos prestar a jurisdição no dia de amanhã.

Mas acrescentou:

— O Supremo Tribunal Federal precisa urgentemente julgar as duas ações que tratam sobre prisão antecipada antes do trânsito em julgado da condenação para acabar com a insegurança jurídica. A questão precisa ser definida, pois a falta de pronunciamento prejudica o STF de maneira institucional. A distribuição ganha sabor lotérico. Atualmente a concessão ou não de liminar barrando a prisão antecipada depende de qual ministro relata o recurso. Precisamos definir a data para o julgamento final das ações.

E concluiu lembrando que, como relator, liberou os processos em dezembro de 2017.

Na véspera o site *Consultor Jurídico* (Conjur) informara, sobre a ação de advogados que vinham procurando vários membros do Supremo:

— *Os ministros ficaram bastante impressionados com dados mostrados pelo defensor público Pedro Carneiro, do Rio de Janeiro. Segundo ele, 50% das decisões penais do Supremo e do Superior Tribunal de Justiça melhoram a situação dos réus, seja para conceder liberdade, reduzir a pena, mudar o regime prisional ou resolver uma questão processual.*

No mesmo dia 21 de março, o jornal *O Estado de S. Paulo*, o mais conservador dos grandes jornais brasileiros, pediu em editorial o fim da Lava Jato, dizendo:

— O problema é que a Lava Jato há muito tempo não se concentra apenas na Petrobrás, nem mesmo em alguma outra estatal em particular. Seu objeto de investigação, na prática, não é mais um caso de corrupção, mas a corrupção em si mesma. E não qualquer corrupção, mas a corrupção no mundo político. Assim, qualquer fiapo de suspeita que corrobore a presunção de que os políticos em geral são corruptos é desde logo levado a sério pela Lava Jato, transformando-se quase sempre em rumorosas ações da Polícia Federal e do Ministério Público, costumeiramente acompanhadas de vazamentos de depoimentos à imprensa.

Desse modo, a Lava Jato caminha para ser uma operação sem fim — de caráter moral, e não judicial — pela simples razão de que dificilmente a corrupção na política um dia deixará de existir. Sem se dedicar a um caso em particular, mas sim à tarefa de sanear a política nacional, a Lava Jato tende a se colocar acima do bem e do mal, situação em que qualquer movimento que desagrade a seus líderes é desde logo confundido como ameaça à sua existência.

No balanço do quarto ano da Lava Jato, o procurador da República Deltan Dallagnol manteve esse tom político. Disse que "a punição não pode acontecer de modo episódico num caso específico, mas de modo geral" e, para ele, "se queremos mudar, precisamos atacar a corrupção, mudando o sistema de Justiça que privilegia a impunidade". Como se candidato fosse, defendeu "atacar em várias frentes", promovendo "reforma no sistema político, melhora no sistema de licitações, transparência e participação da sociedade no controle das contas públicas". É tudo o que se presume que o eleitor queira, mas, numa democracia, isso só se confirma no voto, por meio da política tradicional — aquela que alguns açodados militantes da Lava Jato parecem dispostos a destruir.

24. LULA NO SUPREMO

A sessão do Supremo que decidiria sobre o *habeas corpus* de Lula, na quinta-feira, 22 de março, teve de começar com a conclusão de um julgamento iniciado na véspera, sobre as prestações de contas de candidatos e partidos beneficiados por contribuições eleitorais. Só depois de bom tempo e do intervalo habitual por volta das 4 da tarde é que o caso Lula foi anunciado.

O ministro Fachin, relator do pedido por ser o relator exclusivo dos casos da Lava Jato, leu rapidamente seu relatório sobre o processo, mas depois, com uma longa preliminar sobre se o Supremo poderia ou não deliberar sobre o *habeas*, provocou o debate que consumiu todo o tempo do resto da sessão e forçou a transferência para 4 de abril de seu próprio voto e do voto dos demais ministros.

Entre o relatório e a preliminar falou, pela defesa de Lula, o advogado José Roberto Batochio, ex-presidente da Ordem dos Advogados, que dispôs de apenas 15 minutos e teve a palavra praticamente cortada quando pedia permissão para estender-se por alguns minutos mais, dada a complexidade do caso.

Batochio mencionou a noticia da véspera, da prisão ou condução coercitiva, na França, do ex-presidente Nicolas Sarkozy, apenas para prestar depoimento sobre contribuições eleitorais. Estamos vivendo um momento de muito autoritarismo — disse Battochio —, não só aqui como em outras partes do mundo.

Como exemplos ativos de autoritarismo no Brasil, Batochio lembrou seus anos de deputado por São Paulo:

— Fico me perguntado se perdi meu tempo aqueles anos todos, porque hoje quem faz as leis é o Judiciário, não o Poder Legislativo.

Como exemplo de "lei" feita pelo Judiciário, Batochio citou uma decisão do tribunal de Porto Alegre, sua Súmula 122. Em 2016 o Supremo decidira que a condenação em segunda instância poderia permitir a prisão do acusado para começar a cumprir a pena. Pela Súmula 122, o TRF-4 decidiu depois que essa prisão deveria ser decretada em todos os casos — e tornou obrigatório em sua jurisdição aquilo que o Supremo apenas permitira. Pela Súmula 122, nem mesmo Sérgio Moro poderia deixar de prender Lula, uma vez rejeitados os seus embargos em Porto Alegre.

O Supremo deveria declarar inconstitucional essa Súmula 122 — sugeriu Batochio. Naquele momento, o autoritarismo contestado por Batochio já tinha transbordado da Lava Lato para estradas e cidades do interior gaúcho, onde Lula iniciava uma caravana que o levaria a várias cidades do Rio Grande, de Santa Catarina e do Paraná.

A caravana de Lula fora muito hostilizada em Bagé, em Santa Maria, em São Borja e em Passo Fundo.

Em São Borja, ruralistas montaram barricadas de tratores e outras máquinas agrícolas, para bloquear o trevo da principal entrada da cidade, mas o motorista do ônibus de Lula conhecia bem a região e entrou por um acesso secundário, uma estrada de terra, e conseguiu chegar ao centro. No entorno da praça central, onde ficam o Museu Getúlio Vargas e o monumento a Getúlio e João Goulart, outros tratores ciculavam ininterruptamente, para atrapalhar. Lula não teve como entrar no museu, mas discursou no carro de som da caravana. Em Passo Fundo a caravana também não conseguiu entrar.

Em todas as cidades o público que se concentrava nas manifestações e pessoas que se aproximavam eram também hostilizados e ameaçados com pedras. O ex-deputado Paulo Frateschi foi atingido por uma delas e teve uma das orelhas dilacerada quando se pôs à frente de Lula para impedir que ele fosse atingido. Um dos manifestantes anti-Lula chegou a usar um relho e vários exibiram armas de fogo. Quatro mulheres foram hospitalizadas.

Principalmente nas estradas, destacamentos das polícias militares estaduais nada faziam para evitar as ações agressivas desses manifestantes hostis.

Em Santa Catarina as hostilidades chegaram ao perigoso ridículo de apedrejarem um ônibus de linha, lotado de passageiros absolutamente alheios à caravana, embora esse ônibus exibisse letreiros enormes identificando-o como da Viação Catarinense. Os apedrejadores eram jovens e adolescentes que de fato não sabiam o que estavam fazendo, em situação pior que a de meninos de escola instigados a malhar o Judas no Sábado de Aleluia.

Em Passo Fundo, uma repórter do jornal *Zero Hora*, Débora Ely, foi agredida quando se identificou como jornalista. Segundo o jornal, "Débora se aproximou dos manifestantes anti-Lula e, ao se identificar, ouviu os gritos 'RBS comunista!'. Teve que recuar e os policiais da Brigada, num primeiro momento, a protegeram. Mas depois, inexplicavelmente, um policial a segurou pelos braços e a atirou na direção dos manifestantes. A jornalista foi atingida por uma chuva de ovos."

A RBS, Rede Brasil Sul, acusada de comunista, é a afiliada da TV Globo no Rio Grande e em Santa Catarina e editora da *Zero Hora*.

O eco das hostilidades iniciais à caravana de Lula não deve ter alcançado, nessa tarde, os ministros que começaram a discutir a preliminar levantada pelo ministro Edson Fachin. O que Fachin perguntava era se o Supremo devia tomar conhecimento do pedido. O que queria era que o Supremo se considerasse impedido de deliberar sobre o pedido, porque sua jurisprudência vigente impedia a concessão de *habeas* contra decisão monocrática de algum ministro dos tribunais superiores.

De fato o pedido fora indeferido, em decisão monocrática, pelo relator dos casos da Lava Jato no Superior Tribunal de Justiça, ministro Felix Fischer, mas a 5ª Turma desse tribunal já decidira tomar conhecimento do habeas corpus e negar a liminar pretendida. Não se tratava mais, portanto, de conceder *habeas corpus* contra uma decisão monocrática: a decisão contestada era de uma turma do STJ.

Primeiro a de manifestar depois de Fachin, o ministro Alexandre de Moraes votou pela admissibilidade do *habeas corpus*. Esse voto contra Fachin não era esperado, mas em seguida o ministro Luís Roberto Barroso votou com Fachin, como habitualmente. A tese do relator, de que o Supremo não poderia sequer discutir o *habeas corpus*, vencia por 2 votos a 1.

O voto seguinte, da discretíssima ministra Rosa Weber, foi a sensação do julgamento. Em 2016 ela votara contra a possibilidade de prisão em segunda instância. Em deferência, porém, à ideia da colegialidade, costumava votar com a maioria da 1ª Turma do Supremo, da qual era integrante, negando a maioria dos pedidos de *habeas corpus*.

Rosa Weber vinha sendo muito cobrada e pressionada para apoiar Fachin e salvar a Lava Jato. *O Globo*, que pedia em editoriais a prisão imediata de Lula como exemplo contra a "impunidade", publicou um artigo veemente do advogado e professor Joaquim Falcão, com o título "Equilíbrio, por favor. Em nome da Rosa", no qual, cercada de elogios quase poéticos, a ministra era antecipadamente responsabilizada pelo que os 11 ministros do Supremo viessem a decidir.

Ela tem sido o equilíbrio institucional do STF — dizia o artigo — e o STF precisa voltar ao equilíbrio que Rosa Weber tem simbolizado.

A ministra, porém, preferiu decidir pela própria cabeça. Obedeceu estritamente às regras de etiqueta do Supremo, apresentou todas as desculpas, pediu todas as vênias dos colegas — "e grandes amigos" — dos quais discordaria, e perguntou:

— Mas não estaremos colocando a forma acima de tudo, a forma pela forma?

Fachin sustentava que o *habeas corpus* era um recurso errado para o caso, porque invocado contra uma decisão monocrática. Mas a decisão já não era monocrática, era de uma das turmas do STJ. O caminho certo, segundo Fachin, poderia ser o recurso ordinário de *habeas corpus*. Quando perguntou se o tribunal não estaria colocando a forma pela forma, Rosa Weber levou seus colegas a um grande debate, talvez o de maior profundidade no Supremo em todos os casos da Lava Jato.

Quem menos falou nesse debate foi a própria Rosa Weber, que depois, com outra curta intervenção, levaria o Supremo à principal decisão daquele dia. Além de Fachin, foram contra o tribunal sequer tomar conhecimento do pedido os ministros Luís Roberto Barroso, Luiz Fux e a presidente Cármen Lúcia.

A primeira questão a ficar clara foi a da forma, que Rosa Weber perguntara se não estaria sendo levada longe demais. Ninguém discordou de que um *habeas corpus* preventivo pode ser examinado e concedido como *habeas corpus* corretivo se a ameaça de prisão se consumou.

Ninguém perdeu tempo discutindo o *habeas corpus* concedido de ofício pelo juiz quando toma conhecimento de alguma ameaça ou lesão ao direito de ir e vir de qualquer pessoa. O ministro Gilmar Mendes mencionou o caso de pedidos mal escritos até em papel de embrulho ou nas costas do papel de uma embalagem de cigarros que poderiam ser recebidos e julgados como pedidos de *habeas corpus*. Ou seja, um caso não pode deixar de ser examinado pela Justiça porque foi exposto de forma errada. A Constituição é explícita: nenhuma lesão ou ameaça de lesão a direito de qualquer pessoa pode ser subtraída ao exame do Poder Judiciário.

Ao votar com Fachin, confirmando essa recusa absoluta, o ministro Luiz Fux afirmou que o recurso ao *habeas corpus* vem sendo usado com certa promiscuidade e foi contestado pelo ministro Ricardo Lewandowski. O *habeas corpus* — disse este — não pode ser tratado nesses termos, deve sempre ser discutido com grande generosidade.

O ministro Celso de Mello, decano do Supremo, aprofundou ainda mais o debate ao historiar os avanços da amplitude do *habeas corpus* no Brasil, ou seja, da generosidade cada vez maior com que veio a ser permitido.

Ele lembrou advogados como Ruy Barbosa e ministros do Supremo como Pedro Lessa, um pedindo, outro concedendo *habeas corpus* em situações de amplitude cada vez maior — situações que autores de votos divergentes poderiam na época considerar promíscuas. E não precisou dizer, porque todos ali estavam fartos de saber, que Ruy Barbosa defendera o *habeas corpus* até para casos hoje protegidos pelo mandado de segurança, que ainda não existia e foi instituído precisamente na esteira dessa evolução e da ousadia de Ruy. Mas chamou atenção, de passagem, para o *habeas data*, criado pela Constituição de 1988 como outro resultado dessa evolução.

Talvez para provocar Fux, o ministro Gilmar Mendes citou um caso novo, o *habeas corpus* coletivo do Supremo, concedido a todas as mulheres presas com filhos recém-nascidos, *habeas* que concedeu liberdade e cerca de 2 mil bebês.

Celso de Mello falou também nos tempos do AI-5, que proibiu o *habeas corpus* no caso de crimes contra a segurança nacional. Aparentemente o Supremo nada poderia fazer, com o país sob um regime de força, que fechara o Congresso, cassava mandatos, suspendia direitos políticos e afastara três ministros do próprio Supremo além de dois do Superior Tribunal Militar que eram generais e tinham participado ativamente, em posições de liderança, do movimento que instaurara o governo militar em 1964.

O Supremo, porém, reinventou-se para as circunstâncias daquele momento e conseguiu afastar da Polícia Federal e atrair para sua própria órbita de competência a atribuição de definir o que era e o que não era crime contra a segurança nacional. Com isso ele conseguiria limitar o elenco de atos puníveis pela lei de segurança e assegurar uma espécie de *habeas corpus* coletivo aos casos fora desse elenco.

Quando Celso de Mello votou contra Fachin, passaram a ser sete os votos pela admissibilidade do *habeas corpus* de Lula, contra apenas três pela inadmissibilidade, o do próprio Fachin e o dos ministros Luís Roberto Barroso e Luiz Fux. A estes então somou-se o voto da presidente Cármen Lúcia. Resultado final, 7 a 4 contra a Lava Jato. O debate suscitado pela questão da admissibilidade podia referir-se oficialmente à possível prisão de Lula. Mas na verdade já dizia respeito ao problema da prisão em segunda instância, que só não estava sendo discutido oficialmente naquela sessão porque Cármen Lúcia se recusava a colocá-lo em pauta, mesmo diante do resultado daquela votação preliminar.

Era preciso, em seguida, que cada ministro votasse sobre o mérito do pedido, se Lula poderia ou não recorrer em liberdade caso rejeitados os seus embargos no tribunal de Porto Alegre ou se prevaleceria a Súmula 122 desse tribunal, que declarara obrigatória a prisão, mesmo sabendo que a decisão vigente do Supremo apenas permitia e de nenhum modo exigia que ela fosse decretada. O primeiro a votar seria, de novo, Fachin, relator exclusivo da Lava Jato.

Mas já era mais de 6 da noite e pelo menos dois ministros, Marco Aurélio e Ricardo Lewandowski tinham compromissos fora de Brasília e teriam de ausentar-se. Começou, então, a discussão: prorrogar a sessão e levar o julgamento até o fim ou transferir para a sessão seguinte a tomada de votos de todos os ministros.

Fachin queria continuar, sabendo que Alexandre de Moraes votaria contra a concessão do *habeas corpus*, embora tivesse votado por sua admissibilidade. Além desse voto, Fachin contaria com o seu, é claro, e com os de Luís Roberto Barroso, Luiz Fux e Cármen Lúcia — cinco votos ao todo, contra apenas quatro do outro lado: Celso de Mello, Gilmar Mendes, Dias Toffoli e Rosa Weber. Mas a decisão foi interromper o julgamento até a próxima sessão plenária do Supremo.

Em virtude da Semana Santa, a sessão seguinte só aconteceria na quarta-feira, 4 de abril.

Acontece que mais de uma semana antes, na segunda-feira, 26 de março, o Tribunal Regional Federal de Porto Alegre julgaria os embargos de Lula e poderia mandar prendê-lo.

Nesse momento o advogado José Roberto Batochio pediu que o Supremo proibisse a prisão de Lula até a conclusão do julgamento do *habeas corpus*. De novo foi da ministra Rosa Weber a intervenção mais curta, menos explicada que a de outros ministros. É claro — opinou ela — que o Supremo não pode permitir que uma pessoa seja presa enquanto ele julga um *habeas corpus*.

Cármen Lúcia anunciou então que pediria o voto de todos os ministros sobre esse salvo-conduto para Lula. Votaram a favor dele, além de Rosa Weber, Dias Toffoli, Ricardo Lewandowski, Gilmar Mendes, Marco Aurélio e Celso de Mello — seis votos. Os outros cinco, Fachin, Alexandre de Moraes, Luís Roberto Barroso, Luiz Fux e Cármen Lúcia votaram contra. Cármen Lúcia não via necessidade do salvo conduto, talvez confiando que o tribunal de Porto Alegre, ao rejeitar os embargos, determinaria a Sérgio Moro que aguardasse a decisão do Supremo sobre o *habeas corpus* antes de prender Lula. Se houver necessidade, acrescentou Cármen, o Supremo tomará providências imediatas.

25. A CARAVANA DE LULA, DAS PEDRAS AOS TIROS

No momento em que o Supremo lhe garantia a liberdade pelo menos por mais 13 dias, até 4 de abril, Lula estava em Cruz Alta, onde sua caravana pelo Rio Grande do Sul continuava a enfrentar desde o primeiro dia, em Bagé, a hostilidade de grupos pequenos mas muito violentos que atacavam com pedras, paus, ovos e tomates e já tinham exibido armas de fogo.

A exibição de armas de fogo era uma tentativa de intimidar, que ameaçava tanto os integrantes da caravana e o próprio Lula quanto os espectadores de seus comícios, e ao mesmo tempo um convite às tocaias que já se organizavam ao longo do itinerário de Lula. E trazia implícita uma potencial convocação: já que o Supremo não deixa prenderem, alguém precisa dar um jeito de impedir sua volta.

Em Cruz Alta, manifestantes homens agrediram mulheres que se deslocavam a caminho ou de volta do comício de Lula. Ieda Alves e Daniele Mendes, no começo do comício, foram atacadas. A bandeira que Daniele levava foi arrancada e queimada. Ieda foi derrubada no chão e só não foi espancada porque soldados da Brigada Militar do Rio Grande chegaram e agiram.

Suzana Machado Ritter foi atacada, cercada e derrubada. Ela estava sozinha e arrancaram sua bandeira. Deise Miron voltava para casa. Foi espancada e teve de ser hospitalizada por quatro dias. Sua capacidade de resistência era menor, porque ela tem câncer e faz radioterapia.

Nos dias seguintes a caravana de Lula continuou a ser hostilizada em todos os lugares.

Ainda no Rio Grande, ela não entrou em Passo Fundo, para evitar confrontos que resultariam em mais violência contra simples e inofensivos espectadores. O grande público dos comícios contrastava com o pequeno número dos atacantes e aumentava a agressividade destes, especialmente contra mulheres.

As mesmas cenas se repetiram em Santa Catarina e no Paraná. Na segunda-feira, 26 de março, Lula estava na região de Foz do Iguaçu, em território paranaense, quando o Tribunal Regional Federal de Porto Alegre rejeitou seus embargos, de novo por unanimidade, mas não mandou prendê-lo, impedido pela decisão do Supremo.

Nessa noite, Sérgio Moro deu uma longa entrevista ao vivo, de uma hora e meia, ao programa "Roda Viva", da TV Cultura de São Paulo. Muita coisa não lhe foi perguntada, como, já em 2016 e por ordem direta sua, a condução coercitiva de Lula, para prestar depoimento, e do blogueiro e jornalista Eduardo Guimarães, para revelar a fonte de informações que publicara. E também sobre a exibição pública de Sérgio Cabral acorrentado, permitida e não censurada por ele.

Respondendo às perguntas que recebeu, Moro voltou a cobrar do Supremo que não reveja sua jurisprudência sobre a prisão em segunda instância. E foi além, na opinião de Reinaldo Azevedo em seu blog:

— *Ele aproveitou a oportunidade para, vamos dizer, mandar um recado à Ministra Rosa Weber, integrante da Primeira Turma do Supremo e que teve seu voto escandalosamente patrulhado por Roberto Barroso e Luiz Fux na sessão de quinta-feira passada. Moro atuou no gabinete de Rosa como auxiliar no processo do Mensalão. O doutor também dirigiu elogios a Celso de Mello ... E considerou o seguinte sobre a execução da pena depois da segunda instância: "Tenho expectativa de que esse precedente não vai ser alterado." Para ele, "passaria uma mensagem errada de que não cabe mais avançar". E acrescentou: "Vamos dar um passo atrás. Seria uma pena."*

Ocorre que faltou dizer uma coisa, e boa parte da imprensa está se esquecendo de lembrar...: os dois ministros que Moro cita como exem-

plos de qualidade no Supremo votaram em 2016 contra a execução provisória da pena...

Reinaldo Azevedo criticou também, asperamente, a defesa feita de novo por Moro do auxílio-moradia de 4 mil reais por mês aos juízes e ao Ministério Público:

— *Na entrevista ao "Roda Viva", o juiz Sérgio Moro foi indagado sobre a mamata do auxílio-moradia. Defendeu o pagamento do dito--cujo para compensar a falta de reajuste ... Pois é... Alguém que se tornou referência do que seria um novo jeito de ver a Justiça acha razoável que se faça um pagamento a ele próprio, à sua categoria e ao Ministério Público — um universo de 30 mil pessoas — que se dá, de forma escancarada, como desvio de finalidade e privilégio? E os servidores que não podem contar com esse estratagema? Mais: quando o ministro Luiz Fux estendeu a todos os juízes e membros do MP o benefício, havia a tal defasagem salarial? Outras perguntas: são apenas esses os benefícios? E os demais? E o fato de o Judiciário ser o Poder que mais concentra salários acima do teto constitucional?*

Não foi só Reinaldo Azevedo. O jornalista Leonardo Sakamoto também protestou:

— *Da próxima vez que os professores da rede pública forem pedir aumento, sugiro que adotem o argumento do juiz Sérgio Moro. Em entrevista ao programa "Roda Viva" ... ele ... um dos magistrados que recebem auxílio-moradia mesmo tendo imóvel próprio no município em que trabalham ... afirmou que 'ter vencimentos não compatíveis com o que se paga no mercado é ter uma magistratura de baixa qualidade'. Cito professores porque foi a última categoria a sangrar nas mãos do poder público, aqui em São Paulo ... durante um protesto por melhores condições de trabalho há duas semanas...*

A crise do Supremo não tinha sido apaziguada com o salvo conduto a Lula até o final do julgamento de seu *habeas corpus*. Relator das ações diretas de constitucionalidade que entregara prontas para julgamento em dezembro e que acabariam com a loteria das prisões em segunda instância — dependendo do relator sorteado para cada caso — o ministro Marco Aurélio culpava Cármen Lúcia pelo desgaste do Supremo.

Ele afirma — escreveu Bernardo Mello Franco, novo colunista político de *O Globo* — *que a ministra errou ao antecipar o julgamento do* habeas corpus *do ex-presidente Lula. Na opinião de Marco Aurélio, a decisão de Cármen expôs o Supremo às tensões da guerra política. Ele insiste que era melhor ter julgado as duas ações genéricas que questionam a prisão de réus condenados em segunda instância. "O desgaste para o tribunal está terrível. Isso demonstra que a estratégia da Presidente foi falha", afirma. "Foi muito ruim julgarmos só o caso do ex-presidente. Agora estamos pagando um preço incrível."*

Ao mesmo tempo — segundo a coluna "Painel", da *Folha de S. Paulo* — ganhava eco entre ministros do Supremo a pressão de advogados e defensores públicos para que o tribunal reanalise na próxima semana a jurisprudência que autoriza a prisão após condenação em segunda instância:

Ao menos quatro integrantes do Supremo já admitem que o ideal seria votar as ações que questionam o mérito da regra geral no dia 4 de abril, antes do julgamento do habeas corpus *do ex-presidente Lula. Uma decisão sobre réus sem rosto, dizem, diminuiria a exposição do tribunal. Ministros favoráveis à tese afirmam que o próprio relator do habeas corpus de Lula, Edson Fachin, sugeriu em despacho que as ações fossem apreciadas antes do caso concreto. "Como é notório, pende de julgamento o mérito das ADCs 43 e 44, cujo tema precede, abarca e coincide com a matéria de fundo", ele escreveu. Ciente da movimentação, a presidente do STF, Cármen Lúcia, não dá qualquer sinal de que está disposta a recuar e levar as ADCs a julgamento.*

Tanto a crise no Supremo como as violências contra a caravana de Lula recebiam da grande mídia uma cobertura que se pretendia neutra, mas, no caso da caravana, não escondia a expectativa de um confronto mais sério se a segurança da caravana partisse para o revide. Na verdade os atos hostis eram mais notícia que os eventos da caravana.

À medida que se repetia o bloqueio na entrada das cidades, aumentavam as tentativas de apedrejamento, tanto aos ônibus como a pessoas. Se uma pedrada dilacerou a orelha do ex-deputado Paulo Frateschi, outra atingiu perigosamente o parabrisa de um dos ônibus.

Houve um momento, no Paraná, em que a violência parecia ter diminuído ou até cessado, quando a caravana entrou numa área de assentamentos do MST, em Quedas do Iguaçu, na qual os agressores temiam o enfrentamento com os pequenos agricultores. Essa rápida trégua foi rompida e radicalizou as agressões logo em seguida, no percurso da caravana em direção a Laranjeiras do Sul, última etapa antes de Curitiba e talvez última chance dos agressores. Encerrar a caravana em Curitiba, em vez de desistir dela no meio do caminho, seria Lula ganhar de novo.

À noite, na estrada com pouco movimento e semeada de "miguelitos", aqueles pregos retorcidos que furam pneus, um dos ônibus da caravana, precisamente o dos jornalistas, teve um dos pneus furados e o motorista foi obrigado a frear.

Alguns jornalistas estavam acordados e Gianni Carta, da revista *Carta Capital*, ouviu um barulho seco.

— O barulho das pedradas e dos ovos — contaria ele — nós já conhecíamos bem. Esse era diferente.

Era o de um dos tiros disparados de um e outro lado desse ônibus, por acaso o dos jornalistas e não o de Lula, que normalmente seguia em segundo lugar. Os atiradores, que só podiam ser dois, porque atiraram contra lados opostos do ônibus, só escolheram esse segundo ônibus por suporem ser o de Lula. Se soubessem que era o dos jornalistas, não o teriam escolhido.

Com o ônibus parado por causa do pneu que um "miguelito" estourou, os jornalistas fotografaram as perfurações na lataria do ônibus. O tiro ouvido por Gianni Carta atingira um ponto logo atrás de sua poltrona e por pouco não pegara alguém.

A também jornalista Eleonora de Lucena, ex-editora-chefe da *Folha de S. Paulo*, estava nesse ônibus e declarou que a Polícia Militar do Paraná não acompanhou o deslocamento da comitiva, apesar da escalada da violência e perseguição contra a caravana. Segundo Eleonora, "jornalista com mais de 40 anos de carreira", como observou o blog *Brasil 247*, "em um determinado momento os policiais chegaram a passar pela caravana, mas não pararam".

— Foi um atentado — afirmou Eleonora. — A escalada fascista subiu mais um degrau. Grupos ultradireitistas não enxergam limites. Ovos, pedras, projéteis, chicotes. São milícias armadas que planejam atentados. Como as gangues que precederam as SS nazistas. O mesmo modus operandi terrorista. Vi isso num crescendo nos últimos dias. Adeptos de Bolsonaro, ruralistas, pessoas violentas que berram e xingam. Eu mesma levei uma ovada na cabeça no sábado só por estar saindo do hotel onde estava hospedado Lula. "Lincha, é comunista!", ouvi em algum momento.

No dia seguinte, desde cedo, o país acordou, despertado mais pela mídia alternativa dos blogs, mas também pelo noticiário da grande mídia, para a brutal e assustadora realidade por trás daqueles tiros, pouco depois do assassinato de Marielle Franco. Precedidos pela escalada de violências desde o primeiro dia da caravana de Lula em Bagé, os tiros no ônibus dos jornalistas não poderiam ser vistos senão como o ponto culminante de uma escalada extremista e terrorista.

Houve reações infelizes, criticadas até pela mídia mais conservadora, como a do governador Geraldo Alckmin, do PSDB, e pré-candidato à presidência contra Lula, que responsabilizou o próprio PT, ao dizer: *estão colhendo o que plantaram*. Houve reações boçais, como a de um procurador ou promotor de Goiás, que considerou os tiros uma armação dos marqueteiros do próprio Lula.

À tarde Lula chegou a Curitiba, para o comício de encerramento de sua caravana, que não fora interrompida como pretendiam seus opositores mais extremados. A cidade estava novamente dividida, como em maio de 2017, quando Lula foi interrogado por Sérgio Moro. Na mesma Praça Santos Andrade, diante do velho edifício de colunas gregas da Universidade Federal do Paraná, ficariam de novo, como no dia do interrogatório, os partidários de Lula. Em outra praça, a 19 de Dezembro, perigosamente perto dali, ficariam seus opositores.

Horas antes, de manhã, desembarcou no aeroporto de Curitiba o deputado Jair Bolsonaro, que a radicalização desencadeada pela Lava Jato transformava no candidato anti-Lula mais forte nas pesquisas. Diante da estação de passageiros, Bolsonaro falou a cerca de quinhentos adeptos no alto de um carro de som ornamentado com um boneco de plástico simulando a cabeça de Lula. Mesmo na presença de fotógrafos e dos muitos celulares à sua volta, Bolsonaro fez pose, apontando com o indicador da mão direita, como se fosse um revólver, para a cabeça de Lula. Depois viajou para a cidade de Ponta Grossa, para um comício que reuniu em torno de mil espectadores.

À noite Lula falou para mais de vinte mil pessoas diante da universidade, num comício em que teve a companhia de Manuela d'Ávila, do PC do B, de Guilherme Boulos, do PSOL, pré-candidatos à presidência, dos senadores Roberto Requião, do MDB, e João Capiberibe, do PSB, e do líder do MST, João Pedro Stédile.

O único incidente do comício foi o barulhão provocado a certa altura por uma bateria de rojões e outros fogos de artifício disparada à distância, repetindo uma das táticas nos comícios da caravana, para que não se pudesse ouvir a voz de Lula.

— São eles, de novo — riu Lula.

Na praça dos manifestantes anti-Lula, reuniam-se nesse momento cerca de duzentas pessoas. Na manhã seguinte, de volta de Ponta Grossa, Bolsonaro esteve na Praça Santos Andrade, para um possível evento que não se realizou por falta de público e no qual pretendia lavar a escadaria da universidade, que era investigada por um dos enxertos da Lava Jato, com as mesmas arbitrariedades embora sem o mesmo espalhafato do que também acontecia em três outras universidades públicas, as federais do Rio Grande do Sul, de Santa Catarina e de Minas Gerais.

26. 6 A 5 CONTRA LULA NO SUPREMO

A sessão do Supremo que decidiria sobre a prisão de Lula começou com um breve pronunciamento da ministra Cármen Lúcia, na presidência, sobre as responsbilidades do tribunal. Parecia, de início, ser uma resposta à mensagem do comandante do Exército, General Eduardo Villas Bôas, na véspera, nas redes sociais, pedindo ou exigindo uma atitude ou uma decisão do tribunal contra a impunidade.

Era uma satisfação às ironias da mídia sobre o fato de o Supremo não ter realizado sessões na véspera e na antevéspera da Sexta-Feira Santa. Não houve sessões, mas os ministros trabalharam nesse dia, e ela própria trabalhara até na Sexta-Feira Santa. Na verdade o Supremo tinha mais a temer da grande mídia, pela qual era pressionado, cobrado e intimidado o tempo todo, inclusive com o assédio praticamente diário a alguns de seus integrantes, como a ministra Rosa Weber.

Quem respondeu ao general foi o decano do Supremo, Celso de Mello, o último a ser chamado para votar, já por volta da meia-noite (depois dele ainda votaria Cármen Lúcia como presidente). Celso de Mello iniciou seu voto contestando as opiniões manifestadas pelo General Villas Bôas, de "insólito conteúdo admonitório, claramente infringentes do principio da separação de poderes", sobretudo "em função da altíssima fonte de que emanaram".

— Num contexto de grave crise, que afeta o país no momento em que investiga e julga tantos casos de corrupção — disse Celso de Mello — essa interferência não pode ser admitida e lembra os tempos mais sombrios do regime autoritário que o Brasil viveu entre 1964 e 1985.

Nenhum dos ministros fez qualquer ressalva a esse protesto e o silêncio fez do protesto de Celso de Mello o protesto de todo o Supremo — o que não deixava de ser um paradoxo.

Na antevéspera do julgamento do *habeas corpus* de Lula, um importante oficial-general da reserva das Forças Armadas, o General Luiz Gonzaga Lessa, ex-Comandante Militar da Amazônia, tinha declarado publicamente que o Supremo não podia compactuar com a impunidade. Na véspera, alguns generais da ativa disseram a mesma coisa e um deles avisou o chefe de que já estava com a espada desembainhada, certamente para espetar ou espaldeirar o primeiro dos ministros do Supremo que lhe passasse pela frente votando contra o pessoal da Lava Jato.

A explicação mais benigna para a intervenção do General Villas Bôas foi a que que ele tentou dar uma satisfação aos companheiros mais inquietos, que afinal tinham sido postos fora de sossego por iniciativa civil, a partir da TV e do resto da grande mídia, numa cruzada que suprimia o debate e o contraditório e negava qualquer possibilidade de defesa aos acusados.

Quando Celso de Mello fez esse protesto e votou pela concessão do *habeas corpus* a Lula, já se sabia qual seria o resultado final, a autorização expressa pra Lula ser preso antes mesmo da interposição de um último recurso ao Tribunal de Porto Alegre. Cinco ministros — Fachin, Alexandre de Moraes, Barroso, Rosa Weber e Fux — tinham recusado o *habeas*, e quatro o tinham concedido — Dias Toffoli, Lewandowski, Gilmar Mendes e Marco Aurélio.

A única surpresa fora Rosa Weber, que em 2016 votara contra a prisão em segunda instância e naquele momento reafirmava essa posição, do ponto de vista doutrinário, mas votava contra o *habeas corpus* em respeito à "colegialidade", ou seja, ao fato de a maioria da 1ª Turma do Supremo, da qual fazia parte, ter posição constante a favor da prisão em segunda instância.

O *habeas corpus* de Lula deveria ser julgado pela 2ª Turma, à qual pertencia Fachin, relator exclusivo dos casos da Lava Jato, mas nessa turma a maioria constante — composta de Gilmar Mendes, Lewandowski, Toffoli e na maioria das vezes Celso de Mello — votava contra a prisão em segunda instância, deixando isolado e solitário o linha dura Fachin, seu quinto integrante.

O *habeas* de Lula só estava no plenário do Supremo, submetido ao voto de seus onze ministros, por iniciativa de Fachin, que dispunha, como relator, do privilégio de pedir a decisão do plenário e, assim, evitar a derrota certa na turma. Essa razão não podia ser invocada nem confessada e Fachin sustentou sua decisão em dois outros argumentos: a notória divergência entre as duas turmas, que recomendaria a pacificação da jurisprudência pelo plenário, e a existência de duas ações de declaração de constitucionalidade contra a prisão em segunda instância, prontas para deliberação desde dezembro, quando seu relator, Marco Aurélio as entregara e pedira sua inclusão na pauta de uma próxima sessão.

Cármen Lúcia, porém, alegou que discutir tas ações apequenaria o Supremo, por serem de interesse direto de Lula. Isso não foi dito assim, mas ficou claro que o problema era Lula.

Cármen Lúcia também não queria que o *habeas corpus* de Lula fosse discutido e só marcou sua votação porque Marco Aurélio ameaçava levantar uma questão de ordem, pedindo data para as ações de constitucionalidade — hipótese sem precedentes na história do Supremo.

A tensão era muito grande quando Cármen Lúcia abriu a sessão de quarta-feira, 21 de março, anunciando, para abortar a questão de ordem de Marco Aurélio, que faria votar no dia seguinte o *habeas corpus* de Lula. Marco Aurélio não podia deixar de aceitar, até porque os pedidos de *habeas corpus* têm precedência sobre quaisquer outras questões, mas respondeu que não desistia das ações de constitucionalidade e na primeira oportunidade voltaria a insistir que fossem julgadas o quanto antes.

Ao votar pelo *habeas corpus* na sessão de 4 de abril, Marco Aurélio deixou em 5 a 4, contra Lula, o resultado do julgamento, que Celso de Mello empatou, 5 a 5, sustentando de novo a vocação histórica do Supremo para ampliar sempre, nunca restringir, o alcance do *habeas corpus*. Cabia a Cármen Lúcia desempatar e ela desempatou negando o pedido.

No dia seguinte, assim que informado oficialmente pelo Supremo, o TRF-4 autorizou Sérgio Moro a determinar o início do cumprimento da pena imposta a Lula — reclusão, inicialmente em regime fechado, por 12 anos e um mês. Em vinte minutos, Moro assinou a ordem de prisão e mandou-a à Polícia Federal, dando prazo a Lula para se apresentar espontaneamente em Curitiba até as 5 da tarde da sexta-feira, menos de 24 horas depois.

Antes de se completar uma semana da prisão de Lula, o Instituto Brasileiro de Geografia e Estatística (IBGE), órgão do governo, informou que de 2016 para 2017 o rendimento médio dos trabalhadores mais pobres no Brasil caiu de 76 para 47 reais por mês. Esses trabalhadores mais pobres são cerca de 4,5 milhões, ou 5% de todos os brasileiros que tiveram renda do trabalho no ano de 2017. A renda média dos trabalhadores situados no 1% mais rico também caiu, passando de 28.040 para 27.213 reais.

O IBGE também informou que os 10 por cento da população com maiores rendimentos detinham 43,3% da massa de rendimentos do país, enquanto a parcela dos 10 por cento com os menores rendimentos detinha apenas 0,7%.

O Brasil se consolidava como o país de maior concentração de renda no mundo, mas já tentara mudar isso. Em sua edição de 5 de abril, o dia em que Lula recebeu a ordem de apresentar-se para cumprir a sentença de 12 anos e um mês, a *Folha de S. Paulo*, depois de insistentemente pedir sua prisão, publicou os seguintes números na coluna de Fernando Canzian: no governo Lula o salário mínimo, o maior dos indutores da desconcentração de renda nos regimes capitalistas, subiu 54% acima da inflação. Salários assim mais altos não arruinaram as empresas, ao contrário: com Lula, o PIB brasileiro alcançou seu maior índice desde o Plano Cruzado de Sarney, 7.5%, um índice de fazer inveja a pelo menos um bilhão de chineses.

P.S. – PÓS-ESCRITO QUE JÁ É O COMEÇO DE OUTRA HISTÓRIA

por José Augusto Ribeiro

Ao longo de todo o dia a até a noite de domingo, 8 de julho, três meses e um dia depois de sua prisão, o Brasil inteiro esteve mobilizado na expectativa de que Lula fosse libertado por força de uma liminar do desembargador Rogério Favreto, do Tribunal Regional Federal de Porto Alegre.

Nas férias coletivas do Judiciário, Favretto respondia naquele fim de semana pelo conjunto do tribunal, e recebera um pedido de *habeas corpus* para Lula, formulado por três deputados do PT, dois deles advogados. Wadih Damous e Paulo Teixeira, e o terceiro jornalista, Paulo Pimenta.

Damous fazia parte do grupo de advogados de Lula, mas não agiu nessa condição, nem por delegação de seus colegas de defesa: ele e seus companheiros de pedido agiram por conta própria, exercendo o direito de qualquer cidadão, de impetrar *habeas corpus* em favor de qualquer pessoa que considerem vítima de prisão ilegal.

Os três sabiam que Favreto responderia naqueles dias pelo conjunto do tribunal, porque a escala de plantão para aquele fim de semana fora publicada com a antecedência de sempre. E Favreto e seus colegas de tribunal, assim como os procuradores do Ministério Público, podiam prever alguma iniciativa que aproveitasse essa oportunidade em favor de Lula.

A loteria fatalista em que se transformara o Judiciário no curso da Lava Jato era ainda mais poderosa porque presidentes de tribunal, relatores de processos e ministros ou desembargadores encarregados de plantões exerciam poderes ditatoriais.

A presidente do Supremo, Cármen Lúcia, impedia desde dezembro que o tribunal deliberasse sobre a constitucionalidade da prisão em segunda instância e ninguém conseguia fazer nada contra isso. O vice-presidente do Supremo, Dias Toffoli, decidira num plantão conceder prisão domiciliar a Paulo Maluf, que corria risco de vida na penitenciária da Papuda, em Brasília, por meses a fio. A vice-presidente do tribunal de Porto Alegre mantinha engavetados os recursos de Lula que deveria encaminhar ao Supremo e ao STJ e só os decidiu, admitindo um e recusando o outro, quando a 2ª Turma do Supremo pôs em pauta um recurso de Lula que poderia resultar em sua libertação.

A mesma prerrogativa que valera nesse e em outros casos — e que valera ao relator Fachin para encarcerar na Papuda um Maluf de 86 anos de idade e em risco de vida — valeria também para o desembargador Favreto decidir sobre qualquer pedido em favor de Lula. Era inevitável, portanto, que alguma coisa acontecesse.

Mas o Ministério Público, ao qual caberia recorrer contra qualquer decisão de Favreto, cochilou, mesmo depois que na sexta-feira à noite, em pleno plantão, os deputados do PT protocolaram no tribunal, publicamente, o pedido de libertação de Lula.

O Ministério Público, o relator da Lava Jato, João Pedro Gebran Neto, e o próprio presidente do tribunal, Thompson Flores, nada fizeram nem na noite de sexta-feira, nem ao longo de todo o sábado — permitindo-nos até perguntar se na expectativa de que Favreto viesse a consultá-los, se podia ou não decidir alguma coisa, e a pedir licença para soltar Lula. Eles e o próprio Sérgio Moro só agiram depois de concedida a liminar — e agiram desembestadamente.

Além de outras razões, o pedido levantava a questão dos direitos políticos de Lula como pré-candidato à Presidência da República. Seus opositores diziam que, pela Lei da Ficha Limpa, a candidatura de Lula não seria permitida, embora um dispositivo dessa mesma lei a admitisse enquanto Lula tivesse direito a algum recurso antes de sua sentença passar em julgado. A juíza de Execuções Criminais de Curitiba não dava resposta a pedidos da defesa para que Lula pudesse, na cadeia, dar entrevistas que o situariam em condições de igualdade com outros pré-candidatos, e fora da cadeia participasse de debates da televisão e outros atos de campanha.

Ainda que Lula não se mantivesse na frente em todas as pesquisas, com a preferência de no mínimo 30% dos eleitores, só isso já chegava para reabrir o debate judicial sobre sua situação. Mas o Santo Ofício, a irmandade de nossa nova Inquisição, não podia permitir um minuto de liberdade física a Lula. Se ele tivesse condições de apenas acenar da porta da aberta da prisão, seus 30% voltariam a subir — e agora para quanto?

Assim que foi conhecida a liminar de Favreto determinando a libertação de Lula, por volta das 9 e meia da manhã, os blogs, as redes sociais e a grande mídia passaram a falar dela e a mobilização começou. Em pouco tempo as imagens da mídia alternativa mostravam a multidão que rapidamente se formava em frente ao Sindicatos dos Metalúrgicos do ABC, em São Bernardo do Campo, de onde Lula saíra preso três meses antes, e as manifestações e a emoção que tomavam conta do acampamento Marisa Letícia nas proximidades da Polícia Federal em Curitiba e a pouca distância dos poucos palmos de chão de onde Lula, independente da própria vontade, era de fato quem conduzia um dos momentos eternos da história de seu país.

Lula, horas depois e no dia seguinte, diria a seus visitantes que em nenhum momento perdera de vista a impossibilidade de sua libertação naquele momento. O que aconteceria se o soltassem e ele pudesse tomar o caminho do acampamento ali perto, que já estaria descendo a seu encontro, e em seguida seguisse para o sindicato em São Bernardo, que já teria reunido mais gente que no dia de sua prisão?

— Eu nem conseguiria sair de Curitiba — disse Lula. Ele sabia que sua libertação seria revogada no mesmo dia ou no dia seguinte.

Mas a ação histérica e insensata que se seguiu à liminar do desembargador Favreto, para impedir que Lula sequer chegasse à porta de saída da prisão, deixou um rastro de erros que não ficariam sem consequência. Os responsáveis pelo caso Lula, mais dados às ingênuas histórias em quadrinhos do Homem Aranha e do Capitão América, não devem conhecer a frase de Fouché, o chefe de polícia, a Napoleão, quando este mandou fuzilar o Duque d'Enghien, pretendente ao trono que antes pertencera a outro Bourbon, o guilhotinado Luís XVI. Napoleão queria saber como seu ato seria visto pela história. Fouché o surpreendeu:

— Pior que um crime, Majestade. Foi um erro.

O caso Lula, como outros da Lava Jato, era um acumulado de crimes. Mas as iniciativas consumadas com a decisão que o manteve preso acumularam em poucas horas tal soma de erros que Lula, como Getúlio em 1954, acabou ganhando de novo.

Esses erros, muito mais que esses crimes, abriram caminho para a anulação dos processos contra Lula. E para que a Lava Jato seja afinal conduzida a respeitar a lei ou sair de cena. Afinal, como ela própria proclamou, a lei é para todos.

Mas esse é o começo de outra história — e de outro livro?

KOTTER EDITORIAL

Este livro foi impresso em papel pólen 90g/m², tipografia Minion Pro, no inverno de 2018.